民國歷史與文化研究

十四編

第 **4** 冊

哈爾濱向北：民國時期俄僑法西斯的幻滅

楊昕沫 著

花木蘭文化事業有限公司

國家圖書館出版品預行編目資料

哈爾濱向北：民國時期俄僑法西斯的幻滅／楊昕沫 著 -- 初版
-- 新北市：花木蘭文化事業有限公司，2022〔民111〕
序 4+ 目 2+210 面；19×26 公分
（民國歷史與文化研究 十四編；第 4 冊）
ISBN 978-986-518-762-0（精裝）
1.CST：法西斯主義 2.CST：僑民 3.CST：俄國
628.08 110022097

民國歷史與文化研究
十四編 第 四 冊 ISBN：978-986-518-762-0

哈爾濱向北：民國時期俄僑法西斯的幻滅

作　　　者	楊昕沫
總 編 輯	杜潔祥
副總編輯	楊嘉樂
編輯主任	許郁翎
編　　　輯	張雅淋、潘玟靜、劉子瑄　美術編輯　陳逸婷
出　　　版	花木蘭文化事業有限公司
發 行 人	高小娟
聯絡地址	235　新北市中和區中安街七二號十三樓
	電話：02-2923-1455／傳真：02-2923-1452
網　　　址	http://www.huamulan.tw 信箱 service@huamulans.com
印　　　刷	普羅文化出版廣告事業
初　　　版	2022 年 3 月
定　　　價	十四編 9 冊（精裝）台幣 30,000 元

哈爾濱向北：民國時期俄僑法西斯的幻滅

楊昕沫　著

作者簡介

楊昕沫，女，1978 年 6 月生，黑龍江省哈爾濱市人，歷史學博士，黑龍江省社會科學院助理研究員。從事世界近現代史（俄國史）、東北地方史研究。參與出版《國外黑龍江史料提要》等學術著作四部，在《上海師範大學學報（哲學社會科學版）》、《學術交流》、《世界歷史評論》等學術刊物發表學術論文 20 餘篇。獲黑龍江省社會科學優秀成果佳作獎，大興安嶺地區社會優秀科研成果二等獎。

提　　要

　　20 世紀二三十年代，彌漫世界的法西斯主義黑色逆流滲透到了當時因國內巨變而遷居他國的俄國僑民群體當中，一些信奉法西斯主義的俄僑團體和組織開始出現，其中尤以產生於中國東北俄僑中的「俄國法西斯黨」最具影響力。康·弗·羅扎耶夫斯基作為「俄國法西斯黨」的領導人，不僅將「俄國法西斯黨」發展為最具影響力的俄國法西斯主義組織，更在 20 年的法西斯主義活動中形成了自己特點鮮明的俄國法西斯主義思想。目前，學界已將羅扎耶夫斯基視為 20 世紀二三十年代存在於俄僑中的「俄國法西斯主義」的典型代表而進行研究。本文收集和甄別大量外文和中文資料，採用多種方法，對羅扎耶夫斯基的「俄國法西斯主義」思想和「俄國法西斯黨」的活動進行全面考察。論文主體由兩大部分構成：第一部分共分兩章，主要考察法西斯主義思潮在哈爾濱俄僑中滋生和蔓延的過程，俄僑法西斯主義團體的大致情況，論述羅扎耶夫斯基俄國法西斯主義思想從產生到覆滅的具體過程，以及「俄國法西斯黨」的組織結構、行動綱領、宗教性特點和宣傳活動，第二部分共分兩章，主要論述以羅扎耶夫斯基為代表的俄國法西斯主義思想的政治觀和其虛構的法西斯主義俄國。

　　在結語部分，本文認為：在俄國法西斯主義中，羅扎耶夫斯基明顯模仿了意大利和德國的法西斯主義，混入了東正教思想和俄羅斯傳統歷史文化，他甚至還吸收了自己抨擊的政治思想中的某些要素。這些都使羅扎耶夫斯基的法西斯主義思想有別於其他國家的法西斯主義，也有別於同一時期其他俄僑法西斯主義團體（組織）。但是，作為一個多種思想的混合物，羅扎耶夫斯基的俄國法西斯主義在許多方面都十分混亂。而隨著法西斯主義邪惡本質的暴露和世界反法西斯戰爭的最終勝利，羅扎耶夫斯基和俄國法西斯主義終因其思想的反人類性質和與歷史的背道而馳最終走向滅亡。

序

張建華

自大航海時代和地理大發現以來，人類不僅對周邊環境的認識更加清晰了，而且對於相距遙遠的「他者」世界也有了主客觀的瞭解，從而加速了世界各國和各地區之間的人員流動和物種交流。在「主權國家」（sovereign state）和「國家共同體」（community of state）的範疇裏，將這種現象稱為「移民」。所謂「移民」，在國際法範疇裏確定為由一個國家或區域，移動到並長期居留於另外一個國家或區域，在移居地從事經濟活動和社會生活，並被課以當地社會義務的個人或人群，並且將其細分為「移民出境者」（emigration / emigrant）與「外來移入者」（immigration / immigrant）兩種。在歐美語言中，對於移民還有一種特殊表述，即「離散」（diasporf / диаспора），它表述是一種特殊的生活狀態。「離散」這個概念出自猶太人的聖經《舊約全書》中，源於公元 1700 年起，猶太人為了生存而被迫離開「流著奶與蜜」的應許之地——迦南（巴勒斯坦），開始了民族大遷徙以及顛沛流離的民族命運。本書主題所涉及的俄國，實際上曾是世界上第一大猶太移民接收地和集聚國，1917 年十月革命前其境內猶太人達到了 500 萬人之眾。在十月革命後發生的俄國人移居國外的人潮中，俄裔猶太人占居了較大的比例。

在中文表述中，習慣將這兩種現象統稱「僑民」。因此，可以說僑民（移民）是近現代民族國家主權關係中常見的政治和社會現象。僑民（移民）同時亦是一種特殊的民族與國家交往的形式，它在世界文明交流史上扮演著極其特殊和極為重要的角色。

20 世紀前 50 年裏，俄國經歷了一系列翻天覆地的政治變革和社會動盪，

戰爭與革命的多次交替、舊政權的傾覆與新政權的初立、新舊勢力的反覆搏殺、新政權的困頓與冒進、當權者的暴戾與政治上的不寬容、新戰爭的不期而至和對新和平的艱難等待，等等，已經在 20 世紀俄國歷史上打下了深深的印跡。正是在這個歷史時段裏，在俄國歷史上出現了一場持續半個多世紀的大規模的移民浪潮，在深似鴻溝般的政治分歧的左右之下，幾百萬俄國人或出於自願或因驅趕，奔赴異國他鄉，踏上一條不歸之路。這在世界歷史上也是極為罕見的現象。

俄國僑民把自己看成是俄羅斯正義的代表者和俄羅斯文化的守護人，他們在僑居國建立各種文化的、政治的、經濟的和軍事的組織，從拮据的生活中捐助鉅資建立俄羅斯大學和俄羅斯俱樂部，在俄羅斯僑民聚居的社區隨處可見東正教堂，這正印證了一句俄國諺語「哪裏有東正教堂身影，哪裏就有俄羅斯的根！」（Где невидимый Зиждут соборне Храм, – там и корни Руси родимой）。並且，俄國僑民將自己視為在僑居國傳播俄羅斯文化的使者。他們的信念是：「我們不是被流放，我們是自願派出（Мы не в изгнании, мы в послании!）」。他們的文化、教育、藝術和學術活動不僅繼承和發展了俄羅斯文化傳統，而且對於僑居國的文化、教育、藝術和學術的發展起到了促進作用，擴大了俄羅斯文化與僑居國文化的交流。他們在特殊環境和特殊條件下，從事了大量的維護和發展本民族文化的活動以及教育和學術活動。他們的所作所為是對俄羅斯文化傳統的繼承和發展，他們所創造的成就是俄國歷史的重要組成部分。這即是俄羅斯文明與中國文明的相遇，以及兩者與其他文明的交流，這即是僑民以其特殊活動方式構建的「跨文化空間」。

正如美國著名俄國史大家理察德・派普斯（Richard Pipes）評價：「20 年代初俄國僑民的規模給人的感覺是龐大的，但是給人留下更深刻印象的是它的質量。在俄國僑民中有為數甚多的著名作家、學者、政治家、軍事家、企業家。為了證明俄國僑民的普遍水平，可以毫不費力地開列出一系列的流亡國外的著名文學和藝術活動家的名字綽綽有餘。」

並且，俄國僑民中的知識分子出於各種目的，對俄羅斯命運、世界局勢和自身的使命做了深入的思考，他們的政治理想和道路選擇是多種多樣，以至難於用簡單的「紅色」「白色」區分，可能更多的是「紅」與「白」混雜、困惑、糾纏著的「灰色」，因為政治選擇可能是非紅即白，但是對於祖國的熱愛卻是難以割捨的。這其中也包括了本書的傳主羅扎耶夫斯基（К.В.Родзаевский /

K.V.Rodzaevsky, 1907～1946）的境遇，以及客觀地對他視為救國良方的俄僑法西斯主義的評價。

值得一提的是，在羅扎耶夫斯基生活與活動的 20 世紀 20～40 年代，在今日臭名昭著的法西斯主義曾經是當時世界範圍內解決國家危機、拯救國家經濟、尋求政治出路的一種頗為流行的政治思潮，它與羅斯福新政、斯大林體制、佛朗哥獨裁等均被歐美和亞洲的政治家視為一種國家政治的可選項，它的反人民、反共產主義、反民主的黑暗一面尚未充分暴露，因此在許多國家，尤其是在以普通工人、農民為主的下層社會得到了相當程度的支持，甚至引來許多國家政治家的呼應，包括蔣介石和國民黨政權欲圖向其學習之，也包括斯大林和蘇共政權實際與其合作之。

正因為如此，法西斯主義和俄僑法西斯主義以及羅扎耶夫斯基法西斯主義具有深刻的歷史性和更為複雜的學術性，需要研究者真正從大歷史視野，從第一手文獻出發，遵循史論結合的基本史學原則，對這一問題做出深入和細緻的思考。

俄國僑民史包括僑民遷徙史和僑民運動史兩部分內容。僑民遷徙史指的是因戰爭、宗教、文化、種族、政治、經濟、災難等原因而導致的俄國居民大規模向國外遷徙和移居的現象。僑民運動史指的是僑居各國和各地區的俄國僑民或中國僑民有組織的或自發的較大規模的政治、文化、社會和經濟活動，其中包括僑民在僑居國的宗教、文化和教育活動，僑民與僑居國文化的衝突與交流，僑民與當局的關係等。僑民史不僅僅是社會史、政治史和經濟史的重要領域，而且也是思想史和文化史的重要問題，需要歷史學家在更廣泛的學術視野中進行深入細緻的研究。

楊昕沫女士在海內外漢語學界中，是羅扎耶夫斯基和俄僑法西斯主義問題研究的第一人，貢獻卓著，但是作為她的老師和同行，我不便在此過多評論，我真誠地希望方家與同道給予客觀的和建設性的學術評價。

蘇聯史和中蘇關係史在中國的學術語境和政治語境中始終是一個負重前行的專業，我在其中已經苦苦奮鬥了三十餘年，個中滋味一言難盡，雖有怨但無悔。我期待更多的年輕學者加入這一研究行列，因為俄國史和蘇聯史專業需要傳承，因為歷史總要有人書寫和解讀，不管它僅僅是作為「故事」（story），還是同時作為「史學」（history）。一代人經歷一代人歷史，一代人也應該有一代人的史學。

最後，我要真誠地祝願昕沫在專業研究上取得更大成就。

是為序。

張建華

2021 年 9 月 24 日於珠海鳳凰山麓

目

次

緒　論

一、問題的提出

　　「法西斯主義」既是一種邪惡的政治思潮，更是一種給人類造成毀滅性影響的政治運動。在 20 世紀的世界歷史進程中，人類最終戰勝了肆虐的法西斯主義。各國學者對法西斯主義的研究方興未艾，研究的問題包括法西斯主義產生的歷史原因、社會背景、經濟根源和群眾心理，以及不同國家、不同組織的法西斯主義思想。隨著研究的深入，人們開始更加關注那些德國、意大利、日本、西班牙之外的非典型法西斯主義的組織和思想，力求從差異性中尋找法西斯主義的普遍性特徵。

　　1978 年，美國學者斯蒂芬（John J.Stephan）的著作《俄國法西斯分子：流亡的悲劇和鬧劇 1925～1945》（The Russian Fascists – Tragedy and Farce in Exile, 1925～1945）出版，在歐美學界揭開了一段鮮為人知的俄僑法西斯主義的歷史。他所研究的問題，基本偏離了歐美史學界關於蘇聯問題研究的主流，如俄國革命、斯大林體制、二戰中蘇聯的解放者和佔領者形象、冷戰中蘇聯的外交政策、赫魯曉夫和勃列日涅夫時期的內政與外交，等等。因此，該書在出版十多年後才被譯成中文（1989 年）和俄文（1992 年）出版，而對於「誰是俄僑法西斯主義分子」「他們是否真實存在」等問題曾經在俄羅斯學界和俄羅斯社會中存在疑義。〔註 1〕

〔註 1〕斯蒂芬在《俄國法西斯分子：流亡的悲劇和鬧劇 1925～1945》俄文版的前言
　　　　中，提到了自己在 1980 年蘇聯哈巴羅夫斯克機場接受檢查時，因攜帶英文原
　　　　書而被當時的蘇聯檢查人員盤問：「俄國法西斯分子？這是什麼？」（參見

在斯蒂芬的著作被譯為俄文出版的同時，蘇聯解體後大量解密文獻開始出現。人們從中發現了在俄羅斯聯邦國家安全局中央檔案館（Центральный архив Федеральной службы безопасности Российской Федерации）和俄羅斯聯邦國家檔案館（Государственный Архив Российской Федерации）塵封多年的俄國法西斯黨領導人康斯坦丁・弗拉基米羅維奇・羅扎耶夫斯基（Константин Владимирович Родзаевский）的審訊記錄和卷宗，以及當年俄國法西斯黨（Российская Фашистская Партия-РФП）的大量出版物。這些材料向人們證明，在 20 世紀二十至四十年代僑居中國哈爾濱的俄僑中，確實存在一個黨員人數超過 2 萬、分支機構遍及多國的法西斯主義政黨——俄國法西斯黨，而該黨的實際領導者和意識形態的主要構建者正是羅扎耶夫斯基。在相關研究成果與檔案材料的相互印證下，人們開始相信俄國法西斯運動的真實性，但仍認為這些只存在於歷史中，只是一種僑民群體中的特殊現象。

然而，就在 20 世紀九十年代，曾有人試圖為羅扎耶夫斯基等人平反，理由是他們生活在當時的中國東北地區而非蘇聯，也無法返回蘇聯，因而不可能在蘇聯領土上從事間諜、顛覆和恐怖活動。另外，這些人還認為當時蘇聯政府的判決結果帶有政治迫害的性質。〔註2〕對此，1998 年 3 月 26 日，俄羅斯聯邦最高法院軍事審判廳給出了關於羅扎耶夫斯基的調查結果，認為

> 羅扎耶夫斯基 1925 年離開蘇聯前往滿洲，20 年間從事反蘇活動。1926 年，他創立了「俄國法西斯主義組織」，並從事反蘇聯宣傳。1931 年在哈爾濱召開了「遠東俄羅斯法西斯主義分子」代表大會。他與日本司令部合作，訓練白衛軍與日本人共同進攻蘇聯。他組織並參與了日本人為佔領滿洲製造藉口而組織的挑釁性「事件」。他出版了反蘇聯的報紙，雜誌，以及訓練派往蘇聯的間諜和恐怖分

Джон Стефан. Русские фашисты: Трагедия и фарс в эмиграции. 1925～1945. / Авториз. пер. с англ. Л.Ю.Мотылева; Предисл. Л.П.Делюсина; Худож. В.Виноградов. – М.: СП «Слово», 1992, С. 12～15.）而在 2013 年 5 月 29 日《俄羅斯報》（Российская газета）上的一篇文章中，蘇聯和俄羅斯評論家什維德科伊（Михаил Ефимович Швыдкой）表示自己也曾無法接受將「法西斯主義」與「俄羅斯人」聯繫在一起。（參見 *Швыдкой М.* Что страшнее? // Российская газета. – 29.05.2013. https://rg.ru/2013/05/29/shvydkoy.html [2020-10-26]）

〔註2〕Генеральному прокурору РФ Действительному государственному советнику юстиции Ю.И.Скуратову/[В.К.Демин т.д.] // *Родзаевский К.* Завещание русского фашиста. – М., 2001, С. 503～504.

子。從 1943 年起，他領導了白衛軍中的反蘇活動，並與德國情報部門進行合作。〔註3〕

最終，俄羅斯聯邦最高法院軍事審判廳僅對原判決中「進行反蘇的鼓動和宣傳」部分予以撤銷，其餘罪名仍維持原判。1999 年 6 月 10 日，俄羅斯聯邦總檢察院總軍事檢察院也給出了同樣的結果。歷史以「罪有應得」給了羅扎耶夫斯基及其追隨者最終的評判。

20 世紀九十年代，俄羅斯正處於急劇轉型時期，數個右翼勢力和組織接連出現，一些曾經是法西斯主義的、特別是羅扎耶夫斯基的俄國法西斯黨的服飾、敬禮方式和口號再次被提及，比如「上帝、民族、勞動」（Бог, Нация, Труд）口號，「光榮屬於俄羅斯」（Слава России!）的致敬語，右手向前向上舉起的敬禮方式和身著黑衫等。俄羅斯民族統一黨（Русское национальное единство-РНЕ）主席巴爾卡紹夫〔註4〕（А.П.Баркашов）公開聲稱自己是德國納粹頭目希特勒的崇拜者，主張建立由一人領導的、具有單一民族意識的民族國家，認為俄羅斯只是俄羅斯人的國家。而俄羅斯民族統一黨成員也自稱「戰友」（соратник），身著黑衫，佩戴卐字符。1991 年之後，俄羅斯的「俄羅斯民族統一黨」「俄羅斯解放運動」（Русское освободительное движение）和「民族革命行動陣線」（Фронт национал-революционного действия-ФНРД）等極右翼團體先後重印了俄僑法西斯分子的各種黨派書籍和小冊子，其中主要是羅扎耶夫斯基的作品。在他們的期刊中，還出現了《民族》（Нация）和《我們的道路》（Наш путь）的重印本。〔註5〕一些人甚至稱俄國法西斯黨領導人羅扎耶夫斯基是「為民族解放事業而犧牲的英雄。」〔註6〕

2001 年，一本名為《俄羅斯法西斯主義者的遺書》（Завещание русского

〔註3〕Верховный суд Российской Федерации. Определение № 043/46. Военная коллегия Верховного Суда Российской Федерации. // *Родзаевский К.* Завещание русского фашиста. – М., 2001, С. 506.

〔註4〕巴爾卡紹夫（Александр Петрович Баркашов），1953～。俄羅斯民族統一黨的領導人，「亞歷山大·巴爾卡紹夫運動」的領導人。1985 年，加入名為「紀念」的民族愛國主義陣線。1990 年從該陣線脫離出來，與其他人共同創立了俄羅斯民族統一黨。

〔註5〕*Базанов П.Н.* Издательская деятельность политических организаций русской эмиграции (1917～1988). – СПБ.: Санкт-Петербургский государственный университет культуры и искусств, 2004, С. 278.

〔註6〕*Алексей Широпаев.* Голос русской правды. // *Родзаевский К.* Завещание русского фашиста. – М., 2001, С. 498.

фашиста）的書籍在俄羅斯一經出版就飽受爭議，最終在 2010 年被俄羅斯聯邦列入極端主義書籍目錄，禁止在俄羅斯出版和發行。〔註 7〕作為該書的作者，羅扎耶夫斯基從學術研究著作走向公眾視野，出現在了小說《在東方的那些日子裏》（В те дни на Востоке, 1981.）〔註 8〕、《哈爾濱飛蛾》（Харбинские мотыльки, 2013.）〔註 9〕和話劇《哈爾濱—34》（Харбин–34, 2014.）〔註 10〕中。羅扎耶夫斯基甚至以一軍統帥的形象出現在了 2016 年發行的大型遊戲《鋼鐵雄心 4》（Heart soflron IV）當中。電影《一切在哈爾濱開始》（Всё началось в Харбине, 2013）〔註 11〕和歌曲《史詩》（Эпос, 2008）〔註 12〕中也都出現了羅扎耶夫斯基領導的俄國法西斯黨的標誌。極端民族主義思想在俄羅斯的不斷蔓延，使人們開始注意到俄國的法西斯主義問題，開始關注和研究曾被認為是「一種特殊現象」而僅存在於 20 世紀上半葉俄僑群體中的法西斯主義思想的俄國特徵，開始關注和思考「在當代俄羅斯是否存在同樣的俄羅斯法西斯主義分子」這一問題。

二、選題意義

　　學界對於俄僑中的法西斯主義和俄國法西斯黨的研究一直存在，且主要存在於兩個研究領域，一是俄僑史研究，二是法西斯主義諸問題研究。

　　在俄僑史研究領域，先有德國歷史學家奧伯蘭德（Erwin Oberlander）從學術角度概述了俄國法西斯黨的歷史，後有斯蒂芬結合檔案和大量採訪記錄撰寫的專著，俄羅斯學界更是在 20 世紀九十年代以後出版大量的相關著述，特別是近年以來，俄羅斯學者的研究已從單純的歷史敘述走向對法西斯主義思想內涵的探討。眾所周知，中國曾在 20 世紀上半葉接納了大批俄國僑民，因此中國的俄僑史研究在世界俄僑史研究中佔據著特殊地位，但在俄僑思想史研究方面仍有很大不足。在中國現有研究俄僑的著作中，俄國法西斯黨只

〔註 7〕По результатам прокурорской проверки книга «Завещание русского фашиста» К.В. Родзаевского, проданная в одном из Красноярских магазинов, признана экстремистской. http://www.krasproc.ru/news/krsk/6018. [2020-10-26]

〔註 8〕*Чернов Т.Н.* В те дни на Востоке. // Журнал «Байкал», № 3～6, 1981.

〔註 9〕*Андрей Ивинов.* Харбинские мотыльки – Таллин: Авенариус, 2013.

〔註 10〕*Розовский М.* Театр «У Никитских ворот», премьера в России: 2014-9-20.

〔註 11〕*Лео Зисман.* KoBura Film, премьера в мире: 2013-01-21.

〔註 12〕出自該樂隊專輯《Эсхато》（末日）。德米特里·列維亞金（Дмитрий Ревякин）作詞作曲，創作於 2008 年。

是作為在華俄僑的一種社會組織出現，屬於概述性介紹，還未深入研究其思想本質。

在法西斯主義諸問題研究領域，對不同類型的法西斯主義的差異性研究是近年學界關注的熱點之一。與歐洲法西斯主義相比，俄國法西斯主義產生於一群僑居在異國的俄國僑民群體當中，因而在思想體系和組織形式方面有著自己的明顯特徵。同時，單純從政治、經濟和文化等角度分析法西斯主義的方法顯然已無法解決「什麼是俄國法西斯主義」及其「為什麼產生」等問題，而從民眾心理及其所根植的社會、政治、經濟和文化等因素綜合研究俄國法西斯主義，會成為探討法西斯主義問題的一種有益嘗試。

通過研究法西斯主義思想產生過程中的民眾心理，人們已經認識到，極端的民族主義和仇外情緒是滋生法西斯主義思想的溫床，但並不是每一個持激進思想的民族主義者都會成為法西斯主義分子，而一些真正具有法西斯主義思想的組織或團體也並不以「法西斯」一詞命名。時至今日，法西斯主義思想乃至活動的陰影並未徹底離世界遠去，因此研究俄僑法西斯主義問題的現實意義更在於，在研究法西斯主義異同性的基礎上，界定和鑒別當代法西斯主義，並為對其採取合適的應對策略提供參考。

三、相關研究的學術史

（一）歐美學界

1966 年，歐文・奧伯蘭德（Erwin Oberlander）在《當代史雜誌》（Journal of Contemporary History）上發表了題為《全俄法西斯黨》（The All-Russian Fascist Party）一文，介紹了法西斯主義在俄國僑民，特別是在青年僑民中興起的原因和產生的影響，概述了俄國法西斯黨在中國東北地區的建立和運作，以及最終走向覆滅的過程，但此文僅簡單提及了該黨政治口號的涵義和政治目標。正如作者所說，他所要考察的是一個散佈在全世界的僑民運動，而相關材料又散見於「許多不同的圖書館」中，極難獲得，所以在當時的研究條件下，他能使用的研究資料僅有該黨出版的「幾期的報紙和期刊」。

奧伯蘭德的研究囿於材料的缺乏難以深入，12 年後斯蒂芬的研究優勢則首先表現在對材料的佔有和使用方面。他用 5 年時間先後走訪了英、德、蘇、日、美等國的圖書館和檔案館，親自採訪了曾經的俄國法西斯黨黨員、與羅扎耶夫斯基同時代人及其親屬，最終撰寫出專著《俄國法西斯分子：流亡的

悲劇和鬧劇 1925～1945》（The Russian Farcists: Tragedy and Farcein Exile, 1925
～1945, NewYork: Harper&Row, 1978.）。作者以羅扎耶夫斯基和旺夏茨基
（А.А.Вонсяцкий）〔註13〕兩位俄僑法西斯主義頭目為線索，用紀實性語言生
動描繪了中國和美國兩地的俄僑法西斯分子的活動。此書在 1989 年和 1992
年先後被譯成中文《滿洲黑手黨——俄國納粹黑幕紀實》和俄文《Русские
фашисты – Трагедия и фарс в эмиграции. 1925～1945》（俄文書名：俄羅斯法
西斯分子——移民的悲劇和鬧劇 1925～1945）在中俄兩國出版，是研究羅扎
耶夫斯基和俄國法西斯黨的重要材料。對於此書，中俄兩國譯者給出的評價
也很耐人尋味，中文譯者認為，作者描寫了「一小撮流亡國外的俄羅斯法西
斯分子」搞的「一場堂吉訶德式的十字軍運動，」「作者對俄羅斯法西斯的性
質、產生的根源和其不可能真正有所作為的原因都根據他自己的觀點作出了
可取的分析。」〔註14〕俄羅斯學者則認為作者「以其獨立而客觀的立場頗受
好評，」「不取悅俄羅斯人、日本人，也不取悅中國人。」〔註15〕但它「仍然
留下了一些懸而未決的問題，即為何稱某些俄羅斯的民族主義組織為『法西
斯主義的』，而不是用其他詞彙，以及如何解釋俄羅斯整體反民主的一系列特
定特徵。」〔註16〕此外，該書的中譯版只是將其作為紀實性作品進行了翻譯，
刪減了英文原著中的大量學術性注釋和圖片資料，有礙於中國學者對此問題
的進一步研究。

　　1993 年，美國歷史學家沃爾特‧拉奎爾（Walter Laqueur）的《黑色百人
團：俄國法西斯主義的產生》（Black Hundreds: The Rise of the Extreme Right in
Russia）出版，並很快在 1994 年出版了俄文版（Черная сотня: Происхождение
русского фашизма）。作者用很多珍貴的材料對俄國右翼運動的歷史進行了詳

〔註13〕旺夏茨基（Анастасий Андреевич Вонсяцкий），1898～1965。曾參加內戰。
　　　　1928 年，加入「俄羅斯真理兄弟會」（Братство Русской Правда-БРП），1932
　　　　年在美國建立了「全俄法西斯組織」（Всероссийская Фашистская
　　　　Организация-ВФО）。

〔註14〕約翰‧斯蒂芬著，劉萬鈞等編譯：《滿洲黑手黨——俄國納粹黑幕紀實》，黑
　　　　龍江人民出版社，1989，第 1～2 頁。

〔註15〕Джон Стефан. Русские фашисты: Трагедия и фарс в эмиграции. 1925 ～
　　　　1945./Авториз. пер. с англ. Л.Ю.Мотылева; Предисл. Л.П.Делюсина; Худож.
　　　　В.Виноградов. – М.: СП «Слово», 1992, С. 6.

〔註16〕Умланд А. Концептуальные и контекстуальные проблемы интерпретации
　　　　современного русского ультранационализма. // Вопросы философия, 2006, №
　　　　12, С. 68.

細而準確的論述。全書以時間為序共計 16 章。「法西斯主義與俄僑」（Fascism and the Russian Emigration）出現在該書第 6 章。雖然作者也認為俄僑的法西斯主義政黨主要存在於 20 世紀三十年代的中國東北地區，但在論述時，他的重點則是持法西斯思想的俄僑右翼分子，如卡澤姆—貝克（Александр Львович Казем-Бек）、費多托夫（Георгий Петрович Федотов）和索洛涅維奇（Иван Лукьянович Солоневич）等人的思想和活動，而對羅扎耶夫斯基的俄國法西斯黨敘述得極為簡短。

2017 年，德國慕尼黑大學學者蘇珊‧霍勒（Susanne Hohler）出版了《滿洲的法西斯主義：20 世紀三十年代的蘇中衝突》（Fascism in Manchuria: The Soviet-China Encounter in the 1930s）一書。該書以俄國法西斯黨的出版物作為主要材料，將俄國法西斯黨作為一個「公民組織」進行了考察。而在此前，2013 年，作者曾發表《流亡者中的俄羅斯法西斯主義：跨國法西斯主義的歷史學和現象學視角》（Russian Fascism in Exile. A Historical and Phenomenological Perspective on Transnational Fascism）一文，在考察俄國法西斯黨的活動後，提出以「跨國」視角研究法西斯主義問題。但是有評論者認為，蘇珊‧霍勒的研究雖然提出了新的視角，但是卻在使用材料時有失偏頗，比如過於注重外國檔案、聲稱俄僑法西斯分子沒有回憶類的敘述材料等，並且認為它對俄國法西斯黨的產生根源也缺少深入的討論，等等。〔註 17〕

得益於獲取材料途徑和研究氛圍相對寬鬆，歐美學界在研究俄僑法西斯主義思想方面起步最早，並基本確定了俄僑法西斯主義的一些史實性問題。但真正推動該問題走向全面和深入的是俄羅斯學界。

（二）俄羅斯學界

早在 1957 年和 1966 年，蘇聯發表的曾身為俄僑的伊利英娜〔註 18〕的回憶錄式小說《歸來》（Возвращение）上下卷中，就已經講述了發生在 20 世紀二三十年代中國哈爾濱和上海俄僑中的一系列事件，並且提到在當時的俄僑中存在著法西斯分子。但是，由於作者是選擇返回蘇聯的哈爾濱俄僑，所以很多人指責她的作品有惡意虛構之意，認為她曲解了許多事實，甚至質疑她

〔註 17〕Laurie Manchester. *Fascism in Manchuria: The Soviet-China Encounter in the 1930s. //* Slavic Review, Volume 77, Issue 2. Summer 2018, pp. 531～532.

〔註 18〕伊利英娜（Наталия Иосифовна Ильина），1914～1994。作家，記者。1920 年與家人一起僑居在中國哈爾濱，1936 年遷居中國上海。1948 年返回蘇聯。

在蘇聯寫作的動機。〔註19〕1988年，伊利英娜又刊文承認自己當初的作品確實有錯誤之處，比如她錯誤地勾勒了羅扎耶夫斯基的形象。但人們無法對此進行驗證，因為在當時的情況下，涉及僑民法西斯主義組織活動的大多數文件都被禁止發布。〔註20〕

俄僑法西斯主義成為俄羅斯學界研究的對象，是在20世紀九十年代，特別是蘇聯解體後許多重要的檔案信息逐漸解密，為研究這一問題提供了氛圍和材料。

1. 俄羅斯科學院俄國歷史研究所奧涅金娜（С.В.Онегина）的一系列著作尤為引人注目。她是最早將檔案所藏的羅扎耶夫斯基寫給斯大林的信（Письмо К.В. Родзаевского И.В.Сталину）和寫給蘇聯紅軍駐中國東北總司令瓦西列夫斯基元帥的信（ Командующему оккупационными войсками красной армии СССР в Маньчжурии маршалу А.М.Василевскому.），以及羅扎耶夫斯基的供述材料《我的反蘇活動20年》（Отчет о моей 20-летней антисоветской деятельности），還有俄國法西斯黨的部分往來信件〔註21〕等原文刊發在俄羅斯雜誌上的學者，從而引起了俄羅斯學界的關注。此後，她根據檔案先後撰寫和發表了《俄羅斯法西斯分子》（Русские фашисты. // Родина, 1992, № 11～12.）、《復仇與幻想的破滅（滿洲全俄法西斯黨的「內部聯合」）》（Крах расчетов и иллюзий -«Внутрисоюзная» работа Всеросийской фашистской партии в Маньчжурии. // Кентавр, 1995, № 5.）、《滿洲的俄國法西斯主義者同盟及其對外聯繫》（Российский фашистский союз в Маньчжурии и его зарубезные связь. // Вопросы истории, 1997, № 6.）、《二十至三十年代俄國僑民的後革命政治運動（關於意識形態的歷史）》（Пореволюционные политические движения российской эмиграции в 20 - 30-е гг.: (К истории идеологии). // Отечественная история, 1998, № 4.）等。在上述文章中，奧涅金娜從最初對俄僑法西斯分子一般活動的研究（論述俄國法西斯黨的活動範圍、組織結構和行為方式等），逐漸轉向了對羅扎耶夫斯基的法西斯主義思想的討

〔註19〕*Крузенштерн-Петерец Ю.В.* Открытое письмо Наталии Ильиной. // Русская мысль, № 1120, – Париж, 12.10.1957.

〔註20〕*Окороков А.В.* Фашизм и русская эмиграция (1920～1945 гг.). – М.: «РУСАКИ», 2001, С. 4.

〔註21〕刊發信件時的標題為《三十年代的俄羅斯法西斯主義》（Русский фашизм в 30-е годы. // Кентавр, 1993, № 5.）。

論，特別是在最後一篇文章中，她將俄僑法西斯主義的活動和觀點歸結為「後革命性的」（Пореволюционные），〔註22〕強調俄僑的政治活動與 1917 年俄國的兩場革命的密切關係。

　　布拉戈維申斯克國立師範大學學者格拉德基赫（А.А.Гладких）的《滿洲的俄羅斯法西斯主義》（Русский фашизм в Маньчжрии. // Вестник ДВО РАН, 2008, № 5.）一文，詳細考察了俄僑法西斯主義組織的活動，指出其主要目標是反對蘇聯共產主義政權和在俄國僑民中廣泛傳播法西斯主義思想。文章的研究特色在於，它重點分析了羅扎耶夫斯基等人與日本軍事機構的合作，但也存在著一些史實性錯誤，比如關於全俄法西斯黨第二次代表大會的時間問題，而且文章也缺少對俄僑法西斯主義思想本身的論述。

　　蘇聯和白俄羅斯歷史學家阿布洛娃（Н.Е.Аблова）的《滿洲的俄國法西斯黨》（Российская фашистская партия в Маньчжурии. // Белорусский журнал международного права и международных отношений, 1999, № 2.）主要探討了以羅扎耶夫斯基為首的俄國法西斯黨的組織結構和活動，考證了其主要組成人員的一些信息，但很多信息僅為概述性質，缺少深入的挖掘和考證。她的另一篇文章《滿洲的俄國法西斯黨 1920～1940》（Российская фашистская партия в Маньчжурии (1920～1940). // Россия XXI, 2004, № 2.）分析了俄僑法西斯主義組織出現在哈爾濱的原因、活動的基本方向和其主要領導人的性格特點，認為這一時期的俄僑法西斯分子具有明確的意識形態（即反共、反蘇、反猶太人）、具體的目標和目的，其反蘇鬥爭十分活躍。這些研究也體現在了她的《中東鐵路與在華俄僑》（КВЖД и российская эмиграция в Китае. – М.: НП ИД «Русская панорама», 2004, 432 с.）一書當中。

　　梅利尼科夫（Ю.Мельников）的文章《滿洲的俄羅斯法西斯分子（康·弗·羅扎耶夫斯基：人物的悲劇）》（Русские фашисты Маньчжурии (К.В.Родзаевский: прагедия личности). // Проблемы Дальнего Востока, 1991, № 2.）專門揭示了活躍在中國東北地區的俄僑政治運動的起源、目的和特點，分析了其社會基礎。他在文中給出的有關俄僑法西斯分子的活動數據值得關注。

　　列文斯卡婭（И.Левинская）以活動在中國東北和美國的兩大俄僑法西斯主

〔註22〕*Онегина С.В.* Пореволюционные политические движения российской эмиграции в 20～30-е гг.: (К истории идеологии). // Отечественная история, 1998, № 4, С. 95.

義政黨的關係為研究對象，撰寫了《遠東與美國的俄羅斯法西斯分子》（Русские фашисты на Дальнем Востоке и в США. // Историко-социологические очерки. Часть 1: Россия и русское зарубежье/Под ред. Р.Ганелина и др. – СПБ, 1992, С. 151～171.）。文章主要講述了兩黨的合併和分裂過程，但並未對兩黨關係作出更深的解讀，而且其主要材料均是引自斯蒂芬的著作。

　　2. 在上述總體研究之外，還有一些學者對羅扎耶夫斯基領導的俄國法西斯黨的一些具體問題進行了專門研究，如俄羅斯科學院遠東分院歷史、考古與民族研究所拉扎列娃（С.И.Лазарева）的《帶卐字符的「俄羅斯婦女同盟」》（«Союз русских женщин» со свастикой. // Проблемы Дальнего Востока, 1994, № 2.）主要研究了女性俄僑的反蘇心理，俄國婦女法西斯主義運動的特點和活動。聖彼得堡國立建築工程大學歷史教研室主任茹科夫（В.Ю.Жуков）等人主編的論文集《俄僑與法西斯主義：論文和回憶錄》（Русская эмиграция и фашизм: Статья и воспоминания. – СПб.: СПбГАСУ, 2011.）中彙集了 13 篇文章，分別講述了愛沙尼亞、意大利、保加利亞、澳大利亞和拉丁美洲等國家和地區的俄僑法西斯主義組織，其中就包括俄國法西斯黨在上述各地的活動問題。奧里列涅（Е.Е.Аурилене）的《第三部的特務隊：滿洲國俄僑事務局的歷史》（Тайная служба третьего отдела: из истории бюро по делам российских эмигрантов в Маньчжурской империи. // Культурно-историческое наследие России и стран Азиатско-Тихоокеанского региона/редкол.: А.А.Андреев [и др.] – Хабаровск: РИО ДВЮИ МВД России, 2018, С. 315～320.）中專門論述了俄國法西斯黨的二號人物馬特科夫斯基（М.А.Матковский）。

　　3. 除了上述研究俄僑法西斯主義思想和法西斯主義運動的專著和論文外，在一些研究在華俄僑，特別是哈爾濱俄僑、白俄運動和白俄組織的作品中，我們也可以找到一些關於俄國法西斯黨的記述。

　　在涉及在華俄僑的研究中還有以下成果體現：蘇聯和俄羅斯著名的俄僑問題學者梅利霍夫（Г.В.Мельхов）的《白色哈爾濱：二十年代中期》（Белый Харбин: Середина 20-х）和《遠東國際關係中的俄國僑民（1925～1932）》（Российская эмиграция в международных отношениях на Дальнем Востоке (1925～1932)）；曾為在華俄僑，後成為俄僑史專家的巴拉克申（П.П.Балакшин）的《在中國的結局：遠東白俄僑民的產生、發展與消亡》（Финал в Китае: возникновение, развитие и исчезновение белой эмиграции

на Дальнем Востоке）；論文集《滿洲的俄僑：軍事政治活動（1920～1945）》
（Российксая эмиграция в Маньчжурии: военно-политическая деятельность
(1920～1945)）和塔斯金娜（Е.П.Таскина）的《俄羅斯的哈爾濱》（Русский
Харбин）等。

　　研究白俄組織和白俄運動的有，葉戈羅夫（Н.Егоров）和齊賓（А.Цыбин）
的《20 世紀二十年代至三十年代初遠東的白俄組織與蘇聯情報機關》
（Белоэмигрантские организации на Дальнем выстоке в 20-х – начале 30-х гг.
ХХ в и деятельность советских спецслужб）；葉梅利亞諾夫（Ю.Н.Емельянов）
的《俄國僑民的君主主義運動和君主主義組織（20 世紀二十年代至三十年代中
期）》（Монархическое движение и монархические организации русской
эмиграции (1920-е - середина 1930-х годов)）；阿布洛娃（Н.Аблова）的《蘇中
關係惡化時期白俄組織的活動（1929～1931）》（Деятельность
белоэмигрантских организаций в Китае во время обострения советско-
китайских отношений (1929～1931 гг.)）；馬克西莫夫（С.С.Максимов）和卡雷
舍夫（М.Е.Карышев）主編的《罪有應得：審判祖國的叛徒、法西斯劊子手和
帝國主義情報部門間諜的庭審材料》（Неотвратимое возмездие: По материалам
судебных процессов над изменниками Родинны, фашистскими палачами и
агентами империалистических разведок）；謝瓦斯季亞諾夫（Александр
Севастьянов）的《新的審訊》（Новая инквизиция）；葉爾紹夫（В.Ф.Ершов）
的博士學位論文《1920～1945 年間的俄國軍事政治移民（組織、意識形態、極
端主義）》（Российское военно-политическое зарубежье в 1920 ～ 45 гг.
(организация, идеология, экстремизм)）；沃爾科夫（С.В.Волков）的《與布爾
什維克鬥爭的俄僑》（Русская эмиграция в борьбе с большевизмом）等。

　　關於 20 世紀上半葉俄僑中的第一個法西斯主義團體，學界目前仍存有爭
議。以俄羅斯學者奧科羅科夫（А.В.Окороков）為代表的一些人認為，第一個
俄僑法西斯主義團體應是成立於 1924 年的塞爾維亞-克羅地亞-斯洛文尼亞
王國的「俄羅斯法西斯主義者民族主義組織」（Национальная организация
русских фашистов-НОРФ），〔註23〕其領導人是俄僑工程師、政治活動家魯斯

〔註23〕 *Окороков А.В.* Фашизм и русская эмиграция (1920～1945 гг.). – М.: «РУСАКИ»,
　　　　 2001, С. 23～25.; *Онегина С.В.* Русские фашисты. // Родина, 1992, № 11～12, С.
　　　　 10.

基（Д.П.Рузский）和白俄少將切爾斯基（П.В.Черский）。而巴扎諾夫（П.Н.Базанов）則認為，應是 1922 年在君士坦丁堡成立的「法西斯主義者武裝部俄國支部」（Российский отдел ополчения фашистов-РООФ）。〔註 24〕但大多數研究者都認為，1925 年在中國哈爾濱創建的「俄國法西斯主義組織」（Российская Фашистская Организация-РФО）才是第一個俄僑法西斯主義團體，其依據多是羅扎耶夫斯基本人的供詞。〔註 25〕另外，俄羅斯學者格拉德基赫等人認為，第一個應是羅扎耶夫斯基參與創建的另一個組織「遠東俄羅斯工人法西斯主義者民族辛迪加同盟」（Союз Национальных Синдикатов русских рабочих фашистов Дальнего Востока-СНС）。〔註 26〕不論研究者們關於「第一個俄僑法西斯團體」的結論如何，但都承認，影響最大且人數最多的俄僑法西斯主義團體是羅扎耶夫斯基創建和領導的「俄國法西斯黨」，該黨前身即為 1925 年出現的「俄國法西斯主義組織」。

近年來，俄羅斯學界除了對俄國法西斯黨活動的研究之外，對俄國法西斯主義思想本身的研究呈上升趨勢。

除前文已經提及的奧涅金娜以《二十至三十年代俄國僑民的後革命政治運動（關於意識形態的歷史）》（Пореволюционные политические Движения российской эмиграции в 20～30-е гг.: (К истории идеологии)）一文對法西斯主義的「後革命性」進行了相關研究外，2000 年，奧爾加納（Натсак Доржуевна Органа）的博士學位論文《路標轉換派與作為一種思想政治現象的「俄羅斯法西斯主義」：基於 20 世紀二三十年代的哈爾濱俄僑資料》（Сменовеховство и «русский фашизм» как идейно-политические феномены: По материалам русской эмиграции в Харбине в 20～30 гг. XX в.）是將俄國法西斯主義作為一種思想現象，從分析俄國僑民中的路標轉換派代表人物烏斯特里亞洛夫（Н.В.Устрялов）的思想入手，研究俄國法西斯主義的理論和哲學基礎。

〔註 24〕 *Базанов П.Н.* Первые организации русских фашистов. // Русская эмиграция и фашизм: Статья и воспоминания / Отв. Редактор и составитель В. Ю. Жуков; Науч. Редактор В. Ю. Черняев. – СПб.: СПбГАСУ, 2011, С. 23～25.

〔註 25〕 *Родзаевский К.В.* Отчет о моей 20-летней антисоветской деятельноси. // Кентавр, 1993, № 3, С. 97.

〔註 26〕 *Гладких А.А.* Русский фашизм в Маньчжурии. // Вестник ДВО РАН, 2008, № 5, С. 114.; Российская эмиграция в Маньчжурии: военно-политическая деятельность (1920～1945): сб. Документов. / [Сост. и авт. предисл. Е. Н. Чернолуцкая]. – Южно-Сахалинск, 1994, С. 10.

　　2002 年，俄羅斯歷史學家奧科羅科夫（А.В.Окороков）出版了專著《法西斯主義和俄國僑民（1920～1945）》（Фашизм и русская эмиграция （1920～1945 гг.）. – М.: Руссаки, 2002）。該書討論了 1920 至 1945 年間幾乎所有的俄僑法西斯主義組織和法西斯主義代表人物，羅扎耶夫斯基也在其中。作者使用了大量的研究資料敘述俄僑法西斯主義組織的活動，但對活動背後的思想本質的具體分析並不多見。

　　2009 年，米哈列夫（Николай Михайлович Михалев）發表了《俄僑出版物中的法西斯主義意識形態》（Фашистская идеология в печати русского зарубежья. // Медиаскоп, 2009, № 3.）一文。文章專門研究了 20 世紀二三十年代俄國僑民刊物對法西斯主義的宣傳與討論，認為在德、意法西斯主義的嚴重影響下，青年僑民在對老一代的白衛運動表示失望後，將法西斯主義作為一種新的與布爾什維克鬥爭的手段而接受，在這其中，眾多反蘇的俄僑出版物起到了至關重要的作用。

　　2014 年，魯巴諾夫（Евгений Андреевич Рубанов）發表了《1930～1940 年滿洲俄僑中的法西斯主義和民族主義運動》（Фашистское и националистическое движение в среде русской эмиграции в Маньчжурии в 1930～1940-е гг. // Россия и АТР, 2014, № 3.）。文章討論了日占中國東北時期，俄國僑民中出現的替代蘇聯馬克思主義的多種政治方案，特別區分了俄國法西斯主義與其他右翼派別的不同。

　　此外還有，俄羅斯青年學者柳德米拉·克利莫維奇（Людмила Климович）的《歐洲的法西斯主義與俄僑青年》（Европейский фашизм и русская эмигрантская молодежь）；拉博季亞熱夫（Н.В.Работяжев）的《俄羅斯的左右翼聯盟現象：民族救亡陣線》（Феномен праволевой коалиции в России: фронт национального спасения）；烏姆蘭德（А.Умланд）的《當代俄羅斯極端民族主義的概念與語境問題》（Концептуальные и контекстуальные проблемы интерпретации современного русского ультранационализма）；奧里列涅（Е.Е.Аурилене）和布奇科（Н.П.Бучко）的《滿洲俄僑的政治意識形態》（Политическая идеология русской эмиграции в Маньчжурии）；基謝列夫（А.Ф.Киселев）主編的《俄僑政治史（1920～1940）：檔案和文獻》（Политическая история русской эмиграции. 1920～1940 гг. Документы и материалы）；波列姆斯基（В.Д.Поремский）的《反布爾什維克僑民的戰略：

文選（1934～1997）》（Стратегия антибольшевицкой эмиграций. Избранные статьи 1934～1997）；塔拉索夫（Борис Юрьевич Тарасов）的博士學位論文《1920～1930 年間俄國僑民思想與心理中的愛國主義問題》（Проблема патриотизма в представлениях и настроениях российских эмигрантов в 1920 ～1930-х гг.）等。

（三）日本學界

在日本，雖然俄國法西斯黨曾在日本佔領中國東北時與日本關東軍有密切合作，但日本學界研究俄僑法西斯主義問題的作品只有中嶋毅（中嶋毅）的《俄國法西斯黨和哈爾濱的反猶主義 1931～1937》（ロシア黨とハルビンの反ユダヤ主義 1931～1937，ユダヤ・イスラエル研究，2015（29））和長谷川公昭（長谷川公昭）的《世界法西斯分子列傳》（世界ファシスト列伝，中央公論新社・中公新書ラクレ，2004 年，186～194 頁）。作為日本學者，中嶋毅認為，「到現在為止，對滿洲的俄國法西斯主義運動的研討，都是以法西斯主義運動本身，以及與俄國法西斯主義組織的國際聯合關係為中心進行的。如果以其在哈爾濱反猶太主義的觀點來考察、研究俄國法西斯黨與日本當局特別是關東軍的關係變得十分重要。」〔註 27〕因此，作者先是通過考察俄國法西斯黨在哈爾濱的形成過程和對反猶太人主義的定位，總結出俄僑法西斯主義運動構成具有多個要素。其後，作者論述和分析了俄國法西斯黨和日偽當局的合作關係，探討了在哈爾濱的日偽當局對猶太人的政策變化。

長谷川公昭在敘述 20 世紀的法西斯主義思潮和意、德、日等國的法西斯主義歷史時，將中國東北的俄國法西斯黨作為受日本關東軍支持的一股勢力而進行了介紹。而羅扎耶夫斯基與其他法西斯分子，如墨索里尼、希特勒等人都出現在該書中，但都是簡單述及。〔註 28〕

（四）中國學界

中國的俄僑問題研究以哈爾濱和上海兩地的俄僑研究成果最為豐富。但對於曾在哈爾濱產生、發展和消亡的俄國法西斯黨及其領導人羅扎耶夫斯基卻研究甚少。歸納來看，現有研究中均是將羅扎耶夫斯基作為在哈爾濱的白

〔註27〕中嶋毅. ロシア黨とハルビンの反ユダヤ主義 1931～1937，ユダヤ・イスラエル研究，2015（29），66～77 頁。

〔註28〕長谷川公昭. 世界ファシスト列伝，中央公論新社・中公新書ラクレ，2004，186～194 頁。

俄分子來進行敘述，而對俄國法西斯黨和俄僑法西斯主義運動的情況則是或將之歸入羅扎耶夫斯基的生平簡介，或是將其作為俄僑在哈爾濱的一種社會組織形式，往往是以講述該組織由產生到消亡的發展歷程為主，兼及概述該組織的組織形式和某些活動。

1. 見於著作中的：李興耕等人的《風雨浮萍——俄國僑民在中國（1917～1945）》在第三編「俄僑在華的政治軍事活動」中，將俄國法西斯黨列為一節專門進行了介紹。書中將俄國法西斯黨從 1925 年至 1943 年的歷史劃分為4 個發展階段：1925～1931、1931～1934、1934～1937 和 1937～1943 年。作者認為，俄國法西斯黨的意識形態與意大利和德國的法西斯主義相比，具有兩點不同：一是俄僑法西斯分子宣稱要消滅布爾什維克的鎮壓制度，要解放個性和分散經濟，二是羅扎耶夫斯基等人提出「傳播基督教的法西斯主義」，拯救俄羅斯人的靈魂，因而產生於俄僑當中的俄國法西斯主義具有深刻的宗教性質。〔註 29〕作者還指出，日本侵華並建立偽滿政府是俄國法西斯黨能夠在中國存在近 20 年的一個主要原因。〔註 30〕而在四十年代國際形勢的影響下，日本當局同樣是從自身利益出發，取締了俄國法西斯黨。〔註 31〕另外，作者還在「三十年代初至 1945 年的俄僑新聞出版活動」一節中，專門介紹了俄國法西斯黨在哈爾濱創辦的機關刊物《我們的道路》，在上海創辦的半月刊《民族》，提及了羅扎耶夫斯基主編的《法西斯主義 ABC》，但對於羅扎耶夫斯基的其他作品，書中並未提及。在此書的結束語部分，作者特別提到了俄僑在中國活動的許多消極方面，認為「以羅扎耶夫斯基為首的『俄國法西斯黨』鼓吹法西斯主義，後來公開充當日本帝國主義的幫兇，破壞中國人民的抗日運動。」〔註 32〕作為中國俄僑史研究的代表性著作，《風雨浮萍——俄國僑民在中國（1917～1945）》中對俄國法西斯黨的論述方法、評價及觀點，影響著其後的相關研究。許多中國學者在談及這一問題時，只是在某些材料上有所補充。

〔註 29〕李興耕等：《風雨浮萍——俄國僑民在中國（1917～1945）》，中央編譯出版社，1997，第 151 頁。

〔註 30〕李興耕等：《風雨浮萍——俄國僑民在中國（1917～1945）》，中央編譯出版社，1997，第 154 頁。

〔註 31〕李興耕等：《風雨浮萍——俄國僑民在中國（1917～1945）》，中央編譯出版社，1997，第 154 頁。

〔註 32〕李興耕等：《風雨浮萍——俄國僑民在中國（1917～1945）》，中央編譯出版社，1997，第 431 頁。

　　石方等人合著的《哈爾濱俄僑史》將俄國法西斯黨〔註33〕看作哈爾濱俄僑
的一種社會組織形式。書中簡要介紹了哈爾濱俄國法西斯黨自產生到與旺夏茨
基的全俄法西斯組織合作間的歷史。而石方的專著《20世紀一二十年代哈爾濱
多元文化研究》，則在「哈爾濱俄僑的『赤白之爭』」部分把羅扎耶夫斯基作為
白俄代表進行了介紹，將俄國法西斯黨作為其個人生平的一部分而略有提及。

　　上海作為在華俄僑的重要居住地，是俄僑法西斯主義政黨活動和羅扎耶
夫斯基法西斯主義思想實踐的重要基地。因此，中國的上海俄僑史研究就涉
及到了俄國法西斯黨分支機構的問題。

　　汪之成的《近代上海俄國僑民生活》一書，介紹了俄國法西斯主義者同盟上
海總支部〔註34〕成立時的情況，以及題為「上帝、沙皇、民族與勞動」的上海俄
國法西斯黨的倡議信。他的另一本著作《上海俄僑史》對於俄國法西斯黨在上海
的活動介紹得更為詳細一些，列舉了俄國法西斯聯合會上海分會的發起人名單，
並提及了在二戰結束後，1946年南京國民政府搜捕俄國法西斯黨分子的情況。

　　上述著作在敘述俄國法西斯黨活動時，也注意到了該黨連續發行的黨報、
黨刊，但僅將其作為俄僑在華出版物的一部分而列入名錄當中，並未以此展
現俄國法西斯黨活躍的思想宣傳工作，也未關注羅扎耶夫斯基等俄僑法西斯
分子的其他著作。

　　李萌的《缺失的一環——在華俄國僑民文學》在講述哈爾濱俄僑文學時
注意到，一些著名的俄僑詩人、作家、記者，如涅斯梅洛夫（Арсений Иванович
Несмелов）、科洛索娃（Марианна Ивановна Колосова）、尤利斯基（Борис
Михайлович Юльский）、格拉寧（真實姓薩普雷金）（Георгий Гранин, Георгий
Иванович Сапрыкин）等人就是羅扎耶夫斯基俄國法西斯黨的追隨者。作者認
為，「這些人並不全是真正的法西斯信徒，但他們都把自己文學才華的一部分
貢獻於法西斯宣傳。他們寫詩，寫小說，寫宣傳品，歌頌法西斯理想、法西斯
『英雄』，歌頌『大日本』。這類作品雖然不是在華俄僑文學的主流，但在俄
羅斯讀者，特別是青年讀者中造成過一定影響，……法西斯文學並非在華俄
僑文學中的偶然現象，因此應當引起足夠重視。」〔註35〕

〔註33〕書中寫作「俄國法西斯聯盟」。
〔註34〕書中寫作「俄羅斯法西斯聯合會上海分會」。
〔註35〕李萌：《缺失的一環：在華俄國僑民文學》，北京大學出版社，2007，第28～
　　　　29頁。

2. 見於專題論文中的：以羅扎耶夫斯基或俄國法西斯黨為專題進行研究的論文國內目前僅有 4 篇文章，第 1 篇是孫凌齊的《俄羅斯的法西斯黨》(《世界歷史》，1994 年第 4 期)，作者是前述《風雨浮萍──俄國僑民在中國（1917～1945）》一書的參與者，其論文成為該書的相應章節；第 2 篇是趙博的《20 世紀上半葉在中國東北為日本效力的白俄僑民──以謝苗諾夫和羅扎耶夫斯基為例》(《西伯利亞研究》，2016 年第 4 期)，講述了羅扎耶夫斯基為日本人效命的大致情況；第 3 篇是資料介紹性文章，題為《俄國報刊發表有關「俄國法西斯黨」的資料和文章》(《國外理論動態》，1994 年第 8 期)；第 4 篇是百字短文《俄羅斯法西斯黨的婦女組織──「俄羅斯婦女聯盟」》(《國外理論動態》，1994 年第 28 期)。

如上所述，對活躍於 20 世紀上半葉俄僑群體中的俄國法西斯黨的研究，始於歐美學界，漸擴展至中國、日本、俄羅斯等國，現已成為多國學界關注和探討的學術問題。與之相比，本書的研究對象以羅扎耶夫斯基為代表的俄國法西斯主義則是十分特殊的，也正因如此，俄國法西斯主義研究從一開始就具有國際性的特點。但是，歐美學界則多將其作為個例，用以證明法西斯主義思潮曾在 20 世紀橫行世界；而俄羅斯學界近年來關於該問題雖呈現出思想史研究的態勢，但多強調俄國法西斯主義中的東正教因素，並將其視為俄國僑民反對蘇聯、重建俄國的一種失敗嘗試。

比較而言，日本和中國學界對俄國法西斯主義和羅扎耶夫斯基的研究最為薄弱。日本雖存有大量羅扎耶夫斯基及俄國法西斯黨與日本關東軍和情報部門合作的檔案，卻鮮少有人關注。中國學界囿於資料，只將俄國法西斯黨歸入在華俄僑的右翼組織，未做專門研究。

總體觀之，目前研究涉及俄國法西斯黨活動的概述性研究較多，專門研究較少。對於俄國法西斯黨的主要意識形態，即羅扎耶夫斯基創建的俄國法西斯主義思想的研究不多，而綜合考察俄國法西斯黨的活動，並將其與俄國法西斯主義聯繫起來的研究則更少。

四、主要史料

（一）羅扎耶夫斯基的作品

羅扎耶夫斯基作為俄國法西斯主義的宣揚者和俄國法西斯黨的政治領袖，他一生著述頗多，除在法西斯黨黨刊撰文外，還著有多本專著、手冊和合集。

1. 作為黨員學習手冊：羅扎耶夫斯基主編《法西斯主義 ABC》（Азбука фашизма, 1934.）。羅扎耶夫斯基將此書稱之為俄國法西斯黨的「我的奮鬥」，令每個黨員人手一冊。該書以問答形式撰寫，共 100 個問題，曾兩次出版，第二版較之第一版在俄國法西斯黨的思想方面添加了更多的說明。

2. 關於共產國際問題的有：《共產國際和俄羅斯》（Коминтерн и Россия, 1940.）和《共產國際的擴張之路》（Пути экспансии Коминтерна, 1940.），均由羅扎耶夫斯基主編。

3. 關於蘇聯問題的有：（1）《批判蘇維埃國家》（Критика советского государства: в 2 т., 1935～1937.）。1935 至 1937 年羅扎耶夫斯基寫了該書的兩個部分，每一部分都在上海獨立出版。其中第一部分是「蘇聯的制度與管理」，他批判了蘇聯的集體農莊、黨的組織、五年計劃、工業化及政權機關等。但第二部一直未寫成；（2）《反對聯共（布）》（Против ВКП (б), 1936.），由兩篇文章構成，其中一篇是羅扎耶夫斯基的《論俄羅斯民族》（Говорит Российская Нация）〔註 36〕。

4. 關於俄國法西斯黨的思想、組織和策略問題的有：（1）文章《俄國法西斯主義的俄羅斯性》（Русскость российского фашизма）。是羅扎耶夫斯基在 1938 年發表在《民族》（Нация）第 6 期上的文章。主要談論俄國法西斯主義的民族性問題。（2）專著《俄羅斯的道路》（Русский путь）。羅扎耶夫斯基 1939

〔註 36〕「российская нация」一詞是羅扎耶夫斯基的俄國法西斯主義思想中的重要概念。它具有明顯的政治共同體之意，等同於俄國人，也即帝俄時代已經出現但不多用、在蘇聯解體後在俄羅斯極為流行並寫入憲法等官方文件中的「россияне」（俄國人）。「российская нация」，它在概念上與單純強調民族特徵和人類學意義的「русская нация」有較大的區別。在民族學和政治學界，早有學者提出將 nation（俄文 нация）翻譯成「國族」（state-nation），以示具有人類學和人種學意義上的「民族」（ethnic nation／俄文 этнонация）（參見歷史學家許紀霖的論文《國族、民族與族群：作為國族的中華民族如何可能》，載《西北民族研究》2017 年第 4 期），即將「российская нация」譯為「俄羅斯民族」或「俄羅斯國家民族」，「русская нация」譯為「俄羅斯民族」。但史學界尚未完全接受這一譯法。另一方面，羅扎耶夫斯基在其著述經常兩種說法混用，在論述反猶主義思想時，用「русская нация」，在談及法西斯主義和國家觀時多用「российская нация」，少用「русская нация」。而且，更為關鍵的一點在於，羅扎耶夫斯基提出要建立一個以俄羅斯族為中心，同時包括其他民族（猶太族除外）的法西斯俄國。因此，本書將「российская нация」和「русская нация」統譯為「俄羅斯民族」。而當兩個概念並列出現時，將「русская нация」譯為「俄羅斯族」，「российская нация」譯為俄羅斯民族，並後附俄文原文，以示區別。

年寫於哈爾濱,「我們的道路」出版社出版。(3)專著《俄羅斯民族的國家》（Государство Российской Нации, 1942.）。(4)文章《普希金》（Пушкин）。是羅扎耶夫斯基 1937 年 2 月 11 日發表在報紙《我們的道路》（Наш путь）上的一篇小短文。此文作為俄國思想家對普希金的評價,在 2000 年被收錄於波塔波娃（Г.Е.Потапова）等人合編的《普希金：贊成與反對》（Александр Пушкин: pro et contra. Том I-II.）中。(5)《全俄法西斯黨的策略》（Тактика Всероссийской Фашистской Партии,出版地未知,1935 年左右）。初為一本小冊子。後被收錄到了《法西斯主義 ABC》中作為其中的一章。主要是講述了全俄法西斯黨的工作階段、總路線,法西斯分子的三年計劃,全俄法西斯黨對待共產國際和其他組織的態度等。(6)《怎麼辦？我們法西斯主義者三年計劃──反對共產黨的五年計劃》（Что делать? Наша Фашистская Трёхлетка – против коммунистических пятилеток, 1935.）。分 4 個部分,羅扎耶夫斯基的文章《到俄國去！》（В Россию!）是其中一部分。(7)論文《法西斯主義者三年計劃的贊同與反對：全俄法西斯黨的總規劃》（За и против Фашистской трёхлетки: Генеральный план ВФП.）。

5. 關於猶太問題的有：(1)專著《猶大的末日：解放前的世界》（Иуда на ущербе. Мир перед освобождением）。此書的最早版本應是羅扎耶夫斯基寫於 1943 年左右,由「我們的道路」（Наш путь）出版社出版。1997 年在俄羅斯再次出版。此書是以在 1940 年 6 月 10 日中東鐵路大會花園中所做的公開報告為基礎,後補充了 1940 年下半年和 1941 年上半年的材料。隨後又成為羅扎耶夫斯基的《當今世界的猶太化和 20 世紀的猶太問題》一書的底稿；(2)專著《當今世界的猶太化和 20 世紀的猶太問題》（Современная Иудаизация мира или еврейский вопрос в XX столетии）。寫於 1943 年,2010 年又出版於俄羅斯。全書分 4 部分,158 章,是羅扎耶夫斯基關於猶太問題思想的最完整的闡述。

6. 被再版的作品合集：《俄羅斯法西斯主義者的遺書》（Завещание Русского фашиста, 2001）。2001 年,羅扎耶夫斯基的著作合集《俄羅斯法西斯主義者的遺書》在俄羅斯公開出版,發行量超過萬份。書中除了收錄羅扎耶夫斯基的《當今世界的猶太化和 20 世紀的猶太問題》一書外。同時收錄了羅扎耶夫斯基 1934 年主編的《法西斯主義 ABC》、1935 年的全俄法西斯黨的黨綱、1938 年全俄法西斯黨的若干決議,還在前言和附錄中附有今人文章,

文章含有對俄國法西斯主義和羅扎耶夫斯基等人的褒揚之詞。因而，很快這本書就遭到了各種批評。俄羅斯科學院社會學所研究員艾菲羅夫（С.Эфиров）就認為，該書是一部典型的法西斯主義作品，它為當代的新納粹分子提供了參考，而在當今俄羅斯激進主義運動漸起的情況下出版這本法西斯主義的著作是相當危險的。〔註37〕2010 年 11 月 18 日，俄羅斯克拉斯諾亞爾斯克市（Красноярск）的中央法院判定《俄羅斯法西斯主義者的遺書》一書屬極端主義作品，將其列入俄羅斯聯邦極端主義書籍目錄，禁止在俄羅斯出版和發行。〔註38〕而俄羅斯導演馬克‧羅佐夫斯基（Марк Розовский）以此書為藍本創作了話劇《哈爾濱—34》並上演，希望以此讓更多俄羅斯人瞭解歷史，認識到法西斯主義的威脅在當今的俄羅斯仍然存在。

（二）俄國法西斯黨的黨刊、黨報

為了宣傳法西斯主義，招徠信徒，以羅扎耶夫斯基為首的俄僑法西斯分子創辦了報紙雜誌，作為自己的政治宣傳工具和俄國法西斯黨的喉舌。

1. 俄國法西斯黨黨報《我們的道路》（Наш путь）。1933 年 10 月 3 日起在哈爾濱發行，主要宣傳東正教、民族主義和法西斯主義。1933 至 1938 年，羅扎耶夫斯基出任該報主編。1943 年 7 月停刊。報紙下設「我們的道路」出版社，並附其他定期出版物。

2. 俄國法西斯黨黨刊《民族》（Нация）。1932 年創辦於上海，在上海、哈爾濱兩地同時出版。開始為半月刊，1934 年起改為月刊。1938 年停辦。

這兩份報刊發行遍及哈爾濱、上海、天津、新疆等地，是研究羅扎耶夫斯基法西斯主義思想和俄國法西斯黨活動的重要史料。

（三）檔案類

1. 俄羅斯（蘇聯）檔案：關於羅扎耶夫斯基本人和俄國法西斯黨的檔案以專門卷宗的形式現主要收藏在俄羅斯聯邦國家檔案館、俄羅斯聯邦安全局中央檔案館和哈巴羅夫斯克檔案館中。另外，在 20 世紀九十年代，一些原始檔案被原文刊載於俄羅斯的各類刊物當中，除前述奧涅金娜刊發的三篇外，

〔註37〕 *Эфиров С.* Завещание русского фашиста. http://www.sem40.ru/index.php?newsid=191109.[2020-10-25]

〔註38〕 По результатам прокурорской проверки книга «Завещание русского фашиста» К.В. Родзаевского, проданная в одном из Красноярских магазинов, признана экстремистской. http://www.krasproc.ru/news/krsk/6018. [2020-10-26]

還有雜誌《歷史檔案》上刊發的《法西斯主義在俄羅斯難民中的發展與鞏固》（Фашизм развивается и внедряется в умы русских беженцев // Исторический архив, 2006, № 5.），以及在文件集《衛國戰爭中的蘇聯國家安全機構》（Органы государственной безопасности СССР в Великой Отечественной войне: сборник документов.)和《蘇聯外交政策文獻》（Документы внешней политики СССР. Т. 13, Т. 18. ）等中均有收錄。

　　2.中國檔案：上海檔案館藏有少量在上海活動的俄國法西斯黨檔案，可在館內查閱。黑龍江省和哈爾濱市檔案機構雖然收藏大量相關俄文檔案和期刊，但目前處於無法查閱狀態。

　　3.日本檔案：外務省檔案部門在網絡公開了部分檔案。此外，在日本外務省的檔案部門中也藏有部分關於羅扎耶夫斯基本人和俄國法西斯黨活動的檔案，但還沒有引起日本學界的關注，且囿於本人外語所限，無法詳細匯總，這也是本書的遺憾之處。

五、相關概念的說明

　　在本書撰寫和研究中出現一些關鍵性的概念，一是關於「滿洲」（Маньчжурия/Manchuria）一詞。「滿洲」一詞由來已久，先為部族之名用以稱呼肅慎、勿吉、女真等部，後被用以稱呼滿族生活的地域，約為今中國黑龍江省、吉林省、遼寧省和內蒙古東部地區。又以鐵路線標準，以吉林省長春市為中心劃分出東滿、南滿、西滿和北滿，其中南、北滿洲稱呼多用。因1931年「九一八」事變後，日本佔領中國東北部地區並建立偽滿洲國，「滿洲」一詞也被賦予偽政權的含義。本書研究對象羅扎耶夫斯基及其黨羽主要活動地區的「滿洲」，是指先以中東鐵路沿線地區為主，後被日本侵佔的中國「滿洲」地域。特此說明，文中不再詳述。

　　二是關於「僑民」。在漢語語境中，以「僑民」指住在外國而保留本國國籍的居民，〔註39〕而以「移民」指1.居民由一地或一國遷移到另一國落戶；2.遷移到外國或外地落戶的人。〔註40〕俄語中，「эмиграция」一詞來源於拉丁語「emigrare」，意為「1.因經濟、政治、宗教和其他原因而被迫或自願從原籍國遷移至另一國家；2.由於遷移而留在國外的人；3.居住在某一國的移民總

〔註39〕《現代漢語詞典》（第7版），商務印書館，2016，第1052頁。
〔註40〕《現代漢語詞典》（第7版），商務印書館，2016，第1545頁。

體。」〔註41〕特別是在涉及 1917 年以後離開蘇聯的原俄國人時，俄文用
「эмиграция」，但在翻譯成漢語時，「эмиграция」也被譯為「僑民」。本書沿
用這一譯法。

　　三是關於組織名稱的翻譯。「союз」一詞在俄語中有「聯盟」「同盟」之
意，目前國內對俄僑政治組織中的「союз」一詞或譯為「聯盟」，或譯「同盟」，
對羅扎耶夫斯基的俄國法西斯黨的組織名稱多譯為「聯盟」。考察「聯盟」與
「同盟」在漢語中的詞義後不難發現，「聯盟」一詞雖指個人、集體或階級的
聯合體，但更強調彼此因利害關係而結盟〔註42〕；而「同盟」一詞更有共結
盟約，為實現共同政治目標而結成組織的含義。〔註43〕因此，本書將涉及俄
國法西斯黨名稱中的「союз」譯作「同盟」，而在引用中文文獻時遵照原文使
用。涉及該黨的組織機構「союз」則譯作「聯盟」。

　　四是「俄國」（Россия, Российский）與「俄羅斯」（Русский），前者是國
家的指稱，在涉及民族含義是指包括俄羅斯民族在內的俄國所有民族，後者
在較多情況下是專指俄羅斯民族，或稱「俄羅斯的」。俄國法西斯黨的俄文對
稱既是「俄羅斯的」，但有時也泛指俄國的，因此涉及該組織時，統譯為「俄
國法西斯黨」。

　　另外，本書的研究對象羅扎耶夫斯基，他不僅是俄國法西斯主義的主要
創建者，更在實際活動中建立了法西斯政黨。該黨成立於 1925 年的哈爾濱，
初名為「俄國法西斯主義組織」（Российская Фашистская Организация-РФО），
後在其存在的數年間數次易名，1931 年稱「俄國法西斯黨」（Российская
Фашистская Партия-РФП），1935 年「全俄法西斯黨」（Всероссийская
Фашистская Партия-ВФП），1938 年「俄國法西斯主義者同盟」（Российский
Фашистский Союз-РФС），1941 年同盟總部被迫搬遷至上海後，留在哈爾濱
的以羅扎耶夫斯基為首的組織又一次改名為「民族勞動俄羅斯同盟」（Союз
национально-трудовой России-СНТС）。為便於敘述和理解，除必須特別指明
具體名稱之處（如出現具體時間時，使用帶有該黨名稱的文獻資料時）外，
本書在概述時統一稱其為俄國法西斯黨。

　　在羅扎耶夫斯基的著述和言論中，經常用「российский фашизм」（俄國

〔註41〕*Егорова Т.В.* Словарь иностранных слов современного русского языка. – М.:
　　　「Аделант», 2014, С. 784.
〔註42〕漢典，https://www.zdic.net/hans/%E8%81%94%E7%9B%9F[2020-10-24].
〔註43〕漢典，https://www.zdic.net/hans/%E5%90%8C%E7%9B%9F[2020-10-24].

法西斯主義）和「русский фашизм」（俄羅斯（民族）法西斯主義），前者是
強調國家屬性，後者是從種族主義角度強調俄羅斯民族的特殊地位和作用。
但羅扎耶夫斯基的特殊之處在於，他是在華俄僑組織「俄國法西斯黨」的領
袖，他的法西斯主義思想和活動主要是在僑民中形成和開展，其內容和方式
有別於國內或其他國家俄僑的法西斯主義。因此，本書在具體論述羅扎耶夫
斯基的法西斯主義思想時，統稱為「俄國法西斯主義」，而在具體涉及俄僑群
體時專稱「俄僑法西斯主義團體」「俄僑法西斯主義分子」和「俄僑法西斯主
義運動」。

第一章　俄國僑民與法西斯主義思潮

　　法西斯主義與歐洲政治思潮有著深厚的淵源，受第一次世界大戰的直接推動，以其強烈的政治蠱惑力而在 20 世紀二三十年代形成彌漫世界之勢，並且滲透到了當時因國內巨變而遷居他國的俄國僑民群體當中。羅扎耶夫斯基恰在此時逃離蘇聯，前往中東鐵路的中心地帶哈爾濱，在從事政治活動的過程中接受了已開始在俄僑中出現的法西斯主義思想，利用各種時機和手段，漸漸成為當地俄僑法西斯運動的主要領導人之一，並且鼓吹只有法西斯主義才能挽救俄國。在羅扎耶夫斯基等人的領導下，原本分散在中國東北地區的各俄僑法西斯主義團體逐漸聯合，並成立了法西斯主義政黨「俄國法西斯黨」。而在與美國的旺夏茨基領導的「全俄法西斯組織」合併後，俄國法西斯黨更名為「全俄法西斯黨」，從而在一定程度上實現了該黨的國際化目標。

第一節　法西斯主義思潮在俄僑中的蔓延

　　20 世紀二三十年代，法西斯主義在德意等國從思想轉化為行動，在奪取本國政權後又以各種舉措暫時解決了國家危機，從而使得法西斯主義以一種能夠更替舊世界，建立新世界的面貌在全世界蔓延，進而引誘和俘獲了大量信徒，這種傾向不能不觸及到幾乎是同一時期大量散居世界各地的俄國僑民。「20 世紀二三十年代的哈爾濱不僅是中國，也是遠東和東南亞地區公認的白俄中心。」[註1]因為對於這些俄僑來說，在哈爾濱可以說俄語，可以保有俄

〔註 1〕 *Аблова Н.Е.* КВЖД и российская эмаграция в Китае. – М.: НП ИД «Русская панорама», 2004, С. 120.

國式的生活習慣，可以信奉東正教，還有更多的就業和求學機會，甚至還可以更快地重返俄國，而能讓他們在離開俄國前就對這一切深信不疑的原因在於，哈爾濱是中東鐵路附屬地的重要中心。由是，在多種因素綜合作用的情況下，法西斯主義思潮開始在哈爾濱俄僑當中滋生和蔓延。

一、20 世紀二十年代的哈爾濱俄僑

眾所周知，中東鐵路的修建促進了哈爾濱的城市發展。1903 年中東鐵路全線通車後，築路工人一部分選擇返回原籍，另一部分則選擇進入哈爾濱，哈爾濱城市人口因此激增。據統計，1911 年，中東鐵路附屬地界內人口共計111246 人，其中外國人 75884 人，俄國人以 73635 人位列第一位。〔註 2〕而哈爾濱作為中東鐵路的樞紐，俄國人約在 4 萬人左右。〔註 3〕同年，哈爾濱包括流動人口在內的總人口近 13～14 萬人。〔註 4〕俄國十月革命至 20 世紀二十年代前後，大量的俄國難民開始湧入哈爾濱。1918 年 4 月 28 日，中東鐵路新理事會議通過決定，由霍爾瓦特（Д.Л.Хорват）〔註 5〕任總公司會辦，拉琴諾夫（В.Д.Лачинов）代理中東鐵路管理局局長，高爾察克（А.В.Колчак）負責軍事部，統率中東鐵路附屬地內的所有俄國武裝力量。此種情勢下，遠赴哈爾濱的俄國人不斷增加。據統計，1918 年，哈爾濱有 38024 名俄國人，9月，哈爾濱「白俄在道里雅木斯卡雅街〔註 6〕設立收容所進行收容，」〔註 7〕還在偏臉子〔註 8〕建立了「納哈羅夫卡」村。〔註 9〕1922 年，蘇俄內戰後，大量白軍敗退進入中國東北，哈爾濱是其必經和中轉之地，此年「居哈俄國僑

〔註 2〕《鐵路租界內之人口》，載《遠東報》，1911 年 7 月 21 日。

〔註 3〕石方、劉爽等：《哈爾濱俄僑史》，黑龍江人民出版社，2003，第 52 頁。

〔註 4〕哈爾濱市地方志編纂委員會：《哈爾濱市志》（大事記、人口），哈爾濱人民出版社，1999，第 460 頁。

〔註 5〕霍爾瓦特（Дмитрий Леонидович Хорват），1858～1937。1903 年被沙皇尼古拉二世認命為中東鐵路管理局局長兼中東鐵路護路軍司令。1917 年俄國十月革命後，繼續把持中東鐵路的各項權益。1918 年，宣布成立「全俄臨時政府」，自任「最高執政」妄想推翻蘇維埃政權。1920 年 3 月 14 日，被解除了中東鐵路管理局局長一職。

〔註 6〕即大坑街，外國六道街，今哈爾濱道里區大安街。

〔註 7〕李述笑編著：《哈爾濱歷史編年（1763～1949）》，黑龍江人民出版社，2013，第 163 頁。

〔註 8〕今哈爾濱道里區以「安」字為首字命名的街區，俗稱「安字片兒」一帶。

〔註 9〕李述笑編著：《哈爾濱歷史編年（1763～1949）》，黑龍江人民出版社，2013，第 169 頁。

民達 15.5 萬人，當年哈爾濱人口猛增至 38 萬人。」〔註10〕20 世紀二三十年代，正是俄國僑民大量遷出蘇俄（蘇聯）的高峰時期。這些人中有唯恐被剝奪資本的大批舊俄貴族和工商業主，有曾在舊俄政府任職而擔心被清算的文武官員，還有持不同政見的知識分子，更有妄圖推翻新政權卻失敗而逃亡的白俄軍隊及其家屬。〔註11〕在人數不斷增加的哈爾濱俄國僑民群體中，形形色色的思潮充斥其間，不同民族和政治派別間常對立不容。一些青年僑民常因無所事事而聚集在一起，尋釁滋事、打架互毆事件屢有發生。

1.「紅白之爭」與右翼思想

在 20 世紀上半葉的俄國僑民當中存在著各種政治派別和社會組織。其中不乏持反蘇反共思想的右翼激進組織，這些政治組織或派別十分重視培養和教育青年僑民狂熱的民族主義情緒，力圖吸納他們加入自己的反共反蘇鬥爭當中。但最終的結果卻是，老一代僑民在年輕一代的政治組織的形成過程中發揮了實質性作用，而這些青年組織卻強調要與在反布爾什維克鬥爭中的無能父輩劃清界線。〔註12〕對於青年僑民來說，君主制無疑已經成為了過去時，他們懷念的是俄羅斯帝國曾經的強盛而非帝制，但他們又受到父輩的影響不願接受甚至痛恨已經在其祖國成功獲勝了的共產主義，所以他們更樂於另闢

〔註10〕哈爾濱市地方志編纂委員會：《哈爾濱市志》（大事記、人口），哈爾濱人民出版社，1999，第 447 頁；關於哈爾濱 20 世紀一二十年代的俄僑人口數據，目前學界尚未統一。據《哈爾濱市志》記載，「在哈俄僑從 1916 年的 34115 人，1918 年增至 60200 人，1920 年增至 131075 人，1922 年增至 155402 人」。（哈爾濱市地方志編纂委員會：《哈爾濱市志》（大事記、人口），哈爾濱人民出版社，1999，第 461 頁）阿布洛娃認為 1923 年哈爾濱的俄僑有 165857 人，當時哈爾濱人口約在 30～50 萬。(*Аблова Н.Е.* КВЖД и российская эмаграция в Китае. – М.: НП ИД «Русская панорама», 2004, С. 125～126.) 奧涅金娜認為 1922 年的哈爾濱俄僑有 12 萬，占當地居民的四分之一。(*Онегина С.* Письмо К.В. Родзаевского И.В.Сталину. // Отечественная история, 1992, № 3, С. 92.) 而在近年在俄羅斯政府支持下出版的《俄羅斯人在中國》（Русские в Китае）一書稱，「至 1920 年哈爾濱的居民為 20 萬，其中有 5 萬多俄羅斯人，1931 年居民數量增長至 33.2 萬，其中 6.4 萬歐洲人（俄羅斯人）和 5000 名日、韓居民」。(Русские в Китае. Исторический обзор. / Под общ. ред. и предисл. А.А.Хисамутдинова. – Москва: б. и.; Шанхай: Изд. Координационного совета соотечественников в Китае и Русского клуба в Шанхае, 2010, С. 24.)

〔註11〕石方、劉爽等：《哈爾濱俄僑史》，黑龍江人民出版社，2003，第 62 頁。

〔註12〕*Михалев Николай Михайлович.* Фашистская идеология в печати русского зарубежья. // Медиаскоп, 2009, № 3, С. 8.

蹊徑。而俄國法西斯主義運動提出的消滅共產主義，在俄國組建民族國家的口號恰恰點明了隱藏在這些俄國僑民心中的精神要義。

已被突然湧入的大量僑民搞得混亂不堪的哈爾濱局勢，更因蘇俄政局和中蘇關係的不斷變化而愈加錯綜複雜。1924年，剛剛停止內戰的蘇俄開始著手處理中東鐵路問題。5月31日，中蘇雙方簽訂《中俄解決懸案大綱協定》和《暫行管理中東鐵路協定》，9月20日，簽訂《奉俄協定》。由此產生的中東鐵路管理權的變更對於哈爾濱俄僑來說，特別是白俄僑民，無疑是災難性的巨大變革，本就存在於哈爾濱俄僑間的「紅白之爭」也因此變得更為尖銳。據哈爾濱第一區警察第一署報告，1925年「8月12日晚上7點半鐘在藥鋪街第26號運動場開全體會員會，到場會員竟以新舊黨派關係發生意見衝突，迨13日早2點15分鐘散會後，新黨一面即在中國大街、斜紋街等處預伏多數青年，伺舊黨分子經過，遂齊出，聚眾肆毆，並有槍聲。一時人眾勢囂，不服警察指揮。經警察竭力彈壓，追逐至田地街、水道街等處始行竄散。後查有舊黨牙吉棉果等四名被毆受傷，即時送往董事會醫院療治」。而據當事的「白黨」成員介紹，眾人「至第一蹚子街、第二蹚子街之中間，空有多人由杵子廠院內拋出石頭並跳出」。約有「紅黨五十餘人持械由前打來，後面遠東銀行院內又出來該紅黨一隊前後夾擊，逃避之時確見汽車數輛用車上之電燈照耀奪目，不能正視，以利紅黨之行毆」，此事「多人僑民等當場目睹，內有瓦西立也夫之長子阿耳缶吉一人持白色手槍，同其弟標得耳亂跑」，經其父證實，阿耳缶吉早已加入「紅黨」。〔註13〕

作為影響俄羅斯未來的新一代人，青少年僑民成為紅白兩派俄僑十分重視的拉攏和培養對象。各種童子軍組織紛紛出現，他們被授以棍棒和武器，常常進行武裝集訓。1926年10月，東省特區〔註14〕警察管理處曾對中東鐵路沿線的童子軍情況做了秘密調查（見表1）。

〔註13〕《關於新舊黨俄僑組織青年團槍子隊於體育會散會後在斜紋街互毆傷人一案》，東省特別區警察管理處編纂：《東省特別區警察管理處取締蘇俄赤黨童子軍案件彙編》，哈爾濱平民工廠總廠，1929，第15、16頁。

〔註14〕即東省特別區，位於吉林、黑龍江兩省內，是管理中東鐵路（東清鐵路）沿線地帶的特別行政區域。1920年，根據《東省特別區法院編制條例》，中東鐵路附屬地改稱東省特別區。

表 1　各沿線童子軍隊伍數目表〔註15〕

北　路		東　路			南　路
滿洲里 5 隊	扎藍屯 1 隊	綏芬河 4 隊	穆陵 2 隊	磨刀石 1 隊	寬城子 1 隊
扎蘭諾爾 2 隊	富拉爾基 1 隊	小綏芬 1 隊	橫道河子 3 隊	大麻溝 1 隊	張家灣 1 隊
海拉爾 3 隊	齊齊哈爾 3 隊	海林 1 隊	牡丹江 1 隊	馬橋河 1 隊	雙城堡 1 隊
牙克石 1 隊	牙蘆 1 隊	愛河 1 隊	山石 1 隊	蘆缶碩瓦 1 隊	
免渡河 1 隊	安達 1 隊	牙不力 1 隊	石頭河子 1 隊	石灰窰小站 1 隊	
興安嶺 1 隊	滿溝 1 隊	源渠河 1 隊	一面坡 3 隊	阿什河 1 隊	
博克圖 3 隊	巴里木 1 隊	克贊次站 1 隊	帽兒山 1 隊	衣列克兌 1 隊	
		細輪河 1 隊			

　　持反蘇立場的白俄由於無法返回俄國和直接攻擊蘇聯政權，駐哈爾濱的蘇聯領事館工作人員就成為他們襲擊的對象。蘇聯領事館對此事曾多次與中方交涉，稱「在東省特別區內竟有公開的少年保皇黨團體、組織專以危害蘇聯國家為主旨，擅行對於蘇聯人民為種種無視強暴之匪類舉動」，希望得到中方保護。1925 年 8 月 21 日晚八點半，當蘇聯「領事署辦事員蘇聯人民索非衣‧亞闊府列夫娜‧邦達爾」「送署內同事辦事員木湊司塔普川闊及葉湊司塔普川闊姊妹二人返家，行近秋林洋行地方，突有法雪斯蒂黨為數約為二十人至二十五人之譜行近，余等開始呼余等以不乾淨之語，摘取余所戴徽章，並行向前推。當時余等雖默不置答，有一少年竟行奔過，將余所戴圓帽扯下，一群匪徒即一哄而上，對余加以毆打。」〔註16〕

〔註15〕《據探訪局密報職工會黨人秘密開會辦法及沿線各站童子軍隊伍數目表一案》，東省特別區警察管理處編纂：《東省特別區警察管理處取締蘇俄赤黨童子軍案件彙編》，哈爾濱平民工廠總廠，1929，第 30～31 頁。

〔註16〕《准交涉署來函關於蘇聯領事函稱該館女辦事員幫達爾被法雪斯蒂黨二十餘人毆打各情形轉請查明保護並見復一案》，東省特別區警察管理處編纂：《東省特別區警察管理處取締蘇俄赤黨童子軍案件彙編》，哈爾濱平民工廠總廠，1929，第 21～22 頁。

在這樣的混亂情勢下，宣稱組織嚴密、成員勇於犧牲和極度仇視蘇維埃制度的法西斯主義組織，開始努力博取漂泊異鄉的俄國僑民的好感。據統計，在 20 世紀「二三十年代，曾創建了約 15 個人數 4 萬多的僑民政治組織，它們或以『法西斯』或以『民族革命』命名。」〔註17〕1928 年，天津的俄僑法西斯主義組織「黑色法西斯主義者」（Чёрные фашисты）就公開宣稱其職責包括，嚴格保守組織秘密，為拯救祖國而學做本組織的工作，以及要研究軍事事務，進行軍事戰鬥等。〔註18〕

對此，我們可以從俄國法西斯黨的一位「戰友」〔註19〕、頓河哥薩克米申科（И.Г.Мищенко）〔註20〕的經歷中瞭解部分青年僑民選擇加入法西斯主義組織，並從事激進活動的原因。

1919 年，14 歲的米申科隨同父母僑居中國，15 歲加入了「俄羅斯全軍聯盟」（Русский общевоинский союз-РОВС）哈爾濱分部的青年組織，並接受軍事訓練。當父親死於與蘇聯邊防軍的一次交火中後，他就發誓要為父親報仇。為此，他從 19 歲開始積極參加各種針對蘇聯的敵對活動。1929 年 5 月，他參與了向哈爾濱蘇聯使館的挑釁行動，其間還曾縱火和打死蘇聯工作人員。1931 年，他開始與日本人合作，成為了最早一批加入全俄法西斯黨的俄僑。「1924 至 1938 年，他先後 40 多次潛入蘇聯遠東地區，多次得到日本人和『白色中國人』（белокитайцы）〔註21〕的嘉獎，甚至還得到過蔣介石獎勵的純種阿拉伯馬，他在上海和香港的國際銀行裏都有賬戶。他與白俄將軍謝苗諾夫（Г.М.Семёнов）、弗拉西耶夫斯基（Л.Ф.Власьевский），烏赫托姆斯基

〔註17〕 *Онегина С.В.* Российский фашистский союз в Маньчжурии и его зарубежные связи. // Вопросы истории, 1997, № 6, С. 150.

〔註18〕 *Окороков А.В.* Фашизм и русская эмиграция (1920～1945 гг.). – М.: «РУСАКИ», 2001, С. 26～27.

〔註19〕 俄國法西斯黨成員以「戰友」（соратник）互稱。

〔註20〕 阿庫諾夫（Вольфганг Акунов）認為，與波哥莫洛夫在《真理時刻》（Момент истины）一書中對米申科的「妖魔化」描述相反，他並沒有在 1944 年夏天被「鋤奸部」射殺，而是像布特科夫（В.Н.Бутков）在回憶錄《1941～1945 年白色俄僑與布爾什維克主義的鬥爭》（Участие Белой эмиграции в борьбе с большевизмом в 1941～1945 гг.）中所說，是 1960 年在馬德里的家中去世。

〔註21〕 在俄語中，以「белая эмиграция」（「白俄」）稱呼俄國十月革命後離開俄國的所有蘇維埃政權的反對者。因此俄語「белый」（「白色」）被賦予了政治色彩。故將原文中的「белокитаец」譯為「白色中國人」。

（Н.А.Ухтомский）和俄國法西斯主義者同盟主席羅扎耶夫斯基都有私交。」
〔註22〕據說他一個人就殺害了 40 名紅軍戰士。〔註23〕但在與日本人討價還價
失敗以後，1938 年他又與德國在哈爾濱的間諜機關和德國副總領事漢斯・里克
（俄文 Ганс Рик）取得了聯繫，同年穿越中、蘇、波三國去了德國。〔註24〕

不論作為俄國法西斯黨成員的米申科的最終結局如何，他所代表的恰恰
是這樣一群青年俄僑。正如俄羅斯學者奧科羅科夫所評價，「血腥，污垢，內
戰的死亡，流浪，流亡中的悲慘生活，被拋棄者等，他們中的許多人在童年
和少年時期所感受到的這些不能不在青年人的心理上留下烙印。他們渴望為
祖國而積極地鬥爭，冒險，犧牲，而且是在今天而不是明天。在這種情況下，
墨索里尼和希特勒迅速改變了本國的局勢，他們朝著無限權力快速發展成為
了年輕人的榜樣。」〔註25〕

2.「猶太問題」與反猶思想

俄國是世界上最大的猶太人僑居國，隨著中東鐵路修建的步伐，越來越
多的俄籍猶太人出現在哈爾濱，從事各種商貿活動以滿足俄國工程技術人員
及其家屬和其他僑民的生活所需。研究表明，1894 年夏天，俄籍猶太人德里
金（Григорий Борисович Дризин）來到哈爾濱收購糧食，成為最早來到哈爾
濱的猶太人。〔註26〕1903 年，哈爾濱登記入冊的俄籍猶太人已達 500 人。〔註
27〕「20 世紀二十年代至三十年代初，哈爾濱猶太人社區及在中國的其他地方
的猶太社區處於繁榮期。在發展頂峰期，分散在滿洲及中國其他猶太社區的
猶太人口達到 35000 人。」〔註28〕

據統計，在住哈爾濱猶太人中，俄籍猶太人占總數的 90%，「其餘 10% 則

〔註22〕*Богомолов В.С.* Момент истины (В августе сорок четвертого...). – М.: БУНКЕР-военторг, 2013, С. 449〜450.

〔註23〕*Вольфганг Акунов.* Образ Святого равноапостольного князя Владимира в символике одной из организаций русского зарубежья. http://www.imha.ru/ 1144529097-obraz-svyatogo-ravnoapostolnogo-knyazya-vladimira-v-simvolike-odnoj-iz-organizacij-russkogo-zarubezhya.html#.Xdd6b7puKhc[2020-10-25]

〔註24〕*Богомолов В.С.* Момент истины (В августе сорок четвертого...). – М.: БУНКЕР-военторг, 2013, С. 450.

〔註25〕*Окороков А.В.* Фашизм и русская эмиграция (1920 〜 1945 гг.). – М.: «РУСАКИ», 2001, С. 23.

〔註26〕曲偉編著：《哈爾濱猶太人圖史》，黑龍江人民出版社，2015，第 10 頁。

〔註27〕曲偉編著：《哈爾濱猶太人圖史》，黑龍江人民出版社，2015，第 18 頁。

〔註28〕西奧多（特迪）・考夫曼著，劉全順譯：《我心中的哈爾濱猶太人》，黑龍江人民出版社，2007，第 6 頁。

為波蘭、立陶宛和拉脫維亞等國籍……根據 1936 年的統計資料，在哈爾濱 50 個蘇聯籍工商業戶中猶太人占 41 家……無國籍白俄工商業者 422 家中，猶太人 113 家……立陶宛工商業家中，猶太人占 70 家。」〔註 29〕伴隨著漸漸增多的猶太人，哈爾濱的猶太社區也慢慢出現與成型。出生和成長於哈爾濱的猶太人西奧多（特迪）·考夫曼（Theodore (Teddy) Kaufman）曾在自己的回憶錄中寫到，在哈爾濱，「我們是少數人中的少數……我們生活在自己民族聚居區內，有自己的社會文化和道德。雖然我們學習俄語，但從來沒有把自己看作是俄國人。我們與中國人有聯繫，但總體上是商業性的。」〔註 30〕這些都造成了俄籍猶太人與廣義上的俄國僑民間的巨大差異。

大部分的猶太人通過辛勤勞作換得自己在哈爾濱較為殷實的生活。同時，他們開辦慈善機構以救援遇到困難的猶太同胞，建立猶太會堂和學校以保有和傳承本民族文化和傳統，成立各種政治團體開展復興民族的猶太復國主義運動。「貝塔」（Betar）是當時規模最大、活動也最為積極的猶太青年政治組織。從 1929 年宣布成立到 1945 年，該組織從未停止過自己的活動。它「積極宣傳猶太復國主義思想，號召遠東地區猶太人移居巴勒斯坦」，組織「成員與哈爾濱的白俄法西斯黨徒以及其他反猶勢力進行抗爭活動。」〔註 31〕

俄僑經常所見，當他們在為失去祖國而痛苦時，與他們同樣的俄籍猶太人卻可以很快地改頭換面，成為中國人、蘇聯人抑或是其他國家的人，並在猶太社區的支持下繼續開展活動；當他們為失業和無望的明天而掙扎時，與他們同樣「無根」的俄籍猶太人卻很快地適應了異國環境，特別是在金融、珠寶、醫療和法律領域猶太血統的僑民佔據著很高的比例。這些都不能不再次引起經歷過革命和內戰的俄國僑民對「猶太問題」的敏感，而這些敏感又在流亡的現實生活中似乎得到了印證，從而為法西斯主義中反猶思想的滋生和蔓延提供了可能。因此，哈爾濱俄僑的法西斯主義思想從最開始就具有明顯的反猶、排猶傾向。

更遑論 1929 年著名的「中東路事件」後，哈爾濱的蘇聯勢力進一步增加所造成的影響。好不容易依附於中東鐵路的白俄僑民朝夕間變成了無業者，

〔註 29〕曲偉編著：《哈爾濱猶太人圖史》，黑龍江人民出版社，2015，第 76 頁。
〔註 30〕西奧多（特迪）·考夫曼著，劉全順譯：《我心中的哈爾濱猶太人》，黑龍江人民出版社，2007，第 17 頁。
〔註 31〕曲偉編著：《哈爾濱猶太人圖史》，黑龍江人民出版社，2015，第 155 頁。

儘管他們只要選擇加入蘇聯國籍便可保住飯碗，但仍有大部分的俄僑不願意接受這樣的條件。他們憤怒地尋找發洩對象，高喊著「看看那些有錢的猶太人吧！他們有商店、銀行和旅館。俄國孩子們在大街上要飯、賣身，而他們卻吃得胖胖的。」〔註32〕「看看那些紅軍吧！他們殺了沙皇，褻瀆上帝，把我們趕出祖國。他們是如此肆無忌憚地欺凌我們，即使我們流離失所，他們也不放過！」〔註33〕「在二十年代期間，惡毒的反猶主義、反布爾什維克同不拘泥於字面意義的俄羅斯民族主義佐料混在一起而就地醞釀成了法西斯主義，使滿洲許多年輕的流亡者活躍起來。」〔註34〕

　　遠離祖國的孤寂感和異鄉生活的艱難，使得俄國僑民更容易產生焦慮、自卑的情緒，安全感和情感生活的缺失使他們易於團結在一起，對現實的絕望使他們將未來命運寄託於奇蹟的出現，這些成為當時俄國僑民普遍的心理情緒，加之該民族，尤其是青年固有的好勇鬥狠和叛逆的性格特點，在欺凌比自己更弱的群體中獲得滿足感，在對絕對權威的臣服中獲得安全感，在組織嚴密的集體中獲得認同感，這些都促使年輕的俄國僑民更容易接受法西斯主義的魅惑。

二、俄僑中的法西斯主義思潮

　　1922 年 6 月，原俄國國家杜馬成員、著名的俄僑政治活動家舒爾金（В.В.Шульгин）在寫給僑居德國的經濟學家司徒盧威（П.Б.Струве）的信中說，「經過深思熟慮，我確定，沒有絕對地服從就什麼也做不了。我對這個概念的理解與康德不同，但我現在無法解釋這一點。無論如何，我都要在您提出的『祖國和財產』這一口號後邊加上『紀律』一詞。」〔註35〕1925 年，司徒盧威在《復興報》（Возрождение）上發表的《政治家日記》（Дневник политика）一文中寫道：「無論我們怎樣批評法西斯主義，批評其個別現象和方法，它對於民主來說都是一個反共產主義的拯救力量，是一種偉大的保護

〔註32〕約翰‧斯蒂芬著，劉萬鈞等編譯：《滿洲黑手黨──俄國納粹黑幕紀實》，黑龍江人民出版社，1989，第 73 頁。

〔註33〕約翰‧斯蒂芬著，劉萬鈞等編譯：《滿洲黑手黨──俄國納粹黑幕紀實》，黑龍江人民出版社，1989，第 73 頁。

〔註34〕約翰‧斯蒂芬著，劉萬鈞等編譯：《滿洲黑手黨──俄國納粹黑幕紀實》，黑龍江人民出版社，1989，第 73 頁。

〔註35〕ГАРФ. Ф. 5974. Оп. 1. Д. 75. Л. 1002; 8, 10, 11～12.;*Михалев Николай Михайлович.* Фашистская идеология в печати русского зарубежья. // Медиаскоп, 2009, № 3, С. 8.

運動，而它的強大和引人注目之處在於，它深入人民找尋保守的力量。現在，我們只有將每個國家的保守勢力聯合成一個真誠保護所有國家的保守勢力的同盟，才能挽救文明世界免受巨大動盪。整個世界應該團結起來反對共產主義及可能導致共產主義的一切。」〔註36〕1927 年 4 月 13 日，一篇名為《法西斯主義的真理與非真理之爭》（Доступ о правде и кривде фашизма）的文章刊登在了《復興報》上，對當時學者們關於扎伊采夫（К.Зайцев）的論文《法西斯主義學派》（Школа фашизма）所進行的爭論進行了報導。

1928 年，「青年法西斯黨」成員阿爾謝尼耶夫（Ю.С.Арсеньев）在《論法西斯主義》（О фашизме）一文中寫到，「法西斯主義越來越吸引大家的注意。人們從中看到一種能夠戰勝共產主義和社會主義的力量，也許還能夠復興歐洲。因此，對於我們，對於俄羅斯人來說，它的這種意義顯而易見。」〔註37〕

對於法西斯主義產生的根源，英國學者以塞亞·伯林（Isaiah Berlin）指出，反啟蒙運動所產生的各種學說與英雄主義觀念，以及在「個人及民族之間所做的明確劃分一起，大大助長了民族主義和帝國主義，最後則是它最野蠻最病態的形式——20 世紀的法西斯主義和極權主義學說。」〔註38〕要知道，在 20 世紀二十年代，「法西斯」一詞還沒有變得臭名昭著，也還沒有與「戰爭」「侵略」「大屠殺」等詞語產生直接聯繫，反而因其在德、意等國在反共主義方面表現出來的「卓越戰績」而吸引了大批的反共分子。特別是對於那些不得不背井離鄉漂泊異地的俄國人來說，「法西斯主義」更像是一條擊敗布爾什維克政權，能讓自己重返祖國的道路，而法西斯主義相較於其他右翼黨派或組織來講，它不僅有令人炫目的意識形態方面的學說，更有行之有效的方法，因為它一直致力於教導俄國僑民們怎麼做和做什麼。

保有和傳承俄羅斯的歷史和文化傳統被旅居哈爾濱的俄國僑民視為其生活的重要事情和使命，而僑民青年卻常因無所事事或是參與各種政治派別鬥爭而滋生暴力傾向，使得僑民的教育問題日益嚴峻。為此，各級各業俄僑教育機構開始在哈爾濱建立。

20 世紀二十年代初期，哈爾濱共有 4 所高等學校，即哈爾濱法政大學

〔註36〕*Струве П.Б.* Дневник политика. // Возрождение, 1925, № 206, 25 Дек.

〔註37〕*Арсеньев Ю.С.* О фашизме. // К Молодой России: Сборник младороссов. – Париж, 1928, С. 130.

〔註38〕伯林著，馮克利譯：《反潮流：觀念史論文集》，譯林出版社，2002，第 28 頁。

（1920 年）〔註39〕，哈爾濱工業大學（1920 年）〔註40〕，東方學和商業學學院（1925 年）〔註41〕和哈爾濱國立高等師範學院（1925 年）〔註42〕，此外還有一個哈爾濱牙科學校〔註43〕。其中最具盛名的當屬哈爾濱工業大學，哈爾濱法政大學雖不及哈爾濱工業大學，但它在那些沒有得到蘇聯或中國國籍的俄國人當中，仍然享有一定的聲望，而且學費較低，一年只需 150 元〔註44〕。

作為哈爾濱第一所高等學校，哈爾濱法政大學（Юридический факультет в г. Харбине）的前身哈爾濱高等經濟法律專門學校〔註 45〕（Высшие Экономико-Юритические Курсы）創建於 1920 年 3 月 1 日。1922 年 7 月 1 日更名「哈爾濱法政大學」，〔註 46〕曾得到蘇俄符拉迪沃斯托克（海參崴）的遠東國立大學的認可，但兩校很快（當年 11 月）就停止了合作。該校的負責人是著名的「路標轉換派」（Сменавеховство）人士烏斯特里亞洛夫（Н.В.Устрялов）。第一學年的教師有副教授阿博羅西莫夫（М.В.Абросимов）、教授金斯（Г.К.Гинс），副教授彼得羅夫（Н.И.Петров）和教員斯特列爾科夫

〔註39〕哈爾濱法政大學的俄文名稱是「Юридический факультет в г. Харбине」，對譯為「哈爾濱法學院」，但中國人慣稱之為「哈爾濱法政大學」。（參見《北滿特別區法政大學十五年經歷》，哈爾濱，1936，第 1 頁。）在 20 世紀二十年代曾三易其名，為敘述方便，下文統稱「哈爾濱法政大學」。

〔註40〕當時叫作「Русско-Китайского технического колледжа」，中國人稱「中俄工業學校」。1922 年，改稱「Китайский политехнический институт」，中文名稱「哈爾濱工業大學校」。（參見哈爾濱工業大學官網 http://www.hit.edu.cn/11281/list.htm〔2020-10-25〕）

〔註41〕創建於 1925 年，俄文名稱是「Институт ориентальных и коммерческих наук」（東方學和商業學學院）。

〔註42〕哈爾濱國立高等師範學院（Государственный высший педагогический институт в Харбине）。1925 年 9 月 31 日成立。首任校長是庫茲涅佐夫（С.В.Кузнецов）。學制四年。與哈爾濱法政大學一樣，該校也講授地理學、歷史學、中國文化和日本文化等課程。（參見 *Хисамутдинов А. А.* Русское высшее образование в Китае. // Вопросы образования, 2015, № 4, С. 280.）

〔註43〕*Смирнов С.В.* Российская эмигрантская молодежь и высшее образование в условиях Северной Маньчжурии 1920-х гг. // Историко-педагогические чтения, 2003, № 7, С. 403.

〔註44〕*Залесская О.В., Орнацкая Т.А.* Юристический факультет в Харбине и его вклад в развитие русско-китайского приграничья (1920～1937 годы). // Новый исторический вестник, 2016, № 2, С. 115.

〔註45〕俄文名稱為「Высшие Экономико-Юритические Курсы」，中國人稱「高等經濟法律專門學校」（參見《北滿特別區法政大學十五年經歷》，哈爾濱，1936，第 1 頁。）

〔註46〕《北滿特別區法政大學十五年經歷》，哈爾濱，1936，第 1 頁。

（Н.А.Стрелков）。第二學年增加了刑偵專家、教授米羅柳波夫（Н.М. Иролюбов），教授恩格里弗里德（В.В.Энгельфельд）和歷史學教授尼基福羅夫（Н.И.Никифоров）。第三學年（1921～22 年）又增加了教授梁贊諾夫斯基（В.А.Рязановский），沃茲涅先斯基（Н.Ф.Вознесенский），亞古博夫（А.А.Ягубов）和烏季科（Ф.Г.Уйтик）。很多離開符拉迪沃斯托克（海參崴）的教授和教師都曾在此校工作。此後教師團隊、學生數量不斷增加，教學條件不斷改善。1929 年 3 月 1 日，哈爾濱法政大學（除預科班〔註47〕）改稱「東省特別區法政大學俄文部，」〔註48〕被中國政府接收，校長也由中國人接任。1936 年，因教學內容相近，哈爾濱法政大學與哈爾濱國立高等師範學院合併。1937 年 7 月 1 日，哈爾濱法政大學停辦。〔註49〕

在流亡於哈爾濱的俄僑當中，律師是一個十分特殊的群體。其中許多人既有參加俄國內戰的經歷，也有著很好的西方教育的背景，因而他們對於國家制度的一些觀點切合了 20 世紀上半葉歐洲法學理論的主要發展方向，但他們又強調俄羅斯的特殊性，如烏斯特里亞洛夫〔註50〕、金斯〔註51〕和伊萬諾夫〔註52〕等人。他們在自己動盪的僑居生活之餘不斷反思白衛運動的失敗原因，仍堅信布爾什維克在俄國必然崩潰，並為未來俄國的政治和法律制度建

〔註47〕1920 年時，該校增設了預科班，專門招收中國學生，教授俄語。學生在畢業後可以直接升該校本科。預科班在 1929 年 3 月 1 日改為「東省特別區法政大學漢文部」。

〔註48〕《北滿特別區法政大學十五年經歷》，哈爾濱，1936，第 1 頁。

〔註49〕*Автономов Н.П.* Юридический факультет. // Русский Харбин / сост., предисл. И коммент. Е.П.Таскиной. – 2-е изд., испр. и доп. – М.: Изд-во МГУ: Наука, 2005, С. 50～54.

〔註50〕烏斯特里亞洛夫（Николай Васильевич Устрялов），1890～1938。1920 年進入哈爾濱法政大學從事教學活動，1925 年初獲得蘇聯國籍，以蘇聯專家身份領導中東鐵路培訓部，1928 年起擔任中東鐵路中心圖書館館長，1934 年與其他一些擁有蘇聯國籍的教授一同返回蘇聯。1937 年被捕，隨後被槍決。

〔註51〕金斯（Георгий Константинович Гинс），1887～1971。1920 年 2 月為逃避逮捕來到哈爾濱，1921 年起在中東鐵路工作。曾任哈爾濱法政大學羅馬法教研室的編外教授。1941 年移居美國。主張團結主義。

〔註52〕伊萬諾夫（Василий Фёдорович Иванов），1885～1944。曾參與俄國的白衛運動，在阿穆爾臨時政府中任職，失敗後僑居中國哈爾濱。從事政治、教育和法律活動，著有多部作品，如《尋找國家理想》（В поисках государственного идеала. – Харбин，1932），《俄羅斯知識分子和共濟會——從彼得一世到今天》（Русская интеллигенция и масонство. От Петра I до наших дней. – Харбин，1934），《普希金與共濟會》（Пушкин и масонство. – Харбин，1940）等。

設提出各種構想，同時抓住一切機會在僑民報紙和各種集會上闡述這些構想。俄羅斯太平洋國立大學教授奧利列涅（Е.Е.Аурилене）等人在研究了俄僑的政治觀點和法學思想後認為，儘管僑民中的政見「立場各有不同，有時甚至是兩極分化，但在他們關於國家理想的思想中至少可以看到兩個共同特徵：對自由主義的失望和對人民主權的可行性的懷疑。」〔註53〕事實證明，一些抨擊自由主義和民主制的著作更容易得到俄國僑民的認可。這種情緒特徵既折射了當時僑民群體普遍情感，也促進和激化了這種情感的宣洩。

伊萬諾夫在自己的《尋找國家理想》（В поисках государственного идеала，1932）一文中談及了當時流行於歐洲的三個主要政治思潮——自由主義、民主制和法西斯主義。他認為，議會制是一種美麗的謊言，因為議會不過是通過賄選和恫嚇行事；民主原則是所有災難的源泉，即使是英國這樣的老牌資本主義國家也難逃危機。而危機的深刻根源恰恰在於理性至上的原則大行其道，在於人類的宗教信仰危機和精神危機。在評價法西斯主義時，伊萬諾夫認為，法西斯主義在紀律性、愛國主義和民族主義方面表現得十分強大，但其領導人的權威卻又缺乏歷史根基，希特勒因反對布爾什維克而令俄國僑民更易接受，但他的種族主義卻又與俄國的民族主義沒有共同點。由此，伊萬諾夫認為，流行於西方的理論都不適合於俄羅斯，法西斯主義、自由主義和民主制都缺乏宗教信仰。〔註54〕他甚至宣稱，「在同俄羅斯和全人類的敵人進行的鬥爭中，我們祝願希特勒和他的黨取得輝煌的勝利。」〔註55〕1934年，伊萬諾夫在哈爾濱出版了《俄羅斯知識分子和共濟會——從彼得一世到今天》（Русская интеллигенция и масонство. От Петра I до наших дней.），聲稱俄國知識分子已經被共濟會所掌控。大量的宣揚俄羅斯正教精神、評價法西斯主義和支持反猶太主義的著作，使伊萬諾夫吸引和影響了大批俄僑讀者。

烏斯特里亞洛夫和金斯是哈爾濱法政大學的教授，對羅扎耶夫斯基的法西斯主義思想，甚至是對整個俄國法西斯主義，都產生了重要的影響。

烏斯特里亞洛夫是俄國著名的法學家，在哈爾濱期間曾將法西斯主義視

〔註53〕 *Аурилене Е.Е., Бучко Н.П.* Политическая идеология русской эмиграции в Маньчжурии: проблема возрождения России. // Проблемы Дальнего Востока, 2017, № 2, С. 102.

〔註54〕 *Иванов В.Ф.* Русская интеллигенция и масонство. От Петра Первого до наших дней. – М., 1997, С. 504.

〔註55〕 Л.戈韋爾多夫斯卡婭著，張宗海譯：《俄羅斯僑民在中國的社會政治活動和文化活動（1917～1931）》（中文），日本僑報出版社，2003，第95～96頁。

作一種國家制度而進行專門研究，在哈爾濱出版過學術著作《德國的民族社會主義》（Германский национал-социализм, 1933）和《意大利法西斯主義》（Итальянский фашизм, 1928）。在書中他認為，法西斯主義出現的原因是1914 至 1918 年世界大戰所產生的社會和民族間的矛盾，是在世界意識中法的威嚴的墜落，是法外和超法秩序的重現，是國家無力用「正常的」法律途徑戰勝這一切。他十分推崇墨索里尼和意大利的法西斯主義制度。後來，羅扎耶夫斯基在回答蘇聯國家安全機構的訊問時表示，烏斯特里亞洛夫本人和他的《意大利法西斯主義》對俄僑法西斯主義運動產生了重大影響，而自己「被烏斯特里亞洛夫有關意大利法西斯主義的論點所吸引，這些論點積極評價了意大利法西斯主義的『社會創造力』，認為這是通過『勞資和解』和『私人（個人的、階級的和其他的）利益從屬於全民利益、民族和國家』來『解決社會問題的大膽嘗試』。」〔註 56〕

金斯主張團結主義（солидаризм），同時也支持法西斯主義。1930 年，他出版了《從自由主義到團結主義：通往未來國家之路》（От либерализма к солидаризму. На путях к государству будущего）。在書中他認為，法西斯主義最誘人之處就是社會具有共同責任的觀念，而這一觀念又是極力反對馬克思主義的。

除了這些授課教授以外，哈爾濱法政大學的學生當中支持法西斯主義意識形態的人也很多，比如波克羅夫斯基（А.Н.Покровский）、科拉布廖夫（Е.В.Кораблёв）、魯緬采夫（Б.С.Румянцев）、馬特科夫斯基（М.А.Матковский）〔註57〕和羅扎耶夫斯基（К.В.Родзаевский）等。1922 年，在哈爾濱法政大學，「俄羅斯大學生協會」（Русское Студенческое Общество-РСО）〔註 58〕開始

〔註 56〕 *Окороков А.В.* Фашизм и русская эмиграция (1920 ～ 1945 гг.). – М.: «РУСАКИ», 2001, С. 124.

〔註 57〕 馬特科夫斯基（Михаил Алексеевич Матковский），1903～1968（？）。俄國法西斯黨的創建者之一。1920 年在父親死後，與母親和兩個兄弟僑居哈爾濱。哈爾濱法政大學和哈爾濱工業大學的學生。曾任「滿洲俄僑事務局」第三部負責人。1945 年蘇軍出兵東北後，馬特科夫斯基與蘇聯合作，將其掌握的俄僑資料全部交給蘇軍。美國學者斯蒂芬和一些俄羅斯學者認為，馬特科夫斯基是蘇聯間諜。因此，關於他的結局，說法不一。

〔註 58〕 關於「俄羅斯大學生協會」的信息不多。以奧科羅科夫為代表的多數俄羅斯學者認為，該協會於 1922 年成立於哈爾濱法政大學（*Окороков А.В.* Фашизм и русская эмиграция (1920～1945 гг.). – М.: «РУСАКИ», 2001, С. 121.）。貢恰連科（О.Г.Гончаренко）與此觀點相近，認為俄羅斯大學生協會成立於 1921

活動。該組織成員在教授尼基福羅夫（Н.И.Никифоров）的帶領下，研究各種具有反共性質的政治流派。漸漸地，在「俄羅斯大學生協會」內部開始聚集一些信奉意大利法西斯主義的青年俄僑。有資料顯示，1926年，「俄羅斯大學生協會」的主席是格里巴諾夫斯基（П.И.Грибановский），〔註59〕波克羅夫斯基負責意識形態工作。而俄羅斯大學生協會也聲明自己是「一個建立在君主專制思想基礎上的法西斯主義組織，它在沙皇伊凡雷帝的信中和民族君主主義思想家的著作中找到了其理論表達，實際上在正教帝國的創建中得到了實現。」〔註60〕

　　可以說，哈爾濱法政大學的教授和學生通過自己的著作或是實際活動，憑藉自己的政治和法律觀念嘗試設計未來俄羅斯國家，雖然他們並沒有創造出一種全新的思想理論，但他們從社會法學派、心理學和生物學角度對盛行於歐洲的各種國家學說的研究與分析，對那些深入思考國家理想的僑民們的思想生活產生了巨大影響。〔註61〕

第二節　法西斯主義團體在俄僑中的出現

一、「俄國法西斯主義組織」與羅扎耶夫斯基

1.「俄國法西斯主義組織」的產生

　　很快，「俄羅斯大學生協會」就成為俄僑研究和宣傳包括法西斯主義在內的各種反共意識形態的中心，各種政治演講在此舉行。一些演講者以意大利、

　　　　～1922 年間。作者還指出，該協會成員包括參加過白俄軍隊的大學生（*Гончаренко О.Г.* Русский Харбин. – М.: Вече, 2009, С. 166.）。也有信息顯示，「俄羅斯大學生協會」的存在時間為 1917～1935 年（*Каргапольцев, Дмитрий Сергеевич.* Русское студенческое общество в Харбине в 1920-х - 1935 гг. // История как ценность и ценностное отношение к истории: XIV всероссийские историко-педагогические чтения / Гл. ред. Г.Е.Корнилов. Екатеринбург: УрГПУ, 2010. Часть 1. – 259 с. – С. 104～109.）。

〔註59〕*Онегина С.* Письмо К.В. Родзаевского И.В.Сталину. // Отечественная история, 1992, № 3, С. 92.

〔註60〕ГАРФ, Ф. 5826, Оп.1, д. 143, л. 93～97; Политическая история русской эмиграции, 1920～1940 гг. / [С.В.Константинов и др]; Под ред. А.Ф.Киселева. – М.: ВЛАДОС, 1999, С. 307～308.

〔註61〕*Аурилене Е.Е., Бучко Н.П.* Политическая идеология русской эмиграции в Маньчжурии: проблема возрождения России. // Проблемы Дальнего Востока, 2017, № 2, С. 102.

德國和日本為例，呼籲俄僑與布爾什維克和「猶太共濟會」進行鬥爭，並且提出要組建俄國的法西斯主義政黨，從而團結具有民族意識的俄國青年。這個想法得到了哈爾濱法政大學、哈爾濱工業大學、哈爾濱國立高等師範學院、東方與商業學學院和哈爾濱其他教育機構的部分俄僑學生和教師的支持。〔註62〕1925年，俄羅斯大學生協會中具有法西斯主義思想的僑民學生成立了秘密集會小組──「俄羅斯法西斯主義運動」（Русское фашистское движение-РФД），因小組的領導人是波克羅夫斯基，所以也被稱為「波克羅夫斯基小組」（Группа Покровского）。小組成員開始在哈爾濱法政大學和哈爾濱其他一些俄僑高校進行活動，尋找追隨者。白俄將軍科西明（В.Д.Косьмин）〔註63〕也以俱樂部為基地宣揚法西斯主義，主張創建法西斯黨，並且得到了瓦西連科（В.И.Василенко）、多洛夫（С.И.Долов）、基巴爾金（В.В.Кибардин）、科拉布廖夫、馬特科夫斯基、波克羅夫斯基、羅扎耶夫斯基和魯緬采夫等人的支持。〔註64〕

　　1925年，以哈爾濱法政大學為基地，科拉布廖夫、波克羅夫斯基和魯緬采夫作為發起人，〔註65〕創建了以「俄羅斯法西斯主義運動」成員為骨幹〔註66〕的「俄國法西斯主義組織」（Российская Фашистская Организация-РФО）。羅扎耶夫斯基如此描述「俄國法西斯主義組織」和「俄羅斯大學生協會」間的關係，「白色大學生有自己的組織俄羅斯大學生協會，……波克羅夫斯基告訴我，俄羅斯大學生協會是秘密的俄國法西斯主義組織的掩護。」〔註67〕

〔註62〕 *Окороков А.В.* Фашизм и русская эмиграция (1920 ～ 1945 гг.). – М.: «РУСАКИ», 2001, С. 121.

〔註63〕 科西明（Владимир Дмитриевич Косьмин），1884～1950。曾參加日俄之戰和第一次世界大戰。1920年3月移居中國哈爾濱。曾組建反蘇軍隊並將軍隊送往蘇聯進行破壞活動。1931年春，當選為俄羅斯工人法西斯辛迪加聯盟（Союз русских рабочих фашистских синдикатов）主席，後因酗酒鬥毆被開除。在俄國法西斯黨創建初期，當選為俄國法西斯黨主席，後被指控挪用公款而被開除。1933年後，領導和組建了哈爾濱軍事帝制同盟（Военно-монархический союз）。1936年移居上海。二戰後遷居澳大利亞。

〔註64〕 *Мельников Ю.* Русские фашисты Маньчжурии. // Проблемы Дальнего Востока, 1991, № 2, С. 109.

〔註65〕 *Мельников Ю.* Русские фашисты Маньчжурии. // Проблемы Дальнего Востока, 1991, № 2, С. 109.

〔註66〕 梅利尼科夫認為「俄羅斯俱樂部」（Русский клуб）才是「俄國法西斯主義組織」主要基地。（參見 *Мельников Ю.* Русские фашисты Маньчжурии. // Проблемы Дальнего Востока, 1991, № 2, С. 110.）

〔註67〕 *Родзаевский К.В.* Отчет о моей 20-летней антисоветской деятельности. // Кентавр, 1993, № 3, С. 97.

羅扎耶夫斯基將 1925 至 1926 年「俄國法西斯主義組織」的活動總結為，「（1）研究意大利法西斯主義，（2）制定『俄國法西斯主義』的意識形態，（3）影響大學生，（4）培養『俄國法西斯主義者』的第一批骨幹，（5）最早嘗試通過散發傳單和宣講進行反共宣傳，（6）與共產主義、自由主義、民主制和所有舊的政治派別進行鬥爭。」〔註68〕

2. 羅扎耶夫斯基的出現

康斯坦丁·弗拉基米羅維奇·羅扎耶夫斯基（Константин Владимирович Родзаевский），1907 年 8 月 11 日出生在俄國布拉戈維申斯克市，父親弗拉基米爾（Владимир Иванович Родзаевский）是當地的一位公證員，母親娜傑日達（Надежда Михайловна Родзаевская）是一名普通的家庭主婦，他還有一個弟弟弗拉基米爾（Владимир）、兩個姐妹娜傑日達（Надежда）和尼娜（Нина）。

關於羅扎耶夫斯基幼時在蘇聯的材料極少，只有在羅扎耶夫斯基後來的一份類似於回憶錄的材料《我的反蘇活動 20 年》（Отчет о моей 20-летней антисоветской деятельности）〔註69〕瞭解到，他的父母對於 1917 年革命的態度是冷淡的，一些自由派或保皇派知識分子是家中的常客，以及遠東共和國時期的一些妖魔化俄共及俄共領導人的出版物，這些都促使他在少年時期就形成了對十月革命、蘇維埃政權和共產黨人的恨意。由於出版政治批評性雜誌而被勒令禁止參加任何社會活動後，他的這種恨意最終演變成了逃離蘇聯並在異國進行反對蘇維埃政權的實際行動。在材料中，他還特別指明，自己對法西斯主義的興趣早在蘇聯學習時期就已經形成了，起因是他看到了蘇聯新聞中對墨索里尼、希特勒和其他一些法西斯分子行動的大量報導，這些報導不但沒有培養他對法西斯主義的敵視，反而讓他認為「法西斯主義」是一種新的反共產主義的運動。

> 我決定利用這次出走進行與蘇維埃政權的鬥爭。在一次與老知識分子的代表們交談的影響下，我產生一種思想，即俄羅斯人民必須不能回到從前，而是要有一種新的、不同於沙俄和蘇聯的制度。此時，由於墨索里尼統治了意大利和希特勒慕尼黑行動的失敗，蘇

〔註68〕*Родзаевский К.В.* Отчет о моей 20-летней антисоветской деятельности. // Ксıтавр, 1993, № 3, С. 98.

〔註69〕是一份長達 97 頁的供詞，作為材料而保存在羅扎耶夫斯基的審判卷宗中。1993 年由俄羅斯學者奧涅金娜（Онегина С.）發表在雜誌《半人馬》上（Кентавр, 1993, № 3, С. 95～114.），但僅摘錄了其中 1935 年以前的部分。

聯新聞大量報導意大利的和世界的法西斯主義，但沒有詳細揭露它
的本質，僅限於空口無憑的指責。我對這一新的運動產生了興趣，
決定瞭解它的根源，從而創建自己的「俄國法西斯主義」，作為一種
新的、反共產主義的運動。〔註70〕

　　1917 年至 1924 年，羅扎耶夫斯基在布拉戈維申斯克市男子中學學習。
在校期間，羅扎耶夫斯基就表現出了對政治活動的興趣，他自己出版了一份
校園雜誌《青春之聲》（Голос юношества），他著文「指責蘇維埃的刊物和文
獻是『片面』的，而馬克思主義是『不科學的』，因此被叫到了國家政治保衛
局。」〔註71〕當時，中東鐵路根據《奉俄協定》由中蘇共管，蘇聯人可以憑
護照乘坐火車從蘇聯前往哈爾濱。利用這一點，感到自己受到不公正待遇的
羅扎耶夫斯基決定以求學為名，離開蘇聯前往哈爾濱。

　　1925 年 7 月，羅扎耶夫斯基獲准前往哈爾濱。據其所說，「為了繼續接
受教育」「帶著對正義和本國人民的民族生活的模糊訴求，」〔註72〕他 7 月
從布拉戈維申斯克出發，經過薩哈林（庫頁島），乘坐中國的輪船於 8 月 2 日
到達哈爾濱。〔註73〕不久，他就成為了哈爾濱法政大學的一名學生。起初，
他加入了「十字軍勳章」（Орден крестоносцев）〔註74〕組織，並試圖使其接
受意大利法西斯主義，但因該組織在當時並未表現出明顯的反共立場而放棄
這一想法。在哈爾濱法政大學的求學過程中，羅扎耶夫斯基結識了當時活動
於該校的一群俄國法西斯主義組織的成員，開始接觸了俄僑法西斯主義運動，
但這一切都被他自己描繪成為愛國行為。

　　在 1925 年進入哈爾濱法政大學後，我發現了一群俄國法西斯

〔註70〕 *Родзаевский К.В.* Отчет о моей 20-летней антисоветской деятельности. //
Кентавр, 1993, № 3, C. 96.

〔註71〕 *Родзаевский К.В.* Отчет о моей 20-летней антисоветской деятельности. //
Кентавр, 1993, № 3, C. 96.

〔註72〕 *Онегина С.* Письмо К.В. Родзаевского И.В.Сталину. // Отечественная история,
1992, № 3, C. 94.

〔註73〕 *Родзаевский К.В.* Отчет о моей 20-летней антисоветской деятельности. //
Кентавр, 1993, № 3, C. 96.

〔註74〕 20 世紀二十年代中期，為對抗在中東鐵路附屬地俄僑青年中蘇聯軍隊不斷增
強的影響而成立，創建者是別列佐夫斯基（Борис Антонович Березовский）。
初期具有偵察兵特點，主張像十字軍一樣的生活，但並不致力於白俄青年與
蘇聯青年間的武力對抗。1926 年 3 月「十字軍勳章」領導人更換後，該組織
宣布自己為君主主義組織，政治立場更加激進。

主義組織的活動家，於是就毫不猶豫地與留在蘇聯的家人斷絕了關係，加入了該組織，在我看來這是為了反對共產主義和為了俄羅斯的偉大與榮譽而戰！〔註75〕

1926 年，羅扎耶夫斯基參加了「俄國法西斯主義組織」，並與波克羅夫斯基等人相交甚密。憑藉自己出色的演講口才和組織能力，他逐漸成為這一運動的積極分子。甚至在 1926 年母親前往哈爾濱，想要讓他回家時，他都斷然拒絕，並不惜與在蘇聯的家人斷絕了關係。〔註76〕

1927 年，羅扎耶夫斯基與他人共同創辦了「遠東俄羅斯工人法西斯主義者民族辛迪加同盟」（Союз Национальных Синдикатов русских рабочих фашистов Дальнего Востока-СНС），此時的同盟領導人是波克羅夫斯基，接受梅爾庫洛夫（Н.Д.Меркулов）和拉祖莫夫（В.П.Разумов）為首的「俄國法西斯主義組織」的中央委員會領導，但羅扎耶夫斯基的組織很快就取代了梅爾庫洛夫和拉祖莫夫，組成了俄國法西斯主義組織的中央委員會。

不久，羅扎耶夫斯基又在俄國法西斯主義組織內部領導層產生分歧時，一躍成為其主要領導者之一。按羅扎耶夫斯基的說法，他無法忍受「波克羅夫斯基和俄國法西斯主義組織中央其他成員的君主制態度」，他認為「俄國法西斯主義應該建立一個『新俄羅斯』，它沒有共產黨員和資本家、沙皇，只有人民領袖的領導和由各階級民眾推選的民族性政黨的領導。」〔註77〕分裂後波克羅夫斯基另建了「法西斯主義—辛迪加聯盟」（фашистско-синдикалистский союз），但該組織不久就被日本當局下令禁止，波克羅夫斯基本人也被日本憲兵隊拘禁。獲釋後的波克羅夫斯基不得不帶著妻子、著名的俄僑詩人科洛索娃（Марианна Ивановна Колосова）遷居到了上海。

1928 年，羅扎耶夫斯基被哈爾濱法政大學開除。關於他被開除的原因有

〔註75〕 *Онегина С.* Письмо К.В. Родзаевского И.В.Сталину. // Отечественная история, 1992, № 3, С. 94.

〔註76〕 1928 年冬天，羅扎耶夫斯基的父母和兄弟姐妹在走私者的幫助下，越過布拉戈維申斯克結冰的江面輾轉來到了哈爾濱，原因不得而知，但母親和姐妹在途中被捕，並被送回了蘇聯。（參見約翰·斯蒂芬著，劉萬鈞等編譯：《滿洲黑手黨——俄國納粹黑幕紀實》，黑龍江人民出版社，1989，第 76～77 頁；*Мельников Ю.* Русские фашисты Маньчжурии. // Проблемы Дальнего Востока, 1991, № 2, С. 110.）

〔註77〕 *Родзаевский К.В.* Отчет о моей 20-летней антисоветской деятельности. // Кентавр, 1993, № 3, С. 100.

多種說法，一種說法是他因為絡竊而兩次被捕，〔註78〕另一說法是因為他的激進行為：曾破壞某蘇聯機關的旗幟，〔註79〕還有人說是因為他參加了反蘇示威遊行。〔註80〕但也有人說，他最終仍然獲得了哈爾濱法政大學的畢業文憑，只是途徑並不那麼光彩，是用恐嚇的方法強迫哈爾濱法政大學承認他為學生，並在幾個月之後就弄到一張文憑。〔註81〕

1929年7月，為收回中東路權益，張學良派軍警搜查了蘇聯駐哈爾濱領事館，中東路事件爆發，兩國軍隊在中蘇邊境地帶開戰。經過5個多月的戰鬥，東北軍戰敗，蘇聯軍隊進入中國境內，佔領海拉爾等地。12月22日，中蘇雙方簽訂《伯力協定》，規定中東鐵路恢復中蘇合辦，蘇軍退出中國領土，中蘇衝突期間「所有免職或自動辭職之東路蘇聯職工，應准其有權立即回復原職，並向東路領取應得之款項。如有上項職工，不願恢復原職者，應即付給應領之薪工及恤金等款，……中國官憲對於白黨隊伍，即解除其武裝，並將其首領及煽惑之人，驅逐東省境域以外。」〔註82〕然而，1930年1月25日和27日，近600名哈爾濱白俄兩次舉行遊行示威活動，要求以津貼形式支付給他們3個月的工資，甚至揚言要引發第二次衝突，示威活動成立了「由羅扎耶夫斯基、達尼洛夫（Н.Данилов）、赫柳斯托夫（Хлюстов）〔註83〕和法西斯同盟其他領導人組成的代表團」，並由代表團與中東鐵路管理部門談判。

〔註78〕范士白著，趙京華整理：《日本的間諜》，中國青年出版社，2012，第133頁。

〔註79〕*Мельников Ю.* Русские фашисты Маньчжурии. // Проблемы Дальнего Востока, 1991, № 2, С. 110.；美國學者斯蒂芬認為，羅扎耶夫斯基因撕下了學校主樓的蘇聯國旗而被開除。（參見約翰·斯蒂芬著，劉萬鈞等編譯：《滿洲黑手黨——俄國納粹黑幕紀實》，黑龍江人民出版社，1989，第82～83頁）

〔註80〕*Гусев К.* Константин Владимирович Родзаевский (11.08.1907～30.08.1946). // *Родзаевский К.* Завещание русского фашиста. – М., 2001, С. 14.

〔註81〕范士白著，趙京華整理：《日本的間諜》，中國青年出版社，2012，第133頁；古謝夫在其文章中寫到，「1929年，羅扎耶夫斯基恢復了學業，獲得了文憑」。（*Гусев К.* Константин Владимирович Родзаевский (11.08.1907～30.08.1946). // *Родзаевский К.* Завещание русского фашиста. – М., 2001, С. 14.）斯蒂芬認為，這種說法沒有可靠的證據，他認為是因為蘇聯勢力在哈爾濱法政大學的勢力減弱，羅扎耶夫斯基才恢復了學業，並順利畢業。（參見約翰·斯蒂芬著，劉萬鈞等編譯：《滿洲黑手黨——俄國納粹黑幕紀實》，黑龍江人民出版社，1989，第83頁）

〔註82〕王鐵崖主編：《中外舊約章彙編》第三冊，生活·讀書·新知三聯書店，1962，第738頁。

〔註83〕具體信息不詳。

「在法西斯黨首的指揮下，聚集在走廊裏的人群沒有散開，而是佔據了通往三樓的臺階和經理及其助手辦公室。他們開始大聲威脅、咒罵和恫嚇經理魯德（Ю.В.Рудый）和蘇維埃政府。」〔註84〕

1931年春，羅扎耶夫斯基等人召開會議，決定成立俄國法西斯黨，並將此次會議稱為俄國法西斯主義者的第一次代表大會。為了使這個新組織看上去更具有權威，並吸引更多舊軍人加入俄國法西斯黨，會議選舉了俄僑人民君主專制黨的主席科西明為該組織的主席，羅扎耶夫斯基任副職。當時的俄國法西斯黨的領導層包括主席科西明，副主席羅扎耶夫斯基，成員有梅迪（Н.П.Меди）、瓦西連科和科拉布廖夫。然而，在1932年末的一次由俄國法西斯黨徒進行的綁架案中，科西明將贖金收入私囊的行為被羅扎耶夫斯基發現。羅扎耶夫斯基立即召開了俄國法西斯黨中央執委會會議，把科西明以財務瀆職、酗酒和打架鬧事的罪名開除出黨，〔註85〕而他本人接任了俄國法西斯黨的最高領導一職。俄國法西斯黨的中央領導層由此變成了總書記羅扎耶夫斯基，哈爾濱區部負責人多洛夫和財務總管瓦西連科。事後，科西明本人遷居上海，繼續從事政治活動。

就這樣，發起俄僑法西斯運動和創立法西斯組織的「元老們」或自行離開、或被排擠、或死亡（科拉布廖夫1932年死於肺結核），羅扎耶夫斯基及其擁護者最終掌握了俄國法西斯黨的領導權。

於是，出生於帝俄時期，成長於中產階級家庭的羅扎耶夫斯基，18歲就隻身一人逃離蘇聯，準備在異國他鄉實現自己的反蘇夢想。而在這一過程中，他將法西斯主義視為實現自己目標的有效手段，甚至宣稱只有法西斯主義才能挽救俄國。他在當時有「僑民首都」之稱的哈爾濱不但找到了「志同道合」的法西斯同伴，並且成功融入其中。憑藉個人能力和政治手段，他漸漸成為右翼僑民組織之一——俄國法西斯主義組織的領導人。從此，羅扎耶夫斯基的名字便與俄國法西斯黨和俄國法西斯主義思想密不可分。當代俄羅斯學者阿布洛娃認為，羅扎耶夫斯基「憑藉良好的學識、明顯的組織能力、優秀的演講能力，在將法西斯組織變成一個大的政黨的過程中起到了十分重要的作用。」〔註86〕

〔註84〕Документы внешней политики СССР. Т. 13. (1 января — 31 декабря 1930 г.). – М.: Издательство политической литературы, 1967, С. 83.

〔註85〕在羅扎耶大斯基的供詞中，科西明是自行辭去了黨內職務。

〔註86〕*Аблова Н.Е.* КВЖД и российская эмаграция в Китае. – М.: НП ИД «Русская панорама», 2004, С. 325.

二、分散的俄僑法西斯主義團體

20 世紀二十年代，在俄僑居住的一些國家和地區都出現了法西斯性質的組織。如 1922 年，君士坦丁堡出現的「俄國法西斯主義者武裝部」（Российский отдел ополчения фашистов-РООФ）；1924 年，塞爾維亞、克羅地亞和斯洛文尼亞王國出現的「俄羅斯法西斯主義者民族主義組織」（Национальная организация русских фашистов-НОРФ）；還有 1923 年在德國出現的「青年法西斯運動」。〔註 87〕在這些組織中，「俄羅斯法西斯主義者民族主義組織」的分支機構遍布世界各地，對遠東地區俄僑的法西斯主義思想的形成產生影響也最大，而這一影響主要是通過其在天津〔註 88〕創辦的報紙《我們的道路》。

《我們的道路》最早出現於 1926 年秋天，是居住在中國濟南的俄僑創辦的週報，出版商是拉祖莫夫（В.П.Разумов）。其辦刊資金主要來源於上海煙草廠老闆、俄僑梅爾庫洛夫（Н.Д.Меркулов）的支持。此人後來曾在張作霖的手下供職，不斷為各種俄僑法西斯主義組織提供資金支持。以該報編輯部為中心的俄僑法西斯主義組織在中國的瀋陽、濟南、哈爾濱和中東鐵路的西線都設立了分支機構，但成員僅限於《我們的道路》報的幾名記者。〔註 89〕1927年，《我們的道路》（天津）出版社出版了塞爾維亞「俄羅斯法西斯主義者民族主義組織」的組織宣言。〔註 90〕同年，出版了旅意俄僑作家、記者別爾烏辛（Михаил Константинович Первухин）的著作《思考法西斯主義》（Мысли о фашизме）。1929 年，又在上海出版了《俄羅斯法西斯主義者民族主義組織遠東分部公報》（Вестник Дальневосточного отдела Национальной организации русских фашистов）。此後，俄羅斯法西斯主義者民族主義組織

〔註87〕該組織最早出現於 1923 年，名為「青年俄羅斯」（Молодая Россия），領導人是卡澤姆-貝克（А.Л.Казем-Бек），1925 年更名為「青年俄羅斯同盟」（Союз Младороссов），在法國巴黎、美國紐約、中國上海、捷克斯洛伐克布拉格和希臘等國家和和地區設有分部。1942 年解散。

〔註88〕20 世紀二十年代後期，在天津還有一個組織在活動「黑色法西斯主義者」（Черные фашисты），其機關報是《特轄軍》（Опричник）（參見 Окороков А.В. Фашизм и русская эмиграция (1920～1945). – М., 2002, C. 26～27.）。「特轄軍」是伊凡四世（Иван IV，執政 1547～1584 年）為推行旨在加強沙皇專制權力的「特轄制」（Опричнина）而建立的私人武裝。

〔註89〕Гладких А.А. Русский фашизм в Маньчжурии. // Вестник ДВО РАН, 2008, № 5, C. 113.

〔註90〕Окороков А.В. Фашизм и русская эмиграция (1920～1945). – М., 2002, C. 24.

以《我們的道路》為喉舌，開始宣揚俄國法西斯主義，宣稱「我們的道路是法西斯主義：俄羅斯民族必須佔優勢和統治地位。」〔註91〕

　　同樣在1926年，哈爾濱還出現了一個名為「俄羅斯工人、農民、哥薩克法西斯主義者反對派（或稱『俄羅斯法西斯主義者』）」（Рабоче-крестьянская казачья оппозиция русских фашистов-РККО, (Русские фашисты-РФ)）的法西斯主義組織，組建者是庫班哥薩克科夫甘（П.О.Ковган）。該組織在1927年11月7日確定的大綱中提出，「工人、農民、哥薩克」「是俄羅斯300年歷史的三大支柱。有著自己的口號和願望的俄羅斯的這三大主力軍，完全可以推翻目前奴役俄羅斯和俄羅斯人民的篡權者……」〔註92〕大綱號召俄國僑民聯合起來反對布爾什維克制度。但是該組織沒能吸引更多的俄僑參加自己的隊伍，只存在到了三十年代中期。此外，還有一些民族主義組織在它的綱領當中有一些近似於法西斯主義或是民族社會主義的因素，比如「白十字架兄弟會」（Братство Белого Креста）、「俄國民族主義者全民黨」（或「俄國民族黨」）（Российская Всенародная Партия Националистов-РВПН，Росснаци）。〔註93〕

　　在1928年蘇聯人民委員會國家政治保衛局（ОГПУ СНК СССР）的一份目錄中，記載了在哈爾濱以及中國東北地區活動的俄僑法西斯主義團體的情況：除了以梅爾庫洛夫的《我們的道路》為中心的法西斯主義團體外，還有與之「對應的下列法西斯組織：上海多姆拉切夫（Домрачев）和科列斯尼科夫（Колесников）等人領導的法西斯組織，謝苗諾夫（Г.М.Семёнов）〔註94〕間接支持的『遠東俄國法西斯小組』（Дальневосточная русская фашистская группа）。這些團體的領導人除了謝苗諾夫派外都是以君主主義者為核心，因

〔註91〕ГАХК. Ф. 893, Оп. 1, д. 1, л. 42.; *Гладких А.А.* Русский фашизм в Маньчжурии. // Вестник ДВО РАН, 2008, № 5, С. 113.

〔註92〕*Нина Васильевна Шульгина.* Политическая обстановка в среде восточной ветви русской эмиграции: исторический аспект. // Россия и АТР, 2013, № 1, С. 52.

〔註93〕*Нина Васильевна Шульгина.* Политическая обстановка в среде восточной ветви русской эмиграции: исторический аспект. // Россия и АТР, 2013, № 1, С. 52.

〔註94〕謝苗諾夫（Григорий Михайлович Семёнов），1890～1946。曾參加一戰。1917年俄國十月革命後，發動反對蘇俄的叛亂，失敗後逃往中國。先後定居在中國、日本和美國，後又回到中國定居。投靠日本勢力，負責反對蘇聯的活動。1945年被蘇軍俘獲，後與羅扎耶夫斯基等人一同在蘇聯被審。1946年8月29日，被執行絞刑。

此並未要求與梅爾庫洛夫合作。在哈爾濱中東鐵路沿線也建立了親謝苗諾夫的法西斯組織，如奧西波夫（Осипов）的『俄羅斯法西斯主義者同盟』（Союз русских фашистов）、法克洛夫（Факелов）、弗拉蓬托夫（Ферапонтов）的組織等。」〔註95〕另外，在 1930 年 9 月 5 日蘇聯駐哈爾濱領事梅利尼科夫（Б.Н.Мельников）遞交給中國政府的一份關於白俄組織的名單中，也記錄了一些法西斯組織，其中包括：「以布達科夫（К.А.Бутаков）為首的『俄羅斯之鷹義勇隊』（Дружина русских сокол），一個整合了白俄軍隊軍官的 250 人的法西斯組織。該組織組建了專門派往蘇聯濱海邊疆區的匪軍，與佩什科夫（Пешков）和濟科夫（Зыков）匪軍有聯繫，有自己的機關報《鷹》（Сокол）」；還有「民族辛迪加聯盟，一個以波克羅夫斯基（А.И.Покровский）為首的 1500 人的法西斯組織。主要出版一些散發在蘇聯的傳單。」〔註96〕

當法西斯主義思想在俄國僑民群體中出現並開始蔓延時，如何將分散的俄僑法西斯主義運動合併成一股統一的力量，就成了俄僑法西斯分子所要解決的問題。因此，對他們來說，俄僑法西斯主義運動接下來的任務，一是要大力宣傳法西斯主義思想，擴大自己的隊伍，像自己的歐洲同伴一樣建立政黨，即俄國的法西斯黨。二是要找到法西斯主義與俄國思想的契合之處，形成俄國的法西斯主義，從而團結各種僑民勢力。而不論是建黨還是建立學說，都與羅扎耶夫斯基密切相關。

三、統一的俄國法西斯黨

如前所述，在 20 世紀二十年代末期，法西斯主義思潮開始在僑居哈爾濱的俄僑中蔓延，形形色色的法西斯主義團體開始成立，但其中尤以「俄國法西斯主義組織」最為活躍，也最有組織性。該組織有著獨立的思想綱領、具體的目標與任務，並且積極將反蘇、反共、反猶思想付諸實踐活動，也得到了其他國家類似組織的支持。

1. 俄國法西斯黨的建立

與其他法西斯主義組織一樣，「俄國法西斯主義組織」開始不斷學習和研究意大利法西斯主義，並在波克羅夫斯基、魯緬采夫和羅扎耶夫斯基等人的

〔註95〕ГАХК. Ф. 893. Д. 1. Л. 39～44.
〔註96〕Документы внешней политики СССР. Т. 13. (1 января – 31 декабря 1930 г.). – М.: Издательство политической литературы, 1967, С. 813.

領導下，制定了俄國僑民的法西斯主義的思想理論。他們提出，「每一個民族都應該建立自己的『法西斯主義』，它具有『世界性』，又具有本民族的『歷史傳統』。」〔註97〕為了培訓俄僑法西斯主義分子，他們還組織了「政治培訓班」，為具有法西斯主義傾向的人舉辦宣傳法西斯主義的報告會。

　　大約在 1926 年至 1927 年初，為了擴大自己的活動，在羅扎耶夫斯基的倡議下，俄國法西斯主義組織和部分十字軍勳章成員一起按照以地域特徵為主，兼之生產特徵、職業特徵的原則組建了 12 個辛迪加〔註98〕組織，並聯合成「遠東俄羅斯工人法西斯主義者民族辛迪加同盟」（Союз Национальных Синдикатов русских рабочих фашистов Дальнего Востока-СНС）。1926 年 11 月 21 日，他們以《我們的要求》（Моё требование）為標題出版了自己的第一份綱領性文件。1927 年 1 月，又出版了魯緬采夫的《俄羅斯法西斯主義提綱》（Тезисы русского фашизма），提出他們的最終目的是推翻共產主義、建立新的俄羅斯國家。據羅扎耶夫斯基所說，此後「同盟」從一個大學生小組變成了一個由數百人組成的組織。〔註99〕

　　以波克羅夫斯基為主席的「勞動委員會」（Совет труда）領導了該遠東俄羅斯工人法西斯主義者辛迪加同盟的活動，羅扎耶夫斯基任副主席和宣傳政治部部長。〔註100〕不久，「同盟」就成為了俄國法西斯主義組織的中央委員會，主席仍是波克羅夫斯基，羅扎耶夫斯基任秘書長並領導宣傳部。組織成員還包括戈利岑（В.В.Голицын），馬特科夫斯基，魯緬采夫，多洛夫，格里巴諾夫斯基（П.И.Грибановский），基巴爾金，萊文佐夫（Б.А.Левенцов）等人，〔註101〕其中大部分人後來都成為了俄國法西斯黨的骨幹分子。但當時，該組織的主要活動是在大學生中進行宣傳，承認的最高領袖是沙皇尼古拉一世的兒子尼古拉大公（Николай Николаевич Романов, 1856～1929）。宣布「自

〔註97〕Л.戈韋爾多夫斯卡婭著，張宗海譯：《俄羅斯僑民在中國的社會政治活動和文化活動（1917～1931）》，日本僑報出版社，2003，第 98 頁。

〔註98〕羅扎耶夫斯基對此解釋為，因「職業工會」在意大利被稱為「辛迪加」，故該組織取「辛迪加」之名。（參見 *Родзаевский К.В.* Отчет о моей 20-летней антисоветской деятельности. // Кентавр, 1993, № 3, С. 99.）

〔註99〕*Онегина С.* Письмо К.В. Родзаевского И.В.Сталину. // Отечественная история, 1992, № 3, С. 92.

〔註100〕*Окороков А.В.* Фашизм и русская эмиграция (1920 ～ 1945 гг.). – М.: «РУСАКИ», 2001, С. 125.

〔註101〕*Гладких А.А.* Русский фашизм в Маньчжурии. // Вестник ДВО РАН, 2008, № 5, С. 114.

認為擁有約 500 名成員的俄國法西斯主義組織是一個政治上接受君主主義的
同質而和諧的組織，他們可以隨時加入一個政黨。」〔註 102〕

「遠東俄羅斯工人法西斯主義者民族辛迪加同盟」在中東鐵路沿線開設
了一些分支機構，同時開始在蘇聯秘密進行法西斯主義的宣傳活動。有資料
顯示，「遠東俄羅斯工人法西斯主義者民族辛迪加同盟」仍然是得到了梅爾庫
洛夫的支持，不但波克羅夫斯基被任命為張宗昌部隊的俄國第一軍的少校，
就連「遠東俄羅斯工人法西斯主義者民族辛迪加同盟」的武器來源也是張宗
昌部隊提供。「至 1927 年 11 月 7 日，俄國法西斯主義組織大約有 1000 人。
（160 人的戰鬥隊）配備了由梅爾庫洛夫寄來的 6 架卡賓槍，12 個毛瑟槍，
帶有 50 枚炮彈的布蘭切維奇型輕型迫擊炮和一百枚手榴彈（不包括學生的左
輪手槍，匕首，橡膠棍等）。」〔註 103〕從 1928 年，他們還創建了用以派往蘇
聯境內的「游擊隊」。〔註 104〕但隨後不久，波克羅夫斯基領導的「俄國法西
斯主義組織」因與霍爾瓦特行為過密，而與梅爾庫洛夫和拉祖莫夫產生了分
歧，雙方分裂後，羅扎耶夫斯基成為了該組織的新的負責人之一。

20 世紀二十年代，以三次直奉戰爭、中東路事件等重大歷史事件為標誌，
加之日本勢力向中國東北地區的不斷滲透，東北亞國際關係出現巨變，這一
切都加劇了以哈爾濱為中心的中國東北地區局勢的動盪，大量為生計所困的
俄僑根本無暇顧及所謂的政治理想，就連羅扎耶夫斯基自己也感歎：

> 1931 年，俄國法西斯主義組織和民族辛迪加同盟走到了末路。
> 活動資金的不足、大量成員的外流、來自中國政府的責難、同所有
> 僑民組織關係的惡化，造成了第一次崩潰——俄國法西斯主義的深
> 刻的組織危機。〔註 105〕

雖然此時的俄國法西斯主義組織已經頒布了自己的政治綱領，接受了法
西斯主義的意識形態，是一個具有政黨性質的政治組織，並且成員數量曾一

〔註 102〕ГАРФ, Ф. 5826, Оп.1, д. 143, л. 93～97; Политическая история русской
эмиграции 1920～1940. / [С.В. Константинов и др.]; Под ред. А.Ф. Киселева.
– М.: ВЛАДОС, 1999, С. 307～308.

〔註 103〕ГАХК. Ф. 893, Оп. 1, д. 1, л. 44.; *А. А. Гладких.* Русский фашизм в
Маньчжурии. // Вестник ДВО РАН, 2008, № 5, С. 114.

〔註 104〕*Аблова Н.Е.* КВЖД и российская эмаграция в Китае. – М.: НП ИД «Русская
панорама», 2004, С. 325.

〔註 105〕*Родзаевский К.В.* Отчет о моей 20-летней антисоветской деятельности. //
Кентавр, 1993, № 3, С. 100.

度達到 1000 人〔註106〕，但它的組織結構並不完整，只有按地域和職業特徵組建的 12 個辛迪加和中央機構；政治目標模糊，雖然提出俄國要有自己的法西斯主義，但並未指明什麼是俄國的法西斯主義；手段策略也並不明確，只是依靠定期的講座和討論、沿街張貼廣告和定期散發傳單的方式宣傳法西斯主義和招徠信眾。這遠遠達不到羅扎耶夫斯基想要複製「意大利模式」的夢想，更難像墨索里尼一樣，以政黨領導革命，推翻蘇維埃政權，最終建立新的由他統治的俄羅斯。所以，在羅扎耶夫斯基看來，他必須要將當時本就微弱還處於分散狀態的各種僑民力量匯聚在一起，建立以他為首的法西斯主義政黨。

　　1931 年，羅扎耶夫斯基和魯緬采夫、科拉布廖夫、馬特科夫斯基、梅迪、瓦西連科和多洛夫等人聲明脫離「俄國法西斯主義組織」。同年 5 月，一些法西斯主義的組織、同盟、辛迪加和團體在哈爾濱召開了第一次代表大會。會議決定要將遠東所有的俄國法西斯力量合併成一個強大而統一的法西斯組織，將當時所有獨立活動的法西斯組織都納入其中，即成立一個統一的「俄國法西斯黨」。但當時並未立即使用「俄國法西斯黨」這一名稱，仍沿用一段時間的「俄國法西斯主義組織」名稱，其主席是科西明，秘書長是建黨發起人和實際負責人羅扎耶夫斯基。會議選舉了俄國法西斯黨的中央委員會，後改名為最高委員會。通過了由羅扎耶夫斯基撰寫的呼籲書《俄羅斯人！》（Русские люди!），以及羅扎耶夫斯基和科拉布廖夫共同起草的《俄國法西斯黨的綱領》（Программы РФП）。黨綱去除了俄國法西斯主義組織口號「上帝、民族、君主制、勞動」（Бог, Нация, Монархия, Труд）中的「君主制」（Монархия）一詞，僅保留了「上帝、民族、勞動」作為俄國法西斯黨的口號。同年，俄國法西斯黨確定了自己的對外政策的總路線是接近日本，因為羅扎耶夫斯基認為日本是唯一一個積極反對布爾什維克的強大的武裝力量，與日本的結盟還可以解決俄日在太平洋的利益爭端問題。〔註107〕

　　1933 年，俄國法西斯黨將自己的目標確定為：（1）「動員所有的積極的僑民」──在各地建立俄國法西斯黨的分部；（2）「面向俄國」──認真研究蘇維埃國家的全部生活方向；（3）「俄國宣傳浪潮」──向蘇聯散發反共文獻和派遣宣傳員。總之，羅扎耶夫斯基希望俄國法西斯黨能在聯合和領導俄國僑

〔註106〕*Родзаевский К.В.* Отчет о моей 20-летней антисоветской деятельности. // Кентавр, 1993, № 3, С. 100.

〔註107〕*Родзаевский К.В.* Азбука фашизма. – Харбин, 1934, С. 45.

民中發揮重要作用。〔註108〕

　　從1925年俄國法西斯主義組織出現，到1931年俄國法西斯黨正式建立，羅扎耶夫斯基等人用了5年多的時間，使中國東北地區的俄僑法西斯主義運動有了較為明確的思想綱領和組織形式。但此時的俄國法西斯黨仍然是一個規模較小，影響不大的組織，他們甚至沒有固定的活動地點和資金設備，就連刊物印刷也只能靠舊式的手搖油印機，而這一切在1932年出現了很大的轉變。據俄僑伊利英娜回憶：

　　　　在1932年以前，我完全不知道這個黨的存在。但是在1932年以後，哈爾濱的所有人都知道它的存在，並且是很危險的。而危險到什麼程度，這是之後才知道的。而且，當看到身著黑色襯衫、馬褲、皮靴、繫著皮帶、帶著卐字符走在人行道上的年輕人時，我就想快點走到街道的另一側。他們互相致敬，向前高舉右手，喊著「光榮屬於俄羅斯！」他們有自己的俱樂部，位於哈爾濱商業區主要街道的一座大樓，距離全市最好的「馬迭爾」賓館不遠。俱樂部的二樓屋頂飾有一個巨大的卐字符，是一個賭場，這一點很少人才知道。但很多人可以看到他們貼在街口路板上的報紙《我們的道路》。〔註109〕

　　就在俄國法西斯黨成立的同時，世界性的資本主義經濟危機席捲歐洲大陸，各種法西斯組織和類似法西斯組織在各國紛紛出現。在意大利，墨索里尼總攬黨、政、財政權力於一身，鞏固了法西斯統治。在德國，1933年1月，希特勒被任命為政府總理，德國進入法西斯專政時期，極力主張向東方尋找生存空間。在亞洲，日本的法西斯勢力逐漸在國內取得主導地位，開始叫囂實行吞併「滿蒙」的計劃，發動了「九一八」事變，炮製了偽滿洲國。事態的發展讓一部分僑居異國的俄僑看到了實現自己政治抱負的希望，在他們看來，蘇聯正處於德國和日本的兩側夾擊之下，隨時可能爆發的蘇德或蘇日戰爭將使俄國擺脫蘇維埃政權的統治，而他們很可能會在德日的幫助下組成未來俄國的新政府。

2. 全俄法西斯黨的形成

　　1931年「九一八」事變後，日本關東軍用了四個多月時間就佔領中國東

〔註108〕*Аблова Н.Е.* КВЖД и российская эмаграция в Китае. – М.: НП ИД «Русская панорама», 2004, С. 327.

〔註109〕*Наталия Ильина.* Приведение, которое возвращается... // Огонек, 1988, № 42, С. 11.

北大部。1932 年 3 月 1 日，偽滿洲國宣告成立。在佔領地，日本關東軍開始物色能為其服務的白俄領袖，希望通過扶植親日的白俄勢力達到「以俄治俄」的目的，而羅扎耶夫斯基在此時也主動開始了與日本人的來往。「從 1932 年 2 月起，羅扎耶夫斯基定期在日本駐哈爾濱的軍事代表團和憲兵隊總部同秋草俊和中村見面，」〔註 110〕而羅扎耶夫斯基成為日本人「座上客」的消息在俄僑間傳開。從 1931 年到 1933 年短短兩年間，俄國法西斯黨黨員人數就由 200 人猛增到了 5000 人。〔註 111〕俄國法西斯黨的不斷壯大和日本人的扶持，使羅扎耶夫斯基的政治野心和反共信心更加膨脹，他急需要向遠在歐洲的同胞們展示自己的能量，讓自己成為所有俄國僑民的領袖。1933 年，羅扎耶夫斯基建議要廣泛聯合所有僑民法西斯組織。在得知美國俄僑中也存在著由旺夏茨基（А.А.Вонсяцкий）領導的法西斯主義組織「全俄法西斯組織」（Всероссийская Фашистская Организация）後，10 月 28 日，羅扎耶夫斯基寫信給旺夏茨基，向他提出了兩黨合併的想法，並為此邀請旺夏茨基前往哈爾濱。

在日本的支持和幫助下，1934 年 3 月 24 日至 4 月 2 日〔註 112〕，羅扎耶夫斯基和旺夏茨基在俄國法西斯黨的東京黨部進行了第一次會面。4 月 3 日，兩人會面的結果都記錄在了「一號議定書」（протокол № 1 Совещания）中。雙方決定成立全俄法西斯黨（Всероссийская Фашистская Партия）以團結遠東和美國的俄僑法西斯主義分子。為了「團結」，旺夏茨基許諾 50 萬美金作為全俄法西斯黨的活動基金，並獲得了 8 人組成的中央執行委員會主席的頭銜，而羅扎耶夫斯基暫時放棄將「各階級合作」和反猶思想作為新黨黨綱的要求，出任新黨的副主席和秘書長。二人相約 4 月末在哈爾濱舉行正式的見面活動。

1934 年 4 月 26 日，旺夏茨基一行抵達哈爾濱。為了向外界展現俄僑法西斯分子的團結，羅扎耶夫斯基為旺夏茨基舉行了盛大的歡迎儀式。俄國法西斯黨不僅出動了全部黑衫隊，沿哈爾濱火車站站臺組成了一支儀仗隊，還命令哈爾濱的俄國法西斯黨的各個分支組織組成歡迎隊伍。而其他僑民組織，

〔註 110〕 約翰・斯蒂芬著，劉萬鈞等編譯：《滿洲黑手黨——俄國納粹黑幕紀實》，黑龍江人民出版社，1989，第 102 頁。

〔註 111〕 約翰・斯蒂芬著，劉萬鈞等編譯：《滿洲黑手黨——俄國納粹黑幕紀實》，黑龍江人民出版社，1989，第 127 頁。

〔註 112〕 在《法西斯主義 ABC》中錯誤地稱兩黨的第一次會面發生在 1933 年。

如滑膛槍手代表團、哥薩克代表團和正統王權擁護者代表團也都到達現場。
喧鬧的景象讓人們覺得俄僑法西斯分子真的成為了一種統一的力量（見附錄
一，圖3）。

但是，兩個俄國境外最大的俄僑法西斯黨間的蜜月並沒有延續很久，嚴
格說來，合併時間都未超過一年。在兩黨合併之初，旺夏茨基與羅扎耶夫斯
基就在「反猶主義」和「與謝苗諾夫合作」的問題上產生爭執，但為了實現兩
黨的「國際化」，雙方都做出了妥協姿態。隨著日本不斷施壓，特別是要求全
俄法西斯黨與謝苗諾夫集團合作，他們原本就脆弱的「聯合」再次出現了裂
痕。1935年夏天，在日本關東軍司令兼駐偽滿洲國全權大使南次郎和日本駐哈
爾濱軍事使團團長安藤利吉主持下，〔註113〕全俄法西斯黨第三次代表大會將
旺夏茨基開除出「全俄法西斯黨」〔註114〕。羅扎耶夫斯基成為全俄法西斯黨的
黨首。〔註115〕但另一方面，這次大會也標誌著全俄法西斯黨在黨的國際化方面
取得了效果，大會代表來自中國、日本、蘇聯西伯利亞地區、摩洛哥、保加利
亞、波蘭、芬蘭和德國的俄國法西斯主義組織，共計104名代表。〔註116〕

俄國動盪的國內局勢加之哈爾濱特殊的地理位置和政治形勢，促使大量
的俄國僑民在以哈爾濱為中心的中國東北地區定居下來。但因「政見之爭」
不得不僑居他鄉的俄國僑民卻發現，異國的生活十分艱難，而返鄉之路又遙
遙無望，舊有的理念和準則在崩潰，尋求新的思想和準則又不得其法。僑民
社會的普遍危機為法西斯主義的滲入做好了一切準備。在青年僑民摒棄父輩
的「白衛運動」並找尋新的鬥爭方法時，意大利墨索里尼所宣揚的直指共產
主義的法西斯主義學說和在歐洲蔓延的法西斯主義運動，讓他們似乎看到了

〔註113〕 Документы внешней политики СССР. Т. 18. (1 января – 31 декабря 1935 г.). –
　　　　 М.: Издательство политической литературы, 1973, С. 485.

〔註114〕 據羅扎耶夫斯基所說，他與旺夏茨基在1941年戰爭爆發前以通信的方式進
　　　　 行了和解。（參見 *Родзаевский К.В.* Отчет о моей 20-летней антисоветской
　　　　 деятельности. // Кентавр, 1993, № 3, С. 108.）

〔註115〕 此後，旺夏茨基在美國建立了「全俄法西斯主義者的民族革命勞動和工農黨」
　　　　 （Всероссийская национал-революционная трудовая и рабоче-крестьянская
　　　　 партия фашистов-ВНРП），該黨常被簡稱為「全俄法西斯主義者民族革命黨」
　　　　 （Всероссийская национал-революционная партия фашистов-ВНРП）。1936
　　　　 年該黨在上海出版其遠東地區中央機關報《俄國前衛團》（Русский авангард，
　　　　 半月刊）。

〔註116〕 ГАХК. Ф. 1128. Оп. 1. Д. 101.; *Аблова Н.Е.* КВЖД и российская эмаграция в
　　　　 Китае. – М.: НПИД «Русская панорама», 2004, С. 327.

一種新的希望之光。在這裡，有對經濟上放任自流的自由主義的批判和對政治上造成政黨林立、黨派間相互傾軋的民主制的斥責，更重要的是，明確反共的法西斯主義能夠解決他們為推翻俄國的蘇維埃制度而需要的理論建構問題，能夠幫助他們建立一個新俄羅斯，而不是重新回到父輩們留戀的沙皇時代。而在當時，他們還沒有看到其背後的血腥的種族屠殺和納粹德國引燃在俄國大地上的戰火。在這一背景下，哈爾濱的俄僑法西斯分子在羅扎耶夫斯基等人的領導下，創建了俄國法西斯黨，並與美國的俄僑法西斯黨合併，從而在一定程度上實現了俄僑法西斯分子聯合的目標。

第二章　羅扎耶夫斯基與俄國法西斯黨的變遷

　　1929 年前後，因中國東北地方政局的變化、中東路事件的爆發和其後引起的中東鐵路管理權的變更，俄國僑民群體出現動盪，一些人選擇加入蘇聯國籍以保住自己在中東鐵路上的工作，而另一些不願改變自己政治觀點的僑民，不得不離開哈爾濱。在這種情況下，特別是由於缺乏資金支持，俄國法西斯黨幾近解散。另一方面，不論是意大利法西斯主義，還是德國民族社會主義，都強烈反對共產主義。而羅扎耶夫斯基的俄國法西斯主義思想更是將反對共產主義與反對蘇聯視為一體，並始終認為，沒有外力作用，蘇聯的內部是不可能發生任何改變的。因此，他將德國（後來是日本）進攻蘇聯視作自己領導的俄國法西斯黨「革命」成功的最主要促進因素之一。同時他也承認，不論是蘇德戰爭還是蘇日戰爭，對俄國和俄國人民來說都是一場沉重的「外科手術」，但他又認為這種「手術」可以拯救俄國和俄國人民，「對於俄國和俄國人來說最好的是失去一部分，但保全了國家、民族、發展和未來。戰爭問題反正不取決於我們的意志，最好是事先取得俄國外部敵人的信任，從而在他們行動時奠定我們在本國人民中活動的可能性，然後再喚醒人民反對侵略者並收回失去的東西。」〔註1〕在此背景下，1931

〔註 1〕Центральный архив Федеральной службы безопасности РФ (ЦА ФСБ РФ). Постановления 4-го съезда Российского фашистского союза. 1939.; *Онегина С.В.* Российский фашистский союз в Маньчжурии и его зарубезные связи. // Вопросы истории, 1997, № 6, С. 152～153.

年後，羅扎耶夫斯基的目標和活動開始明確，即投靠和借助日本勢力達到自己宣傳法西斯主義、推翻蘇聯和建立法西斯俄國的目的。為此，羅扎耶夫斯基及其黨羽開始全力支持日本。而在佔領中國東北三省和建立偽滿洲國後，日本希望借俄國僑民之手在其統治地域內以俄治俄，同時更是為日後對蘇開戰積蓄力量。日本駐哈爾濱的軍事使團團長安藤利吉（安藤利吉）〔註2〕、日本軍事大臣荒木貞夫（荒木貞夫）〔註3〕、哈爾濱特務機關長秋草俊（秋草俊）和哈爾濱的日本憲兵隊少佐中村〔註4〕等人，都與中國東北的俄僑法西斯分子有著極為密切的關係，並為其提供了積極支持。在此背景下，不論是在黨員人數，還是組織結構方面，羅扎耶夫斯基領導的俄國法西斯黨都稱得上是當時最具影響力的俄僑政治組織。羅扎耶夫斯基也由此自命為「俄羅斯民族」的代言人和俄羅斯精神的代表，更加積極地帶領俄國法西斯党進行活動，力圖借助當時的國際局勢實現推翻蘇維埃政權，建立「第三俄國」的目的。但最終，隨著世界反法西斯戰爭的勝利，以羅扎耶夫斯基為代表的俄僑法西斯分子也得到應有的懲罰。

第一節　羅扎耶夫斯基與俄國法西斯黨的非法活動

　　對於俄國法西斯黨與日本侵略政府間的關係，羅扎耶夫斯基曾在其供詞中承認，在日本侵略並佔領中國東北以前，俄國法西斯黨「處在非法地位，沒有出版機構，沒有房舍，沒有資金。擴大是在1932年」，雙方的聯繫「開始是科西明—大澤〔註5〕，而後是科西明—大澤—菅田，然後是羅扎耶夫斯基—軍事代表團—各種日本秘密組織和軍事集團。」〔註6〕而實際上，科西明作為俄國法西斯黨表面上的領導者也只存在了一年左右，所以，可

〔註2〕安藤利吉（安藤利吉），在1927～1928年和1933～1937年任哈爾濱日本軍事使團團長。

〔註3〕荒木貞夫（荒木貞夫），1877～1966。曾任日本陸軍大臣，是日本對外侵略擴張思想的主要推行者。曾參加日俄戰爭，在日本駐俄公使館擔任過武官，在俄國十月革命後參與過日本出兵西伯利亞的武裝干涉行動，是日本的俄國問題專家。

〔註4〕在許多資料中，此人被稱作中村少佐，精通俄語，有一個俄文名字，叫康斯坦丁·伊萬諾維奇·中村（Константин Иванович Накамура），日文真實姓名不詳。

〔註5〕日本秘密間諜，但真實身份未確定。

〔註6〕*Родзаевский К.В.* Отчет о моей 20-летней антисоветской деятельности. // Кентавр, 1993, № 3, C. 102.

以說，俄國法西斯黨依靠日本勢力從幾近解散的非法組織，不斷壯大為在中國及世界各地都遍布分支機構的俄僑中的大黨，直至最終因日本戰敗而覆滅，都是由羅扎耶夫斯基一手策劃和完成的。（見附錄一，圖4）

一、羅扎耶夫斯基與日偽控制下的俄僑事務局

　　1931年「九一八」事變爆發，日本開始侵佔中國東北三省。1932年2月5日，日本軍隊佔領哈爾濱，日本關東軍和日本參謀總部的情報部門成為日本駐紮中國東北的軍事代表。曾在1932至1936年為哈爾濱的日軍特務機關效力的中國籍意大利人范士白（AmletoVespa）〔註7〕，在後來的回憶錄中記錄了當時日本軍隊進入哈爾濱時的情景，他寫到，「有幾千白俄出來在街上，抬著日本國旗，對這些新客高呼『萬歲！』許多年輕的俄國女子都雇來迎接前進的日本步兵隊，獻花給那些軍官，有時還連著接吻。下半天，一萬多白俄的行列遊行於哈爾濱各街道，一面向日本人喝彩，一面辱罵中國人。有些中國人被打受了重傷，這就算是中國人優容款待這班世界其他各處都閉門不納的白俄所得到的報答。」〔註8〕同樣的記載也出現在當時一位居住在哈爾濱的俄國僑民的日記當中，「在日本人到來的那大，包括學生，臭名昭著的法西斯分子和各種『君主主義者』在內的成群的俄羅斯人，在日本領事館前大喊『萬歲』，並揮舞著日本國旗。」〔註9〕

　　實際上，日本對哈爾濱白俄的支持和扶植由來已久。1918年3月，哈爾濱白俄「義勇隊」在南崗尼古拉教堂一帶操演示威。日軍中島中將就曾到現場為其助威打氣。〔註10〕霍爾瓦特的「全俄臨時政府」成立後不久，1918年

〔註7〕范士白（Amleto Vespa），1888～1943。又譯萬斯白、范士柏、范斯白、樊思伯等。1932～1936年曾為日軍在哈爾濱的特務機關服務，主要從事如下活動：「調查、改組哈爾濱的白俄團體；組織、指揮土匪對在中國東北的猶太人進行搶劫和分化；利用土匪騷擾中東鐵路的運營和秩序；給蘇聯施加壓力；監視國聯李頓調查團；進行綁架、暗殺等活動。」1937年移居馬尼拉，1943年，被日本憲兵逮捕並殺害。（陳言：《范士白：讓日本人恨入骨髓的「日本間諜」》，《光明日報》，2015-7～17，12版）

〔註8〕范士白著，趙京華整理：《日本的間諜》，中國青年出版社，2012，第17頁。

〔註9〕ГАРФ. Ф. Р～6599. Ильин И.С. Оп.1. Д. 10. Л. 189.; Смирнов С.В. Японская политика в Маньчжурии и русские эмигрантские организации (1932～1945). // Уральское востоковедение: международный альманах, 2007, № 2, С. 59.

〔註10〕李述笑編著：《哈爾濱歷史編年（1763～1949）》，黑龍江人民出版社，2013，第151頁。

7 月，日本政府就宣布承認。12 月，哥薩克首領謝苗諾夫又在日本的支持下宣布「獨立」。

1932 年 3 月 1 日，日本扶植清末代皇帝溥儀在所佔領的中國東北部地區成立偽滿洲國，開始全面實行其經濟、政治和意識形態的控制計劃。受日本關東軍之命負責調查、改組哈爾濱白俄團體等活動的范士白在回憶錄中，記錄了當時日本駐哈爾濱的特務機關長土肥原賢二給他下達的有關俄僑的命令，其中涉及蘇聯人（紅俄）、白俄和猶太人：

> 當那些俄僑團體改組了，由我們選拔的人來主持著的時候，我們必須在北滿各處設立支部。每一區分部都由會說俄語的日本人來管理，沒有得到主任顧問的許可就什麼事也不能做。我們所改組的團體對於反對蘇聯是特別有用的，尤其是中東鐵路附近地帶。
>
> ……
>
> 在滿洲有四萬蘇聯人，大約二萬二千是中東路的雇員，其餘的是小商人或各工廠的工人，他們的最多數都是共產黨，做著宣傳工作。當然，這是反對日本政策的。我們的義務是用盡各種方法迫害他們。我們必須毫無憐憫，毫不示弱。我們的工作原則是寧肯罰錯一千不願放走一個，……我們必須不給他們安寧。
>
> 你要明白要使白俄有充分自由，任隨他們隨意處置紅俄。紅俄家宅每天都得加以搜察，把他們的必要家具弄得亂七八糟，而且不斷地侮辱嘲罵，使他們狼狽不得不走。
>
> 北滿還有七千猶太人。對付他們比較困難。雖然他們全是在俄國出生的，可是他們能夠經由大致合法的手續歸化別國。……當然，我們不能公開地直接攻擊他們，尤其是那些屬於享有治外法權的國籍的，但是我們要用間接方法使他們為難。倘若因為治外法權我不能觸動他們，我們卻很可以觸動想要和他們交易的人們。〔註11〕

前述日偽當局「改組哈爾濱的白俄團體」的活動中最重要的就是成立「滿洲國俄國僑民事務局」（Бюро по делам российских эмигрантов в Маньчжурской Империи-БРЭМ，下文簡稱俄僑事務局）〔註12〕。日本侵佔中國東北三省後加

〔註11〕范士白著，趙京華整理：《日本的間諜》，中國青年出版社，2012，第 36、39 ～40 頁。

〔註12〕1940 年 6 月，改稱「滿洲國俄國僑民事務總局」（Главное бюро по делам

快了繼續侵華的步伐，中國的局勢愈加動搖不安，但與歐洲相比，中國的俄僑數量不減反增，「據警方公布之材料，至 1934 年 5 月，東北各省共有俄僑 7 萬名，其中哈爾濱一地即 3 萬名。」〔註13〕為了統治和管理俄國僑民，日本侵略政府先是在 1932 年下令解散中國東北境內所有的僑民組織和政黨，然後將這些組織和政黨的前領導人或成員納入由日本人控制的組織之內。1934 年末，日本特務機關組建了「滿洲國俄國僑民事務局」作為統治東北的行政機構。該局下設 6 個部：總務部（負責秘書、人事和總務）、第一部（負責青少年訓練）、第二部（負責宣傳、文化和教育）、第三部（負責註冊、戶口調查和法律）、第四部（負責經濟和配給）、第五部（負責慈善）和移民部。羅扎耶夫斯基任第二部部長。按照規定，凡是在東北境內刊行的關於當地或國際上俄僑的報導均需經過第二部認可。而俄僑事務局出版的日報《僑民之聲》（Голос эмигрантов）的編輯正是羅扎耶夫斯基（1938～1939 年）。另一位俄國法西斯黨的重要人物馬特科夫斯基領導第三部，主要負責幫助日本情報部門挑選進行偵察和破壞活動的人員。「根據日本軍事代表團的指示，該部門負責記錄僑民中的政治情緒，對僑民組織的活動進行政治監督，參與檢查對日本情報感興趣的個人，對領事館和殖民地的蘇聯和外國公民進行積極偵察。全俄法西斯黨的一個特殊部門與俄僑事務局的這一部門聯繫，該部門為俄僑事務局收集有關白俄態度的消息。為了進行情報和反情報活動，俄僑事務局的第三部利用間諜情報網（包括 20 名有報酬的間諜和 100 多名線人），戶外監視，電話竊聽設備和其他方式。」〔註14〕這樣一來，羅扎耶夫斯基等人可以在很大程度上控制俄國僑民的活動和影響他們的生活。

　　為了近距離接觸出版界，羅扎耶夫斯基為當地俄僑和偽滿報界代表安排了每月一次的「茶話會」。而且此類活動始終由俄僑事務局局長主持，所有部門領導都必須出席。為了研究蘇聯局勢並編寫專門的期刊匯總表，俄僑事務局局長還請求偽滿洲國的內政部特別許可其收到被禁的蘇聯報紙，如《真理報》（Правда）、《消息報》（Известия）、《經濟生活》（Экономическая

российских эмигрантов в Маньчжурской Империи-ГБРЭМ）。

〔註13〕«В Маньчжурии 70000 русских эмигрантов». // Шанхайская Заря, 20.11.1934, С. 4. 轉引自汪之成：《上海俄僑史》，上海三聯書店，1993，第 76 頁。

〔註14〕Российская эмиграция в Маньчжурии: военно-политическая деятельность (1920～1945): сб. Документов. / [Сост. и авт. предисл. Е. Н. Чернолуцкая]. – Южно-Сахалинск, 1994, С. 90～91.

жизнь）、《太平洋之星》（Тихоокеанская звезда）的樣本。因為羅扎耶夫斯基領導的俄僑事務局第二部的主要任務就是在僑民刊物中進行積極的反蘇宣傳。〔註15〕1935 至 1936 年間，全俄法西斯黨的宣傳活動與羅扎耶夫斯基負責的第二部緊密交織在了一起，「僅在 1936 年就創作了大約 200 部『法西斯主義的戲劇』。」〔註16〕掌控了宣傳和出版權力的全俄法西斯黨對於反對者也是極力壓制的，有學者認為，哈爾濱的「丘拉耶夫卡」（Чураевка）〔註17〕正是由於與俄國法西斯黨的報紙《我們的道路》發生衝突，才最終導致自己在哈爾濱難以繼續存在。〔註18〕

二、俄國法西斯黨與日偽當局的勾結

在羅扎耶夫斯基領導下，俄國法西斯黨與日本的合作更多是在情報事務方面。在 1933 年一份蘇聯於同年 6 月 15 日到 9 月 21 日清剿邊境地區的行動報告中提到，蘇方已經確定中國東北白俄（包括俄國法西斯黨在內）在赤塔與蒙古邊境的叛亂活動中的領導和組織作用，並且特別提出其中「俄國法西斯黨的任務是，在境外白衛軍的支持下在外貝加爾進行武裝叛亂，從而為日本的干涉創造有利條件。」〔註19〕

1936 年，日本加緊在遠東地區的軍事部署和大肆擴張，蘇聯也不斷充

〔註15〕 *Аблова Н.Е.* КВЖД и российская эмаграция в Китае. – М.: НП ИД «Русская панорама», 2004, С. 309.

〔註16〕 *Окороков А.В.* Фашизм и русская эмиграция (1920 ～ 1945 гг.). – М.: «РУСАКИ», 2001, С. 148.

〔註17〕 1926 年，在哈爾濱成立。是俄僑組織「青年基督教同盟」（Христианский союз молодых людей-ХСМЛ）下的一個俄僑的文學和文化組織。著名的俄僑詩人涅斯梅洛夫（Арсений Иванович Несмелов）、別列列申（Валерий Францевич Перелешин）、安德森（Ларисса Николаевна Андерсен）等人都曾是該組織成員。隨著哈爾濱局勢的變化，特別是在 1931 年以後，許多成員離開了哈爾濱。1935 年，「丘拉耶夫卡」解散。一些前往上海的俄僑詩人組建了上海的「丘拉耶夫卡」，形式與哈爾濱時期的丘拉耶夫卡相同。

〔註18〕 *Ли Мэн.* Харбинская «Чураевка». // Русский Харбин, запечатленный в слове. Вып. 6. К 70-летию профессора В.В.Агеносова: Сборник научных работ / под ред. А.А. Забияко, Г.В. Эфендиевой – Благовещенск: Амурский гос. ун-т, 2012, С. 179.

〔註19〕 Ф. 2. Оп. 11. Д. 1496. Л. 108～112. Цит. По: «Совершенно секретно»: Лубянка – Сталину о положении в стране (1922～1934 гг.): Сб. док. в 10 т. Т. 10. (1932 ～1934 гг.). / Отв. Ред. А.Н.Сахаров, В.С.Христофоров. - в 3-х частях. - Ч. 2. – М.: ИРИ РАН, 2017, С. 507.

實自己在該地區的軍事實力,以特別遠東軍和遠東海軍構築了蘇聯在遠東地區的防護體系,日蘇關係趨向緊張。此時以「北進」侵蘇為自己首要策略的日本,開始更加積極地刺探蘇聯在遠東地區的軍事情況,並通過騷擾、侵襲等方法制造邊境地區的恐怖氣氛。為此,在這一年,在日本軍官鈴木的領導下組建了「第一法西斯救國軍」(Первый Фашистский отряд Спасения Родины),其首領是羅扎耶夫斯基以前的保鏢馬斯拉科夫(М.П.Маслаков)。日本將這支 35 人(40 人〔註20〕或 50 人〔註21〕)的支隊分成幾個小組,每組約 6 人,運送到了蘇聯進行軍事活動。然而,除了其中一組成功到達赤塔外,其餘小組很快就被蘇聯邊境阿馬扎爾站(Амазар)的蘇聯內務人民委員部軍隊全部消滅。〔註22〕有著同樣命運的俄國法西斯黨人還有科貝爾金(А.В.Кобылкин)〔註23〕,謝苗(Г.И.Семен)〔註24〕,索羅金(Д.А.Сорокин)和巴賓(Бабин)〔註25〕。〔註26〕

　　1937 年,在職業情報官員鈴木(真名真阪)的建議下,開設了一所全俄法西斯黨領導的培訓學校,常被稱為「秘密工人學校」(Школа секретных работников)或「組織者學校」(Школа организаторов)(官方名稱為宣傳部)。學校的校長是羅扎耶夫斯基,但實際的組織者是奧霍京(Л.П.Охотин)〔註27〕。

〔註20〕 *Евгений Андреевич Рубанов.* Фашистское и националистическое движение в среде русской эмиграции в Маньчжурии в 1930～1940-е гг. // Россия и АТР, 2014, № 3, С. 122.

〔註21〕 *Нина Васильевна Шульгина.* Политическая обстановка в среде восточной ветви русской эмиграции: исторический аспект. // Россия и АТР, 2013, № 1, С. 54.

〔註22〕 *Окороков А.В.* Фашизм и русская эмиграция (1920 ～ 1945 гг.). – М.: «РУСАКИ», 2001, С. 137.

〔註23〕 1935 年 8 月 27 日在東西伯利亞鐵路伊諾肯捷夫卡站被捕。

〔註24〕 1936 年初在哈巴羅夫斯克被槍斃。

〔註25〕 二人是全俄法西斯黨哈爾濱分部的積極分子。1935 年 6 月 9 日,在阿穆爾鐵路奧布盧奇耶站附近因攜帶偽造的證件、爆炸物和法西斯文獻材料而被捕,後被判處槍決。

〔註26〕 *Мельников Ю.* Русские фашисты Маньчжурии. // Проблемы Дального Востока, 1991, № 2, С. 120～121.

〔註27〕 奧霍京(Лев Павлович Охотин),1911～1948。1920 年 8 月,全家僑居中國東北。1932 年初次見到羅扎耶夫斯基。1933 年加入俄國法西斯黨。1934 年與羅扎耶夫斯基結識。1935 年,任文書,隨後成為全俄法西斯黨辦公室負責人。妻子奧霍京娜(Евлалия Григорьевна Охотина)是俄國婦女法西斯運動的領導人。1937～1943 年,全俄法西斯黨最高委員會成員。1940 年,成為日本駐哈爾濱軍事使團的官員。直到 1945 年 9 月 7 日被捕他一直都在為反蘇鬥爭而培訓間諜人員。1946 年 8 月 30 日被判處 15 年徒刑。死於 1948 年哈

〔註28〕學校有 11 人，設有兩個部門（宣傳和情報部門），負責培訓在蘇聯進行宣傳和顛覆性活動的組織者。經過三個月的一般培訓，學生被選入情報部門，在那裡他們學習在蘇聯招募代理人、組織起義和進行破壞活動的方法。〔註29〕但是，這些人在 1938 年畢業後，並沒有如日本人所承諾的那樣留在法西斯黨中擔任領導職務，而是被分別派往了淺野支隊〔註30〕和日本軍隊中。〔註31〕

就這樣，準備遲早要跟蘇聯一戰的日本軍方，一方面不斷以武力試探蘇聯的態度與實力，另一方面開始清除偽滿洲國的蘇聯勢力。「1935 年 12 月底，日偽當局封閉了哈爾濱蘇聯商務代表部和遠東煙草公司。1936 年 1 月，哈爾濱蘇聯遠東銀行也被封閉。2 月，蘇聯宣布，除駐哈爾濱的總領事館外，蘇聯駐中國東北其他各地的領事館一律關閉。9 月，日偽當局又關閉了駐齊齊哈爾領事館。1937 年 7～8 月，關閉了蘇聯駐黑河、綏芬河領事館。」〔註32〕

為了維持統治和支付發動戰爭所產生的費用，日本大肆掠奪佔領地的一切財富，而劫掠有錢者無疑是斂財最快而代價最低的劫掠手段之一。富裕一些的中國人、俄國人，以及在他們看來一定富得流油的猶太人，都是其劫掠的目標。但畢竟劫掠不是光彩的行為，甚至還可能引發國際糾紛，因此，為了減少不必要的麻煩，甚至藉此嫁禍蘇聯，日本特務機關開始雇傭白俄中的行跡惡劣分子，代其行事。而受到日本軍方庇護的俄國法西斯黨自然要為其服務，敲詐、勒索、綁架甚至殺害富裕的中國人、俄國人和猶太人。

據俄僑伊利英娜回憶，一些俄國法西斯黨成員在日本人控制下的哈爾濱市警察局工作，搜查那些被他們認為有共產國際間諜嫌疑的有錢人，從而沒

巴羅夫斯克邊疆區。

〔註28〕 *Окороков А.В.* Фашизм и русская эмиграция (1920～1945 гг.). – М.: «РУСАКИ», 2001, С. 138.

〔註29〕 *Гладких А.А.* Русский фашизм в Маньчжурии. // Вестник ДВО РАН, 2008, № 5, С. 119.

〔註30〕 1938 年，日本陸軍上校淺野誠（淺野誠）奉命組織了一個全部由白俄僑民組成的、專門進行偵察和破壞活動的支隊，命名為「淺野支隊」，受長春的日本關東軍總部直接領導。它由經過嚴格甄選並獲得俄僑事務局的法西斯主義員工推薦的俄國僑民組成。該支隊駐紮在松花江—2 站，直到 1941 年 6 月為止都是關東軍作戰單位的一部分。

〔註31〕 *Онегина С.В.* Крах расчетов и иллюзий («внутрисоюзная» работа Всероссийской фашистской партии в Маньчжурии). // Кентавр, 1995, № 5, С. 54.

〔註32〕 李興耕等著：《風雨浮萍：俄國僑民在中國（1917～1945）》，中央編譯出版社，1997，第 111 頁。

收他們感興趣的財物。〔註33〕當俄僑失蹤，親人向警局報案時，警局常常將案件定為「紅鬍子」〔註34〕所為，並聲稱只要支付了「紅鬍子」規定的贖金就可以找回失蹤者。

　　在羅扎耶夫斯基及俄國法西斯黨成員參與的綁架案中，最駭人聽聞的是1933年的「加斯普綁架案」〔註35〕。曾參與此案調查的范士白回憶到，當法國駐哈爾濱領事館副領事阿爾伯特·沙保（Albert Chambon）自行調查此事，證實此事與日本憲兵隊和俄國法西斯黨徒有關時，「《哈爾濱時報》和《我們的道路》就開始攻擊沙保先生，說他是共產黨、猶太人等等，一直繼續了好幾個星期。一位法西斯黨員甚至要求沙保副領事來決鬥。」〔註36〕雖然「加斯普」一案引發了哈爾濱人對日本高壓統治的強烈抗議，美國、英國和法國的一些報紙都對此事進行了報導，但在日偽當局的庇護下，對綁匪的審判在15個月後才得以進行。參與此事的「馬丁諾夫還被任命為俄國法西斯主義者同盟中央特別部的領導人。」〔註37〕俄國法西斯黨的報紙《我們的道路》發文稱「綁架者是出於愛國主義而對老加斯普進行報復，因為在他的商店裏都是羅曼諾夫王室的珠寶。」〔註38〕羅扎耶夫斯基還在《我們的道路》報上寫了一篇長文，要求逮捕為此事奔走的哈爾濱猶太人的領袖考夫曼，因為考夫曼侮辱了那些愛國的俄羅斯人，而他們「不過是殺了一個骯髒的猶太人，一個『第三國際』的間諜的兒子。」〔註39〕羅扎耶夫斯基甚至以法西斯黨領袖的身份寫信給范士白，認為他過於偏袒猶太人，警告他務必停止傷害「愛國

〔註33〕 *Наталия Ильина.* Привидение, которое возвращается... // Огонек, 1988, № 42, С. 11.

〔註34〕 東北地區人們對土匪和結夥打動者的一種舊稱。

〔註35〕 1933年8月24日，馬丁諾夫（Н. Мартынов）在哈爾濱日本憲兵隊的授意下，派手下15名匪徒綁架了哈爾濱馬迭爾飯店老闆、猶太人約瑟·加斯普（И.А. Каспе）的兒子西蒙·加斯普（С.И. Каспе）。匪徒向老加斯普索要巨額贖金。95天後，年僅24歲的年輕鋼琴家西蒙·加斯普被殘忍殺害。「加斯普綁架案」引起了哈爾濱各種群體的憤怒。人們自發加入為小加斯普的送葬活動，並舉行遊行，要求審判兇手。

〔註36〕 范士白著，趙京華整理：《日本的間諜》，中國青年出版社，2012，第140頁。

〔註37〕 *Аблова Н.Е.* КВЖД и российская эмаграция в Китае. – М.: НПИД «Русская панорама», 2004, С. 333.

〔註38〕 *Наталия Ильина.* Приведение, которое возвращается... // Огонек, 1988, № 42, С. 12.

〔註39〕 范士白著，趙京華整理：《日本的間諜》，中國青年出版社，2012，第144頁。

的俄羅斯人」。〔註40〕

　　1935年3月，蘇聯以低於要價1/4的價格把中東鐵路賣給了日本，這更加惡化了持有蘇聯護照的僑民的處境。在這些情勢的影響下，許多僑民遷出哈爾濱，前往大連、天津和上海等地，也有一些人選擇回到蘇聯。而那些不得不留在哈爾濱的少部分富裕者也大多雇傭保鏢或是隨身攜帶武器。記錄哈爾濱俄僑奧尼庫爾（Гирш Мордубович Оникуль）家族歷史的《哈爾濱檔案》一書，描述了20世紀三十年代中期的哈爾濱：

> 數以萬計的俄羅斯人為了逃避日本佔領者的壓迫，紛紛離開中國。告別，成了哈爾濱火車站最常見的一幕。由於經濟衰退和犯罪上升，哈爾濱已經失去了往昔的魅力。錯綜複雜的政治形勢和猖獗的反猶主義加重了人們心中的不安。與法西斯分子有聯繫並受日本秘密警察操縱的俄羅斯歹徒掀起了綁架、敲詐和謀殺的狂潮，哈爾濱俄羅斯人已經忍無可忍。猶太社區的一半以上的成員，都去了天津或上海的比較安全的國際租界。〔註41〕

　　儘管俄國法西斯黨的這些行徑是秘密進行的，但是隨著越來越多的報紙披露和當事人供詞的出現，僑民們開始對俄國法西斯黨有了嫌惡之感。在公眾的意識中，當地的法西斯分子直接與黑暗行徑和犯罪聯繫在了一起。〔註42〕

　　就這樣，原本僅在哈爾濱俄僑當中有些許影響的俄國法西斯黨，在羅扎耶夫斯基的親日政策指導下不斷發展和擴大，在實現其所謂的「俄國法西斯黨的目標」方面迎來了「全盛時期」。但此時的全俄法西斯黨正如俄羅斯學者梅利尼科夫所說，儼然已經「變成了滿洲國的日滿黑手黨的組成部分，參與了日本侵略集團的各種骯髒之事：反對蘇聯、蘇聯駐中國東北的組織和機構，以及對蘇聯公民的各種訛詐、綁架、間諜、破壞和姦細活動。」〔註43〕雖然一些俄僑法西斯分子並不同意羅扎耶夫斯基等人的親日行為，如作為俄國法西斯黨創始人之一的波克羅夫斯基就因強烈反對而選擇退黨，旺夏茨基與羅

〔註40〕范士白著，趙京華整理：《日本的間諜》，中國青年出版社，2012，第148頁。
〔註41〕瑪拉‧穆斯塔芬著，李堯鄒忠譯：《哈爾濱檔案》，中華書局，2008，第90頁。
〔註42〕*Мельников Ю.* Русские фашисты Маньчжурии. // Проблемы Дального Востока, 1991, № 2. С. 112.
〔註43〕*Мельников Ю.* Русские фашисты Маньчжурии. // Проблемы Дального Востока, 1991, № 2, С. 120.

扎耶夫斯基的分裂也與此有很大關係，但他們的反對並沒有改變或影響全俄法西斯黨的投日行為。在作為一個組織與日本情報部門減少合作後，一些俄國法西斯黨的成員開始以個人名義進入日本情報系統。

1941 年，日本的侵略政策由「北進」開始轉為「向南發展」，其政策宣傳中的反共主義的強度減弱。特別是在太平洋戰爭爆發之後，日本政策中開始更多地強調反對盎格魯-撒克遜人，強調建立「大東亞共榮圈」。而此時的僑民群體正如俄羅斯烏拉爾國立師範大學副教授斯米爾諾夫（C.B.Смирнов）所說，到 1942 至 1943 年左右，中國東北的俄僑組織「在經歷了很長時間的掙扎後，政治作為僑民生活的一個獨立領域最終消失了」，「僑民變成了日本政府的傀儡，他們心中被壓制的民族自豪感以及俄羅斯人民反對法西斯德國的戰爭，這一切都使僑民當中的愛國主義情緒急劇高漲。二戰末期，許多僑民政治組織中的活躍分子，一些僑民事務局中的工作人員都對日本人採取了決不妥協的態度。」〔註44〕日本政策的轉變和僑民心理的變化，使在三十年代因日本的扶植而看似「蒸蒸日上」的俄僑法西斯主義運動，在四十年代又因日本政策的轉變而逐漸衰落。當然，這種現象並不僅僅屬於俄僑法西斯主義組織，其他僑民政治組織也均如此。

第二節　羅扎耶夫斯基領導下的俄國法西斯黨的組織結構與行動綱領

通過傚仿德、意法西斯主義組織而表現出嚴密的組織紀律、層級分明的組織結構和目標明確的行動綱領，是俄國法西斯黨從眾多僑民政治組織中脫穎而出、更吸引僑民的重要原因。在對俄國法西斯黨組織結構的設計中，羅扎耶夫斯基借用了蘇共的組織和管理方式，如建立代表大會制度，以決定俄國法西斯黨的重要決議；設立中央委員會，以管理俄國法西斯黨的日常事務；設立地方組織機構，以管理地方黨務等。他甚至還為俄國法西斯黨制定了反蘇鬥爭的具體方案，並稱之為「三年計劃」（Трёхлетка）。而為了表明自己是法西斯主義意識形態的信奉者和實踐者，俄國法西斯黨的標誌、制服和敬禮

〔註44〕 *Смирнов С.В.* Японская политика в Маньчжурии и русские эмигрантские организации (1932～1945). // Уральское востоковедение: международный альманах, 2007, № 2, C. 64.

方式等都包含了能夠體現法西斯主義含義的所有要素——黑色、卐字符和舉右手禮等。同時，為了區別於其他國家的法西斯主義組織，體現「俄羅斯性」，俄國法西斯黨的各種標誌中還加入了雙頭鷹、聖徒弗拉基米爾像等俄國元素。

一、俄國法西斯黨的代表大會

隨著黨員人數和分支機構不斷增加和建立，俄國法西斯黨的組織管理問題也隨之出現。對此，羅扎耶夫斯基等人制定的黨章規定：俄國法西斯黨的最高機構是黨代表大會。代表大會每兩年召開一次，代表按照各獨立黨組織每 50 名選舉 1 名代表的比例，由全體正式黨員選舉產生。兩次代表大會期間，全部權力歸代表大會任命的黨首和俄國法西斯黨的中央機關。代表大會還選舉產生最高委員會、中央監察委員會、中央審計委員會。黨首和中央機關的領導人構成俄國法西斯黨的中央領導，他們通過地方領導（俄國法西斯黨的個別組織的領導人）直接領導世界各地的俄國法西斯黨的活動。

在「俄國法西斯黨—全俄法西斯黨—俄國法西斯主義者同盟」存在期間，該黨的代表大會先後召開過四次，分別是 1931 年的第一次代表大會（選舉科西明為主席），1934 年第二次（選舉羅扎耶夫斯基為黨主席），1935 年第三次和 1939 年第四次代表大會。

其中，第一次代表大會作為俄國法西斯黨的成立大會而引人注目。第二次代表大會拼湊了俄國法西斯主義者聯合陣線，俄僑當中兩個最大的法西斯主義組織聯合在了一起，使實際由羅扎耶夫斯基領導的全俄法西斯黨在僑民中聲名鵲起，分支機構遍布世界各地。

更為著名的是 1935 年 6 月 28 至 7 月 7 日召開的第三次代表大會。幾乎世界各地所有的全俄法西斯黨的組織都派代表（約 104 人）參加了此次會議，因此它也被全俄法西斯黨稱為是一次「全世界俄羅斯法西斯主義者的代表大會」。第三次代表大會不僅制定和通過了全俄法西斯黨的黨綱與黨章，還選舉羅扎耶夫斯基為黨的領袖，選舉了最高委員會、中央監察委員會和中央審計委員會，從而以黨的綱領的形式規定了全俄法西斯黨的組織形式。而且還批准了羅扎耶夫斯基所提出的「法西斯主義者三年計劃」（Фашистская трёхлетка）。在 1935 第三次代表大會之前，俄國法西斯黨的活動由黨的「中央委員會」（Центральный комитет）領導，此後改為「最高委員會」（Верховный совет）。「委員會」下設組織局，負責黨的一般事務，其下又設各部。大會還

表示，要支持日本人建立的俄僑事務局和與謝苗諾夫進行合作。因此，不論
是在規模還是內容上，第三次代表大會都是羅扎耶夫斯基領導的俄國法西斯
黨十分有代表性的會議。

　　1939 年 1 月 21 日至 25 日，俄國法西斯主義者同盟（1937 年 7 月 2 日的
全俄法西斯黨最高委員會會議決定將黨更名為俄國法西斯主義者同盟）在哈爾
濱召開了第四次代表大會，宣稱代表了活躍在 18 個國家的 48 個俄國法西斯主
義者同盟的分支機構。〔註45〕為了弱化「法西斯主義者三年計劃」失敗在成員
中造成的影響，增強成員對法西斯主義運動的信心，羅扎耶夫斯基在此次代表
大會上專門做報告指出，他們已經研究了向蘇聯派遣人員的可能性，並列舉了
俄國法西斯主義者同盟的成員在蘇聯進行的一系列破壞活動。大會還決定，要
在反蘇工作上與謝苗諾夫和哥薩克人進行合作，與之共同創立「俄國民族陣線
遠東分部」（Дальневосточный отдел Российского национального фронта）；
訓練新的派往蘇聯進行恐怖、破壞和情報活動的人員；向蘇聯大量發送法西斯
傳單，尤其是要利用航行在邊境地區的船隻。根據 1939 年 4 月 25 日蘇聯哈巴
羅夫斯克邊疆區邊境軍的一份報告，蘇聯方面已經發現在薩哈林（庫頁島）以
及航行在阿穆爾河（黑龍江）與烏蘇里江的船上有法西斯分子在轉運傳單。〔註
46〕此外，第四次代表大會所形成的《俄國法西斯主義者同盟的總計劃》
（Генеральный план РФС）中兩個最重要的方面，一是決定要在僑民當中簽訂
「民族協議」，建立統一的「俄羅斯民族陣線」，實現與其他反共的俄僑組織間
的聯繫；二是要與所有的外國法西斯主義運動達成「反共協議」，創建統一的反
共產國際的組織。「在實施這一思想的框架下，俄國法西斯主義者同盟與不同
國家的 30 多個法西斯的和民族社會主義的組織建立了聯繫。」〔註47〕

〔註45〕 *Нина Васильевна Шульгина.* Политическая обстановка в среде восточной
　　　　ветви русской эмиграции: исторический аспект. // Россия и АТР, 2013, № 1, С.
　　　　52.；另一種說法是俄國法西斯主義者同盟的 56 個組織的 66 名代表出席了會
　　　　議（*Мельников Ю.* Русские фашисты Маньчжурии. // Проблемы Дальнего
　　　　Востока, 1991, № 3, С. 158.）

〔註46〕 Из указания начальника краснознаменных пограничных войск НКВД
　　　　Хаборовского округа № 613/р о выявлении и пресечении подрывной
　　　　деятельности «Российского фашистского союза» на территории СССР. //
　　　　Органы государственной безопасности СССР в Великой Отечественной
　　　　войне: сборник документов. Т. 1. Кн. 1. Накануне. (ноябрь 1938 г.-декабрь
　　　　1940 г.). – М.: Книга и бизнес, 1995, С. 44～45.

〔註47〕 *Окороков А.В.* Фашизм и русская эмиграция (1920 ～ 1945 гг.). – М.:

二、俄國法西斯黨的機構設置

在代表大會休會期間，負責俄國法西斯黨日常工作的是其中央委員會（1935 年更名為最高委員會）。以下部門隸屬於該委員會（見表 2）：

表 2　俄國法西斯黨的機構設置〔註 48〕

部門	部門名稱	部門職能
1	組織和指導部	制定、系統化和保存組織條例和指示，以及制定俄國法西斯黨的總路線。
2	統計部	負責核算俄國法西斯黨及其支持者組織的所有活動數據，根據從下屬機構收集的數據進行統計工作，以及制定核算和統計方案。
3	統計和分配部	核算俄國法西斯黨各部門成員的材料和信息，將其按照可用性分類。
4	監控部	負責入黨和開除黨籍，制定監視和檢查入黨者和黨員的方法，以及監視其個人生活和行為的方法。
5	情報部	集中處理從各種渠道獲得的資料，搜集俄國法西斯黨所需的所有情報。
6	反情報（特別）部（由馬丁諾夫領導（1936～1937 年），然後是米古諾夫）	通過正常方法和間諜方法對所有黨員進行監視，從而排除政治上不可靠的人尤其是忠於蘇聯的人進入黨內的可能性。發現白僑情緒，將其分為相應的政治團體，並估計其對蘇聯的態度。根據本部門確定的數據，定期「清除」俄國法西斯黨的不良因素。
7	軍事部（領導人多洛夫）	管理軍事工作，黨員的軍事訓練，軍事編隊和軍事人員的一般事務。
8	境內部	負責該組織在蘇聯境內的活動，編制這項工作的指示，收集並集中有關該工作的所有情報，並負責管理在蘇聯境內工作的所有人員。
9	規劃部	集中研究蘇聯的國民經濟狀況和管理體制，尋找其消極方面（這些方面應在蘇維埃政權被推翻後予以消除），從而制定俄國法西斯黨行動的總的方法，口號，指令和宣傳文獻的性質。

«РУСАКИ», 2001, С. 133.

〔註 48〕資料來源：*Окороков А.В.* Фашизм и русская эмиграция (1920～1945 гг.). – М.: «РУСАКИ», 2001, С. 126 ～ 127.; Российская эмиграция в Маньчжурии: военно-политическая деятельность (1920～1945): сб. Документов. / [Сост. и авт. предисл. Е. Н. Чернолуцкая]. – Южно-Сахалинск, 1994, С. 48～49.

除上述九個部門以外，全俄法西斯黨還設有意識形態部、蘇聯問題研究小組、幹部培訓部和專門負責保護領導人安全的特別隊等。

除中央機關外，全俄法西斯黨在各地的組織機構分別稱總支部、區部和分部。實際上，在 1932 年，羅扎耶夫斯基領導的俄國法西斯黨就已經規定了較為完備的黨的組織結構。它的基層組織稱作「支部（ячейка）」，由大概 2～5 人組成，再大一些的稱作「總支部（очаг）」〔註 49〕，數個總支部組成「地區部（район）」，「地區部」合為「分部（отдел）」，負責聯合大城市或個別國家的法西斯分子，「分部（отдел）」可聯合為「區部（сектор/секция）」。如哈爾濱分部（Харбинский отдел）下設包括馬家溝地區部（Модягоуский район）在內的多個「地區部」，同時也隸屬於遠東區部（Дальневосточный сектор）。每個部門的負責人要對同名的上級機構負責。這些部門依據情況而變換名稱（級別）。

三、俄國法西斯黨的組織形式及特點

1. 俄國法西斯黨的成員情況

羅扎耶夫斯基領導的俄國法西斯黨的準確人數尚無法統計。羅扎耶夫斯基曾在自己 1934～1935 年完成的《法西斯主義 ABC》和 1945 年被捕後供述的《我的反蘇活動 20 年》等文中分別稱，俄國法西斯黨的黨員有 2 萬和 3 萬人。在蘇聯根據情報而編制的《關於俄國法西斯主義者同盟的反蘇活動》一文中顯示，「全俄法西斯黨的滿洲成員數量，至 1936 年末為 4437 人，」同時認為不同時期「滿洲的全俄法西斯黨成員數量不超過 2500～3000 人。」〔註 50〕但一些研究者認為，這幾處數字出於不同的撰寫目的都存在不實之處。俄羅斯學者奧涅金娜（С.В.Онегина）提出，1934 年哈爾濱的俄國法西斯黨的黨員人數為 2000 人，中國東北為 6000 人，加之境外人數，共有 15000 人，至 1937 年人數達到了 20000 人。在該黨活動的數年間，總人數大致為 30000 人。〔註 51〕而拉扎列娃（С.Лазарева）認為，20 世紀三十年代俄國法西斯黨人數

〔註 49〕在俄語中，「ячейка」和「очаг」都有「支部」之意，但在譯成漢語時，常將「партячейка/партийная ячейка」譯為「黨支部」。而在俄國法西斯黨的基層組織中，「очаг」規模大於「ячейка」，故此處將「ячейка」譯為「支部」，將「очаг」譯為「總支部」。

〔註 50〕*Окороков А.В.* Фашизм и русская эмиграция (1920 ～ 1945 гг.). – М.: «РУСАКИ», 2001, С. 154.

〔註 51〕*Онегина С.В.* Российский фашистский союз в Маньчжурии и его зарубезные связи. // Вопросы истории, 1997, № 6, С. 151.

逾 2 萬。〔註 52〕美國學者斯蒂芬認為「真正的俄羅斯法西斯分子從來不超過
10000 人。」〔註 53〕當然也有學者對全俄法西斯黨的人數給出了更低的數字，
如梅利尼科夫和奧科羅科夫認為只有 4000 人。〔註 54〕更有人提出，全俄法西
斯黨在「俄羅斯黑衫」運動發展的高峰期時曾擁有 50000 名積極分子。〔註 55〕
而與之相對，「根據東省特區 1930 年的數據，滿洲共有 11 萬俄僑，哈爾濱及
中東鐵路有 96000 人，……在三十年代，在中國的白俄僑民總共有 75000 人
左右（滿洲 6 萬），……到 1944 年 3 月，哈爾濱俄羅斯人有 25441 人，鐵路
沿線有 30086 人，共計 62527 人。滿洲的舊俄公民，包括烏克蘭人、格魯吉
亞人、猶太人和其他民族，共計 68877 人。」〔註 56〕

　　這些俄僑法西斯分子以「戰友」自稱或互稱。黨員分為「支持者」
（сочувствующий）→「預備黨員」（кандидат）→「正式黨員」（действительный
член）→「積極分子」（член актива）。具體程序是，每一個想要加入俄國法西
斯黨的人，在遞交了相應的申請、經過了不少於 6 個月的「支持者」級別後，
才有機會獲得預備加入者的身份，此後在查明了政治可靠性和誠意後，他才
能參加俄國法西斯黨的工作，為俄國法西斯黨服務，進而成為「預備黨員」
和「正式黨員」。而在遞交了入黨申請後不少於 1 年，通過了規定的考察思想
素養的政治考試，完成了最低限度的俄國法西斯黨的工作之後，他才可以成

〔註 52〕*Лазарева С.* «Союз русских женщин» со свастикой. // Проблемы Дальнего Востока, 1994, № 3, С. 152.

〔註 53〕約翰・斯蒂芬著，劉萬鈞等編譯：《滿洲黑手黨——俄國納粹黑幕紀實》，黑龍江人民出版社，1989，第 1 頁。

〔註 54〕*Мельников Ю.* Русские фашисты Маньчжурии. // Проблемы Дального Востока, 1991, № 2, С. 119.

〔註 55〕*Вольфганг Акунов.* Обрз Святого равноапостольного князя Владимира в символике одной из организаций русского зарубежья. (Первоначальный вариант статьи был опубликован в журнале "Доброволець" № 12005) (5) http://www.imha.ru/1144529097-obraz-svyatogo-ravnoapostolnogo-knyazya-vladimira-v-simvolike-odnoj-iz-organizacij-russkogo-zarubezhya.html#.Xdd6b7puKhc.[2020-10-25] 作者（Вольфганг Акунов）認為，全俄法西斯黨之所以能夠成為白俄反共組織中人數最多且影響最大的組織，一是因為他們獲得了君主專制主義者的信任，二是因為他們主張在俄國建立「國家勞動者」或「人民勞動者」制，這一主張使他們得到了白俄當中的非君主制者的組織「新一代國家勞動者聯盟」（Национально-Трудовой Союз Нового Поколения-НТСНП）的支持。

〔註 56〕維克多・尼古拉耶維奇・烏索夫著，張曉東譯：《中國末代皇帝溥儀（1906～1967）》，群眾出版社，2018，第 147，148，150 頁。

為「正式黨員」。俄國法西斯黨的主要核心由「正式黨員」組成，也只有「正式黨員」才有權選舉和被選舉為黨代表大會的代表。「正式黨員」中還有一個更高級別的俄國法西斯黨的「積極分子」，因為他們的心理素養和技術素養可以完成任何任務，所以被俄國法西斯黨稱為是「準備得最充分的民族革命者」。

2. 俄國法西斯黨的分支組織

為了培養俄國法西斯黨的骨幹力量和吸引更多的僑民，建立更廣泛的群眾基礎，1932 年至 1936 年間，全俄法西斯黨開始在俄國僑民當中建立自己的下屬分支機構。為此，全俄法西斯黨將成員按年齡和性別進行劃分，設立相應的組織機構進行管理。1934 年 3 月 29 日，將成年女子組成「俄國婦女法西斯運動」（Российское женское фашистское движение-РЖФД）〔註57〕；1934 年 4 月 22 日，將 10～16 歲女子組成「少年女子法西斯-前衛團〔註58〕同盟」（Союз юных фашисток-авангардисток-СЮФ）〔註59〕。1936 年，將 10～16 歲的男子組成「少年男子法西斯-前衛團同盟」（Союз юных фашисток-авангардистов-СЮФ）。1936 年，規定所有 16～25 歲青年都要加入「法西斯青年同盟」（Союз фашистской молодёжи-СФМ）。1934 年 5 月 10 日，將 5～10 歲的兒童組成「法西斯兒童同盟」（Союз фашистских крошек-СФК）。在這些分支組織中，最有影響力的是俄國婦女法西斯運動，它也一直保持著相對的獨立性，而且可以說它是唯一一個聯合了 20 至 40 歲的俄羅斯女性的僑民組織。這或許與中國東北俄僑中女性的高比例有關。有數字顯示，1930 年，中國東北一地共有 110000 俄僑，其中女性就佔據了三分之一。〔註60〕

俄國法西斯黨甚至針對不同群體創建了專門組織，如 1936 年 5 月，在全俄法西斯黨哈爾濱總支部下成立了「大學生小組」（Студенческая группа），而到了 1937 年，大學生小組已經在哈爾濱的幾乎所有僑民高校中設立了總支

〔註57〕1941 年 3 月 1 日，「俄國婦女法西斯運動」更名為「俄羅斯婦女同盟」（Союз русских женщин）。

〔註58〕20 世紀三十年代，意大利法西斯政府將 8～14 歲男孩組成「Avanguardista」（中文常譯作「前衛團」），對應的俄語為「Авангардисты」，故此處譯為「前衛團」。

〔註59〕1941 年 2 月 28 日，改名為「俄羅斯少女同盟」（Союз русских девушек）。到此時，組織人數已達到 153 人。（參見 *Лазарева С.* «Союз русских женщин» со свастикой. // Проблемы Дальнего Востока, 1994, № 3, С. 153.）

〔註60〕*Лазарева С.* «Союз русских женщин» со свастикой. // Проблемы Дальнего Востока, 1994, № 3, С. 151.

部或分部；1937 年 6 月，還成立了「教師特別小組」（Особая Группа Педагогов），其負責人是波多利斯基（К.И.Подольский）。

按照俄國法西斯黨的規定，成員中的兒童和青年必須要參加上述分支組織，從而使他們能夠保持民族性，以及培養他們的宗教的民族的法西斯主義精神。在組織關係上，這些分支組織按等級原則相互影響，比如指導法西斯兒童同盟的是全俄法西斯黨領袖批准的領導中央的成員，以及法西斯少年同盟與法西斯青年同盟中的年長成員。〔註61〕而且，每個「同盟」內都設有級別，每一級的晉升也要通過考試。這樣的組織結構，一是為了廣泛團結僑民群眾，二是為了從兒童和青少年中選擇俄國法西斯黨的後備力量。

3. 俄國法西斯黨的分支機構

在日本的支持下，俄國法西斯黨在中國各地廣泛建立分支部門，但數量時常發生變化。20 世紀二十年代末，俄國法西斯主義組織存在時期，其分支機構不超過 10 個，1934 年俄國法西斯黨的分支機構有 16 個，1937 年 26 個。這種數量上的增加與羅扎耶夫斯基和旺夏茨基的合作有關。但在旺夏茨基被開除出全俄法西斯黨後，全俄法西斯黨在北美地區的分部數量明顯減少，只有紐約和舊金山的分部宣稱自己歸屬於全俄法西斯黨。而其他北美分部都宣布歸屬旺夏茨基，並成立了新的組織——全俄法西斯主義者民族革命黨（Всероссийская национал-революционная партия фашистов-ВНРП）。1939年，在改稱為「俄國法西斯主義者同盟」後，其組織機構數量明顯減少，只在 18 個地區有組織。而至 1943 年，已經沒有了分支組織。總體而言俄國法西斯主義者同盟在世界各國有俄國僑民的地方都建立了分支機構。〔註62〕

（1） 在中國的分支機構

俄國法西斯黨在各地的分支機構按照大小和所負責地域分別稱為區部、分部、總支部和支部，支部是最小的基層組織。其中最大的分支機構是「遠東部」（Дальневосточный сектор），負責管理中國境內的俄國法西斯黨的組織。下設的分支部門包括（見表 3）

〔註61〕 *Евгений Андреевич Рубанов.* Фашистское и националистическое движение в среде русской эмиграции в Маньчжурии в 1930～1940-е гг. // Россия и АТР, 2014, № 3, C. 119.

〔註62〕 *Онегина С.В.* Российский фашистский союз в Маньчжурии и его зарубезные связи. // Вопросы истории, 1997, № 6, C. 153.

表3 俄國法西斯黨的遠東區部〔註63〕

名　稱	創建時間	負責人	主要活動
海拉爾分部	20世紀三十年代初期	加夫里洛夫（Гаврилов，1931年）、西瓦琴科夫（Ф.С.Сиваченков，1934～1937年）	約45人
哈爾濱分部	1935年3月15日	1937年以前與俄國法西斯黨的中央合在一起，1937年以後在羅扎耶夫斯基領導下成為獨立的部門。	俄國法西斯黨的哈爾濱分部是俄國法西斯黨各分支機構中組織最為完備和活躍的部門。包括多個地區部：第一馬家溝地區部、第三地區部、綏芬河地區部、第五清河地區部（清河哨所）、滿洲里區部和第七區哈爾濱老城區〔註64〕部。1936年，哈爾濱分部開設了一個約50人的訓練隊，作為獨立的軍事部門，而這支訓練隊也是羅扎耶夫斯基唯一能夠支配的武裝力量。甚至有學者認為，這是20世紀三十年代中期世界範圍內白俄僑民支配組建的唯一一支武裝力量。〔註65〕
上海分部	1934年5月	塔拉丹諾夫（Г.В.Тараданов），後為佩爾米諾夫（Ю.А.Перминов，化名）等人。	從1936年8月開始，佩爾米諾夫主編並出版該部的機關報《為了祖國》（За Родину）。〔註66〕1941年，《我們的道路》被迫轉移到上海。於是從1941年起，俄僑法西斯分子的所有書籍和小冊子都在上海出版，作品公開反猶。
瀋陽分部	1934年初	佩琴金（Г.К.Печенкин）	10人左右
橫道河子分部			下設3個地區部
滿洲里分部	1927	克季托羅夫（Ктиторов），佩特林（Н.Н.Петлин）	

〔註63〕數據來源：*Окороков А.В.* Фашизм и русская эмиграция (1920～1945 гг.). – М.: «РУСАКИ», 2001, С. 159～161.

〔註64〕大致為今哈爾濱香坊區。

〔註65〕*Мельников Ю.* Русские фашисты Маньчжурии. // Проблемы Дальнего Востока, 1991, № 3, С. 157.

〔註66〕*Окороков А.В.* Фашизм и русская эмиграция (1920 ～ 1945 гг.). – М.: «РУСАКИ», 2001, С. 160.; Нация. 1936, № 7, С. 160.

穆棱區部	1935 年 3 月	別卡列維奇（Н.П.Бекаревич）	
齊齊哈爾區部	1934	切普林（Н.Чепурин）	
扎賽諾爾哥薩克區部	1937 年 9 月	薩爾基相茨（З.Н.Саркисьянц）	
天津分部		烏沙科夫（Ушаков）、卡爾瑙赫（И.Г.Карнаух）和庫爾布斯基（И.И.Курбский）	
大連分部	1934	薩拉耶夫（К.Сараев）	
薩哈林分部		索科洛夫（П.М.Соколов）	
一面坡-阿什河分部		費多羅夫（Г.И.Федоров）、斯皮林（Спирин，1936 年）、卡多奇尼科夫（Б.П.Кадочников，1937 年）	
博克圖分部	1935～1936	馬爾圖謝維奇（Мартусевич）	
長春分部		列什科夫（Рещиков）	

此外還有烏蘇里區部、穆林煤礦分部、罕達氣哨所小組、二層甸子、亞布力分部和牙克石站小組。

（2） 在中國境外的分支機構

1937 年 7 月 2 日，全俄法西斯黨最高委員會決定將「全俄法西斯黨」改名為「俄國法西斯主義者同盟」（Российский Фашистский Союз-РФС），[註67]並開始在世界範圍內建立自己的分支。在美國，巴西，阿根廷，巴拉圭，智利，澳大利亞，拉脫維亞，愛沙尼亞，立陶宛，保加利亞，羅馬尼亞，南斯拉夫，希臘，斯洛伐克，奧地利，意大利，西班牙，比利時，荷蘭，敘利亞（法屬），波蘭，德國，埃及，摩洛哥，日本，瑞士和加拿大等國都有俄國法西斯主義者同盟的支部在活動。這些組織彼此之間、與俄國法西斯主義者同

〔註67〕Российская эмиграция в Маньчжурии: военно-политическая деятельность (1920～1945): сб. Документов. / [Сост. и авт. предисл. Е. Н. Чернолуцкая]. – Южно-Сахалинск, 1994, С. 55.

盟中央之間都有聯繫，比如俄同法西斯主義者同盟羅馬尼亞分部的創建者利文就是保加利亞分部成員，智利支部的創建者是巴拉圭分部的成員，土耳其總支部由保加利亞和南斯拉夫分部成員創建，希臘總支部也是由南斯拉夫分部成員創建的；愛沙尼亞總支部的領導人博利沙科夫在愛沙尼亞總支部被封閉後與波蘭分部保持聯繫，等等。（見表4）

表4　俄國法西斯黨在世界各地的分支機構〔註68〕

名　稱	成立時間	主要活動地點	創建者（領導者）	主要活動	人　數
加利福尼亞分部〔註69〕	1935	舊金山	米阿爾科夫斯基（Миалковский），1939年以後為拉茨加利耶夫（Лацгальев）	吸納新人，散發法西斯主義資料，募集捐款和組織集會，聯合其他俄國民族主義組織。	
加拿大總支部	1936			缺少更多的信息。	
南美分部	1934	巴西	達霍夫（Н.Дахов）	出版日報《俄羅斯報》（Русская газета）和《號召》（Призыв），1938年被查封。	1935年時有成員100人（分部存在期間，成員總數不少於200人）。
阿根廷分部	1934		沙普金（В.В.Шаптин）	開始是作為一個總支部，後變為區部和分部。是人數最多也最為活躍的總支部。與當地甚至是其他國家的法西斯組織和俄僑組織保持密切聯繫。	不少於500人。
巴拉圭分部	1935	亞松森，此外還有恩卡納西翁	蘇博京（Субботин），1937～1938年由埃恩（Б.Н.Эрн）領導	初為一個總支部，隨後是地區支部，最後是分部。1941年後與同盟中央失去聯繫。	不少於200人，固定成員達到100人。

〔註68〕數據來源 *Онегина С.В.* Российский фашистский союз в Маньчжурии и его зарубежные связи. // Вопросы истории, 1997, № 6, С. 150～160.; *Исаков С.Г., Бойков В.А.* Русский фашизм в Эстонии в 1920～1930-е годы. // Русская эмиграция и фашизм: Статья и воспоминания. / Отв. Редактор и составитель В.Ю.Жуков; Науч. Редактор В.Ю.Черняев. – СПб.: СПбГАСУ, 2011, С. 38～67.; *Окороков А.В.* Фашизм и русская эмиграция (1920～1945 гг.). – М.: «РУСАКИ», 2001, С. 162～168.

〔註69〕美國還有全俄法西斯黨的其他組織，如在1936年前就出現的西雅圖小組、1936年的哈特福德總支部和紐約分部。

智利總支部			戈爾德林（Голдрин）	1939 年與同盟中央建立聯繫，1941 年後沒有任何消息。	
澳大利亞分部	1935	布里斯班，在澳大利亞的一些城市和新西蘭都設有總支部。	羅日傑斯特溫斯基（И.П.Рождественский）	活躍程度僅次於阿根廷分部。與同盟中央保持通信（1941 年中斷），與英美反蘇組織互動，與各種英美反猶出版社合作，募集捐款，散發法西斯主義資料，吸納新成員。1942 年，羅日傑斯特溫斯基及其 26 名同夥被捕入獄，直至戰爭結束。	常住人數約200 名。
拉脫維亞總支部	1935			僅知創建於 1935 年，缺少更多的信息。	
愛沙尼亞支部〔註70〕	1934	塔爾圖	博利沙科夫（К.Н.Большаков）	1935 年被查封，領導人被捕，釋放後繼續從事非法活動，與波蘭分部保持聯繫。	20 人。
立陶宛分部	1936		波茲尼亞科（Поздняков）	正式名稱是俄國民族主義協會，存在到 1940 年初。	200 人。
保加利亞分部	1933	在瓦爾納、保爾加斯和其他城市都設有總支部。	孔德列夫（К.П.Кондырев）	下設青年法西斯主義者同盟。發行雜誌。與保加利亞民族軍團同盟進行過幾次聯合行動，組建了俄國人民法西斯主義者同盟。	
羅馬尼亞分部	1935	比薩拉比亞	利文（Ливен），1937年以後是米哈伊洛夫（А.С.Михайлов）	與羅曼諾夫王朝成員有聯繫。正式名稱為俄國委員會。	約 300 人。
南斯拉夫分部〔註71〕	1935	澤蒙	雷奇科夫（И.В.Рычков）	通過會談，吸收「新一代民族勞動者同盟」加入「俄羅斯民族陣線」。	不少於 1000人，固定成員超過 100 人。

〔註70〕愛沙尼亞的俄僑中還有其他一些法西斯組織，其主要領導人有克羅梅利（Г.Г.Кромель）、舒利茨（Э.К.Шульц）和切爾尼亞夫斯基（А.В.Чернявский）。（參見 *Исаков С.Г., Бойков В.А.* Русский фашизм в Эстонии в 1920～1930-е годы. // Русская эмиграция и фашизм: Статья и воспоминания. / Отв. Редактор и составитель В.Ю.Жуков; Науч. Редактор В.Ю.Черняев. – СПб.: СПбГАСУ, 2011, С. 38～67.）

〔註71〕南斯拉夫俄僑中還有「俄羅斯法西斯主義者民族主義組織」（Национальная Организация Русских Фашистов-НОРФ），存在時間很短。

希臘總支部	1936		南斯拉夫分部成員	
斯洛伐克總支部	1939	捷克斯洛伐克	科斯堅科（Костенко）	由科斯堅科從哈爾濱前往創建。
奧地利分部	1935	維也納和奧地利其他城市都有總支部	馬爾科夫（Марков）創建。1937年以後是穆辛-普希金（Мусин-Пушкин）	1938年德奧合併後被查封。
瑞士分部	1935	伯爾尼	捷德利（Б.П.Тедли）	約50人。
德國分部〔註72〕	1936	分支機構遍及德國許多城市和歐美一些國家	科茲洛夫斯基（Г.А.Козловский），後是伊萬諾夫（С.Иванов），1936年5月後是阿韋爾基耶夫（А.А.Аверкиев）	活動得到了德國當局的支持，但不允許出現俄國法西斯主義者同盟字樣。
意大利總支部			羅季奧諾夫（Д.Родионов），後是利瓦紹夫（Левашев）	
西班牙總支部	1937		薩哈羅夫（И.Сахаров）	在西班牙內戰時，一些成員加入佛朗哥軍隊。
法比總支部	1935		杜邊斯基（Дубенский）	1938年改為法國分部，領導人是夏利斯卡亞（Е.Сялъская），1939年比利時出現新的比利時總支部。

〔註72〕在德國，不同時期存在各種俄國法西斯主義組織，如二十年代卡齊姆-貝克（Казем-Бек）建立的「青年俄羅斯同盟」（союз «Молодая Россия»）；三十年代有，佩爾豪-斯維亞托扎羅夫（А.П.Пельхау-Святозаров）建立的「俄國解放國民運動」（Российское освободительное народное движение-РОНД, 1933）；「俄羅斯民族主義者中央組織」（Центральная организация русских националистов-ЦОРН）；「俄羅斯民族社會主義講習班」（Русский национал-социалистический семинар）；斯卡隆（Н.Д. Скалон）創建的「俄羅斯民族社會主義運動」（Российское национальное и социальное движение-РНСД, 1935）等。後者得到了德國政府支持，並與俄國法西斯黨保持密切聯繫，但德國政府以不允許一個中央設在德國境外的俄僑法西斯主義組織存在於德國為由，嚴禁其自稱羅扎耶夫斯基的俄國法西斯黨支部。（參見 *Недбаевский В.М.* Духовные и организационные проявления фашизма в среде российской эмиграции в Германии. // Новый исторический вестник, 2000, № 2, С. 31～44.）

荷蘭總支部	1939		羅曼諾夫（Романов）	與比利時法西斯組織「炸藥」積極合作。	
土耳其總支部	1936		保加利亞和南斯拉夫分部成員創建，扎別洛（Забелло）	將俄國法西斯主義者同盟的宣傳材料傳入蘇聯，並在蘇聯南部設立了一些支部，曾與俄國法西斯黨中央通信。	
敘利亞區部	1937	貝魯特和小亞細亞的一些城市（如耶路撒冷）設有總支部		先為支部，後改為區部，1937年取名敘利亞「約安·卡麗塔」區部。	約40人。
波蘭總支部	1938	華沙	舍列霍夫（В.П.Шелехов）		
埃及總支部	20世紀三十年代中期		丹克爾（Данкер）和馬爾科夫（Марков）	丹克爾總支部吸收新成員和發行宣傳資料；馬爾科夫總支部向《我們的道路》報送埃及情況和散發法西斯主義材料。兩個總支部同時存在，但不願合作。	
摩洛哥總支部			法國「外籍軍團」中服役的俄國僑民創建	僅存在於1935至1936年。	
蒙古總支部	1937				缺少更多信息。
日本分部	1933	東京、橫濱、神戶、九州島等地	巴雷科夫（В.П.Балыков）、阿拉季耶夫（Н.П.Аладьев）	最早由巴雷科夫1933年創建俄國法西斯黨的支部，1934年羅扎耶夫斯基與旺夏茨基於日本會面後，成員人數有所增加。1935年被日本警察局查封。	約100人

四、羅扎耶夫斯基的「三年計劃」

因必須向本黨成員和其他俄僑解釋及說明俄國法西斯黨的未來目標，以及如何實現那些目標，同時也要借助宣傳達到蠱惑和吸收新成員的目的，所以，完成了建黨活動的俄僑法西斯分子開始了對黨員的教育和對外的宣傳活動。為此，羅扎耶夫斯基提出了全俄法西斯黨工作的「三個階段」：集聚力量——培養的階段，進攻——積極鬥爭的階段，推翻共產主義政權後——民族

建設的階段。他認為，因為已經在遠東地區建立了全俄法西斯黨，這就意味著僑民反共力量的聚集階段已經完成，而在遠東以外的其他地區，第一階段也已經接近了尾聲，所以，全俄法西斯黨的工作應該進入第二階級，即部署力量開始進攻，要與共產主義進行積極的鬥爭，因此這一階段也被羅扎耶夫斯基稱為「民族革命階段」。

　　全俄法西斯黨在第二階段時的具體行動被羅扎耶夫斯基稱為「法西斯主義者三年計劃」。他揚言，俄僑法西斯主義者要在三年內（從 1935 年 5 月 1 日至 1938 年 5 月 1 日）完成反共鬥爭，推翻蘇聯的共產主義政權。1935 年，《我們的道路》第一期發表了羅扎耶夫斯基撰寫的《我們的法西斯主義者三年計劃》一文，文中羅扎耶夫斯基將全俄法西斯黨的情況與俄國革命前的俄國社會民主工黨（布）的活動進行了比較，由此提出了「取代聯共（布）──全俄法西斯黨」的口號，這也標誌著全俄法西斯黨新一輪的意識形態宣傳戰開始。更詳細介紹實現「三年計劃」的方案是在羅扎耶夫斯基的《怎麼辦？法西斯主義者三年計劃──反對共產主義的五年計劃》一文中，他指示全俄法西斯黨的所有組織，特別是與蘇聯接壤的國家的組織要將法西斯文獻送入蘇聯，並要派遣人員進入蘇聯發放材料，在蘇聯建立法西斯黨的支部。在這一思想的指導下，全俄法西斯黨通過用航行在阿穆爾河（黑龍江）和烏蘇里江的船隻承載密封瓶的方式將文獻送往蘇聯。他們將文獻放入密封的玻璃瓶中，當船航行至邊境時再將瓶子投入水中，使之利用水流漂流至蘇聯境內。〔註 73〕

　　1935 年 6 月 21 日，全俄法西斯黨中央委員會通過了《地下工作特別法令》（Особое постановление о конспиративной работе）。根據該法令，全俄法西斯黨成立了蘇聯地下工作管理中心，由全俄法西斯黨組織局的組織部主任馬特科夫斯基領導。而對於「法西斯主義者三年計劃」的實現途徑，羅扎耶夫斯基認為應該是最大程度地開展俄國國內工作，「在未來三年中，俄國應該廣布彼此不聯絡的基層組織」，這些基層的主要任務是「通過散播我們的革命傳單、進行口頭宣傳、恐怖活動和起義等創建一些類似的革命組織」，最終「這些組織根據給出的信號在 1938 年同時在各地發動起義」，起義將完成民族革

〔註 73〕Российская эмиграция в Маньчжурии: военно-политическая деятельность (1920～1945): сб. Документов. / [Сост. и авт. предисл. Е. Н. Чернолуцкая]. – Южно-Сахалинск, 1994, С. 52.

命的任務。〔註74〕考慮到蘇聯的實際情況，羅扎耶夫斯基提出，俄國國內的俄國法西斯黨基層組織的存在形式與僑民中的法西斯組織完全不同，它們應該是極為秘密的，而且相互之間是獨立的，不能存在任何聯繫。羅扎耶夫斯基將其稱為國內工作的「秘密原則」和「分立原則」，認為這兩個原則能夠保證組織免受蘇聯間諜的破壞，不會出現牽一髮而動全身的情況。

在第二階段中，全俄法西斯黨認為，自己作為一個民族革命黨，主要的目標就是與共產主義進行鬥爭，工作重點主要是在蘇聯本土宣傳法西斯主義思想，並且要讓那些深受奴役的俄國人將對蘇維埃的仇恨轉化為實際的鬥爭。

羅扎耶夫斯基在 1945 年戰後審訊時承認，當時的自己一直堅信，大部分的俄國人都是反蘇的，在蘇聯存在著許多零星的反對派組織，而要團結這些反蘇組織只能借助意識形態的方法。這些組織分散行動是不會有結果的，但如果可以預先確定行動的時間，那麼就有可能會成功，俄羅斯也將會因此而被成功「拯救」。他所謂的「借助意識形態的方法」，就是經過邊境向蘇聯散佈題為《法西斯主義者三年計劃》的宣傳單。為此，全俄法西斯黨向蘇聯派遣了數個行動隊，用以在蘇聯境內散佈傳單和嘗試建立全俄法西斯黨的基層組織。

當然，羅扎耶夫斯基十分清楚在蘇聯本土開展活動的危險程度，所以他建議全俄法西斯黨要培養意志上更堅定的法西斯主義分子，提高黨員的紀律性、思想性、覺悟，教會他們革命鬥爭的技術，將他們派遣到蘇聯本土進行宣傳和創建組織的活動。然而，大多數被派往蘇聯本土的全俄法西斯黨成員都以死亡而告終，他們或是死在了與蘇聯邊境軍的交火中，或是被蘇聯內務部軍隊逮捕後槍決。

為了讓自己的「三年計劃」看起來更加具體，羅扎耶夫斯基還提出了具體的活動口號。總的口號是「一切歸俄羅斯」（Все – России）和「全部力量歸民族革命」（Все силы – национальной революции）。第一年（1936 年）的口號是「受奴役的俄國的代表」（Представительство России подъяремной）「精英中的精英」（Из отбора – отбор）和總口號「回到俄國」（В Россию）。

五、俄國法西斯黨的制服與禮儀

對意、德法西斯主義外在形式的模仿幾乎是所有法西斯主義組織的慣例。他們從衣著、禮儀、宣傳口號等外在形式上紛紛傚仿意大利法西斯和德國納粹

〔註74〕 *Родзаевский К.В.* Азбука фашизма. – Харбин, 1934, С. 43.

黨人，以此表明自己的意識形態特徵。1923 年，英國最早的法西斯組織「英國法西斯」就要求招募到的「英國法西斯」新兵要統一佩戴組織的徽章，在開會和唱國歌時舉右手行法西斯敬禮。〔註75〕1925 年，英國的民族法西斯組織也仿傚黑衫黨身著制服。1932 年「英國法西斯聯盟」的成立大會上，成員也都身穿黑衫。一些法西斯主義組織還對成員進行訓練和軍事化管理，組建類似於希特勒衝鋒隊之類的組織。如「英國法西斯同盟」的「I」衛隊〔註76〕。羅扎耶夫斯基的俄國法西斯黨也有自己的「先鋒隊」。（見附錄一，圖3、圖4）

　　為了讓自己顯得莊嚴而且令人敬畏，全俄法西斯黨傚仿意大利黑衫軍，專門規定全體黨員都要頭戴有橙色鑲邊和卐字符徽標的黑帽，腳蹬黑色長靴，上身著配有黃色銅製鈕扣的黑色襯衫，下身穿黑色馬褲，左臂佩帶白色袖標，袖標上繪有黃色圓圈，圓圈中央是鑲著白邊的黑色卐字符。〔註77〕女性成員也有自己的著裝：白襯衫，黑裙子和黑蝴蝶結，左臂佩戴俄國法西斯黨的「卐字符」標誌。對於制服的顏色，1936 年 10 月 25 日全俄法西斯黨最高委員會第 68 號文件規定，「法西斯制服的黑色象徵著對俄國的哀悼和法西斯主義者為民族服務的忘我犧牲精神。」〔註78〕同時，制服也是一種表現全俄法西斯黨成員等級的符號。〔註79〕

　　按照規定，為表現俄僑法西斯分子對昔日的和未來的俄羅斯的讚美，〔註80〕全俄法西斯黨的敬禮方式是高舉自己的右手，並要從心臟指向天空的方向，以表示「精神高於物質」的精神理念，同時要高喊「光榮屬於俄羅斯」（Слава России!）。

　　全俄法西斯黨轟轟烈烈的宣傳和造勢活動，吸引了許多青年僑民的加入。

〔註75〕杜美：《歐洲法西斯史》，學林出版社，2000，第 262 頁。

〔註76〕1932 年 10 月，「英國法西斯主義者同盟」（The British Union of Fascists）正式組成。創建者是莫斯里（Oswald Ernald Mosley, 1896～1980）。政治綱領和組織形式均傚仿德、意法西斯。1940 年 5 月 28 日，英國政府逮捕了莫斯里和其他「英國法西斯主義者同盟」領導人，查抄了「英國法西斯主義者同盟」總部。「英國法西斯主義者同盟」滅亡。

〔註77〕Положение о партийной форме и иерархических знаках В.Ф.П. // *Родзаеский К.* Завещание русского фашиста. – М., 2001, С. 459.

〔註78〕Положение о партийной форме и иерархических знаках В.Ф.П. // *Родзаеский К.* Завещание русского фашиста. – М., 2001, С. 483.

〔註79〕*Родзаевский К.В.* Азбука фашизма. – Харбин, 1934, С. 51.

〔註80〕Положение о партийном приветствии. // *Родзаеский К.* Завещание русского фашиста. – М., 2001, С. 473.

1935 年，德國「寶麗多」（Polydor）唱片公司錄製了一首流行於哈爾濱的狐步舞曲《哈爾濱-爸爸》（Харбин - Папа），演唱者是「伊利婭·利夫沙科夫」（Илья Лившаков）樂隊的格奧爾吉·施瓦茨（Георгий Шварц）。歌曲描述了當時的哈爾濱。歌中唱道：

> 美麗城市哈爾濱，
> 快樂之城哈爾濱，
> 昔日遙遠滿洲國，
> 如今滿洲大帝國……
>
> 這裡的人們自由自在：
> 這裡的人們富裕幸福，
> 儘管他們身在國境外，
> 手中卻有金盧布滿滿！
>
> 在北滿鐵路沿線活躍著
> 一群法西斯主義者和社會民主黨人，
> 他們雖然身居遙遠國外，
> 但是更加自由而輕快……〔註81〕

　　俄國法西斯黨的「上帝、民族、勞動」口號也成功吸引了一些右翼俄僑。俄僑詩人涅斯梅洛夫〔註82〕就曾在以筆名多扎羅夫（Н.Дозоров）所寫的獻給俄僑法西斯分子的詩歌中使用了這一口號：

> 只有這樣，只有這樣
> 拽開地獄之門的門栓，
> 俄羅斯向我們伸出雙手
> 高聲向我們呼喚。
> 每個年輕人都可以，
> 勝利之風撕扯著旗子，
> 在每個人的心中如鐘般敲出
> 上帝、民族、勞動。〔註83〕

〔註81〕 Харбин – Папа, Polydor, 1935.

〔註82〕 又名尼古拉·多扎羅夫（Николай Дозоров），真姓名為阿列克謝·伊萬諾維奇·米特羅波利斯基（Арсений Иванович Митропольский），1889～1945。

〔註83〕 *Мельников Ю.* Русские фашисты Маньчжурии. // Проблемы Дальнего Востока, 1991, № 2, C. 115.

第三節　俄國法西斯黨與東正教會

俄國東正教會在俄國歷史上始終扮演著保守和保皇的角色，它在反共反蘇問題上，仍然是堅持站在蘇聯和蘇共的對立面。因此，俄國東正教會與俄國法西斯主義保持了極其密切的互助關係。俄國法西斯主義最鮮明的特徵在很大程度上是對東正教的遵奉和讚揚態度，羅扎耶夫斯基也將自己和俄國法西斯黨塑造成了最正統的俄國東正教的代表。在他們看來，俄羅斯東正教是俄羅斯民族國家復興、發展和壯大的基礎。而且認為，「東正教事實上也多次在緊要關頭拯救了俄羅斯，它使衰弱之力得到重生，使分散之力得到聯合，」〔註84〕因而，俄僑法西斯分子堅信東正教同樣能夠再次拯救蘇維埃政權之下的俄羅斯。俄國法西斯黨與東正教的關係可在其口號「上帝、民族、勞動」中窺見一斑。

一、羅扎耶夫斯基對俄國法西斯黨的宗教性規定

在 1936 年第 7 期的《民族》雜誌中，羅扎耶夫斯基寫道，「我們的標誌是聖十字，而卐字符是純粹的政治標誌，它象徵著統一的反猶陣線。」〔註85〕

俄國法西斯黨十分重視對成員宗教精神的培養。1936 年 6 月至 7 月，以羅扎耶夫斯基為代表的該黨中央向黨組織發出指示，要求與神職人員建立密切聯繫。指示指出，需要與教區神甫和教區人員建立友好關係，並向他們提供幫助和協助。〔註86〕

在俄僑法西斯分子看來，俄羅斯民族的核心是東正教信仰，所以俄僑法西斯分子的宗教信仰就是東正教。羅扎耶夫斯基將該黨的宗教思想和要求明確寫入了《法西斯主義 ABC》中，如第五章「俄國法西斯主義的組織」第 98 問：「全俄法西斯黨的黨徽和宗教徽章由什麼構成？它們的象徵意義是什麼？」答：「全俄法西斯黨的政治徽章〔註87〕由頭戴十字架皇冠雙頭鷹和卐字

〔註84〕Письма к младороссам. // К Молодой России: Сборник младороссов. – Париж, 1928, C. 60.

〔註85〕Нация. 1936, № 7, C. 39.

〔註86〕*Окороков А.В.* Фашизм и русская эмиграция (1920～1945 гг.). – М.: «РУСАКИ», 2001, C. 180.

〔註87〕代表俄羅斯的國徽即金色雙頭鷹在上，畫有卐字符的正方形在下，雙頭鷹的中軸線與畫有卐字符的正方形的對角線對齊。正方形的邊框為白色，框寬為正方形邊長的 1/8，正方形中間為黃色，上繪黑色的卐字符。因此，徽章整體是由象徵羅曼諾夫王朝的黑、白、黃三色構成。

符構成。」〔註88〕並且規定，俄國法西斯黨每枚黨徽都有自己的專屬編號，無論是正式黨員還是預備黨員都可以佩戴。顯然，全俄法西斯黨徽章中的十字架標誌已經表明了俄國法西斯主義的宗教本質。

1936 年 10 月 25 日，全俄法西斯黨最高委員會通過的第 65 號文件《全俄法西斯黨的宗教徽章章程》作出如下規定：

第 1 條 每位法西斯主義者都要佩戴他所屬宗教的徽章。少數民族的宗教徽章由其創始人設計並經全俄法西斯黨最高委員會批准。

第 2 條 俄國東正教法西斯主義者的宗教徽章是持有深藍色盾牌的聖徒弗拉基米爾畫像，上邊飾有弗拉基米爾緞帶（黑—紅—黑）。

第 3 條 俄國東正教法西斯主義者的宗教徽章證明了法西斯主義者的宗教信仰是東正教，這是俄羅斯民族的基礎。

第 8 條 每一位佩戴徽章的人都應像俄國東正教法西斯主義者一樣，捍衛它的尊嚴和他所屬的東正教。

第 9 條 每一位佩戴徽章的人都應是東正教的真正忠實的兒子，要在節假日去教堂，在此期間不能沉迷於娛樂，要知曉禱文，每天早晚餐前後要祈禱，要佩戴十字架，家裏要有福音書並誦讀，要知曉東正教的歷史和他的聖徒，要過東正教的生活，要履行教會戒律，要幫助身邊的人，要成為相應教區的居民。

第 10 條 禁止在道德水平與之不符的地方佩戴徽章，例如酒吧、舞廳，禁止在做不道德的行為時佩戴徽章，如跳舞和醉酒。〔註89〕

全俄法西斯黨黨員被要求應同時佩戴政治徽章和宗教徽章，從而證明本黨及其成員對東正教的虔誠之心。無論政治徽章還是宗教徽章，都要佩戴在左胸，並列而戴，宗教徽章在前，黨徽在後。

俄國法西斯黨除了在自己的口號上明確寫出「上帝」一詞以彰顯自己的宗教性以外，俄國法西斯黨還將聖弗拉基米爾紀念日〔註90〕作為該黨的生日，慶祝該黨的生日時還要高喊「在聖弗拉基米爾的旗幟下，爭取復興神聖羅

〔註88〕 *Родзаевский К.В.* Азбука фашизма. – Харбин, 1934, С. 51.
〔註89〕 *Родзаевский К.* Завещание русского фашиста. – М., 2001, С. 487～488.
〔註90〕 即公曆的 7 月 12 日，俄曆為 6 月 28 日。

斯！」（Под стягом Святого Владимира – к возрождению Святой Руси!），其
附屬組織「俄國婦女法西斯運動」也將「在東正教會的庇祐下」（Под сенью
церкви проваславной）作為自己的口號。

　　在全俄法西斯黨成立四週年紀念遊行時所舉行的禱告上，大主教涅斯托爾
和主教德米特里為全俄法西斯黨的黨旗作了洗聖。這面全俄法西斯黨的黨旗為
金色，上面繪有聖像，一邊是救世主，一邊是聖徒弗拉基米爾大公。黨旗的邊
緣是一圈黑色的條紋，一邊寫著「願上帝施威，令敵望風而逃」（Да воскреснет
Бог и расточатся врази Его）、「上帝與我們同在，懷柔並馴服異教徒」（С нами
Бог, разумейте языцы и покоряйтеся），另一邊寫著「與上帝同在」（С Богом）、
「上帝、民族、勞動」「為了祖國」（За Родину）和「光榮屬於俄羅斯」。黨旗
的上邊繡著黑色戴冠的俄羅斯帝國的雙頭鷹，下邊繡著黑色的十字架。

　　1943 年春，俄國法西斯主義者同盟在上海成立分部。4 月 12 日，《上海
柴拉報》（Шанхайская заря）刊登了慶祝俄國法西斯主義者同盟上海分部建立
的文章《上帝、沙皇、民族、勞動》：

　　　　俄國法西斯主義的思想，是在人類生活中建立新秩序，開創世界
　　歷史的新紀元。俄國法西斯主義承認神力的權威，承認帝制思想，並
　　通過君主政體和俄國沙皇，建設一個新的、民族勞動俄羅斯。教會人
　　士希望俄國法西斯運動能成為富有活力的俄僑政治團體，並明智又
　　巧妙地與宗教思想結合起來。上海東正教會人士，準備在俄國法西斯
　　主義者同盟之下，建立一個獨立的宗教分會。所有信仰俄羅斯東正教
　　原則而又同意俄國法西斯主義思想的俄僑，均可參加該分會。

　　　　俄國法西斯主義者同盟〔註 91〕上海（宗教）分會發起人：切爾
　　內紹夫（К.Чрнышев）等 39 人。1943 年 3 月 18 日上海。〔註 92〕

　　可見，俄僑法西斯分子賦予了俄國法西斯主義宗教性。他們總是把自己
裝扮成俄羅斯古老傳統和基督教忘我犧牲精神的代表，宣揚純粹的道義和基
督式的自我犧牲，從而使俄國法西斯主義明顯不同於它的老師德意法西斯主
義。

〔註 91〕原文此處譯作「俄國法西斯聯合會」。
〔註 92〕Шанхайская Заря, 12.04.1943, С. 3. 轉引自汪之成：《近代上海俄國僑民生
　　　　活》，上海辭書出版社，2008，第 252 頁；汪之成：《上海俄僑史》，三聯書店
　　　　上海分店，1993，第 494～496 頁。

大齋期是東正教中最重要的一個節日，因時間較長、意義重大而冠以「大」字。1936年3月4日，羅扎耶夫斯基以該黨黨首身份向全黨發布了關於大齋期的第69號命令（№69），對該黨成員在大齋期的法西斯主義式的生活作出了規定：

　　1. 齋戒培養堅強的人。我命令所有東正教法西斯主義者按照我們的教會要求舉行大齋。

　　2. 每個東正教法西斯主義者必須每年都要懺悔並接受聖餐。全俄法西斯黨各組織的領導人通過設定截止日期來進行法西斯主義者的共同齋戒。

　　3. 絕對有義務在整個齋期拒絕娛樂活動。至少這次我們將為俄羅斯哀悼！全天致力於宗教民族的自我完善和政治工作的加強。讓每個人總結一下他知道什麼，不知道什麼，自己做了什麼和尚未做什麼，還有什麼要做。讓每個領導者最大程度地改善自己的組織。不白過一天！

　　4. 我們準備在異國他鄉度過一個偉大的俄羅斯假期，讓它成為悲傷的齋戒過後一個快樂的假期。光榮屬於俄羅斯！〔註93〕

二、俄國法西斯黨的宗教性特點

可以說，到了20世紀三十年代，俄國法西斯主義已經具有了自己鮮明的特點。它在複製了德意法西斯主義模式之後，將東正教神秘主義思想糅合進了法西斯主義當中，從而形成了自己的法西斯主義。在羅扎耶夫斯基等人看來，德國的民族社會主義「拒絕歷史，拒絕基督教，並試圖革新異教徒的世界觀。尤其是，民族社會主義的基礎不僅是民族主義，而是建立在上帝選民原則基礎上的民族主義：只有本民族才是唯一有價值的，其餘的都是劣等民族。」〔註94〕而對於擁有眾多民族的俄國來說，以血統和種族來判定民族優劣性的思想顯然是行不通的，更何況俄僑中的民族構成也十分複雜。根據俄僑奧切列京（К.В.Очеретин）統計，「1922年至1923年哈爾濱及其郊區（不包括傅家甸〔註95〕）的56369名俄僑中，在俄羅斯民族之外尚有其他民族的

〔註93〕 *Окороков А.В.* Фашизм и русская эмиграция (1920～1945 гг.). – М.: «РУСАКИ», 2001, С. 180.

〔註94〕 *Окороков А.В.* Фашизм и русская эмиграция (1920～1945 гг.). – М.: «РУСАКИ», 2001, С. 51.

〔註95〕 大致為今哈爾濱道外區。

俄籍人口 7695 人，約占當時哈爾濱俄僑人口總數的 13.5%。」〔註96〕而石方等人在《哈爾濱俄僑史》一書所做的抽樣調查顯示，1955 年「哈爾濱俄僑人口在俄羅斯族人之外，有 9.1%的少數民族人口及 5.2%加入俄籍的其他種族人口的存在。」〔註97〕俄國在歷史上一直都是多民族的國家，複雜的民族歸屬問題不可能允許俄國法西斯主義分子接受和採取德國民族社會主義中的種族主義，所以只有宗教精神，或者說是東正教精神才是最好的精神黏合劑。雖然在意大利，墨索里尼與羅馬教會在後來達成了和解，在反共立場上達成一致，1929 年還簽訂了《拉特蘭條約》，但意大利法西斯主義的宗教政策也不過是為了通過教權達到民族擴張的目的。阿法納西耶夫（A.Афанасьев）認為：有別於德意兩國，「俄國法西斯黨認為，只有脫離蘇維埃政權，在『上帝、民族和勞動』的總口號之下組織紅軍和人民武裝起義，」才能實現俄國法西斯主義的主要目標，即「（a）積極進行反對共產主義和無神論的武裝鬥爭；（b）全面恢復俄羅斯正教的純正和聖潔；（c）在俄羅斯土地上建立社會正義的王國——勞動的俄羅斯帝國。」〔註98〕

　　一直以來，宗教對俄羅斯性格或俄羅斯精神的塑造發揮著重要作用，它深藏於俄羅斯人的心中。幾個世紀中，東正教培養了俄羅斯人精神上的「我」之於「他者」的特殊性。俄羅斯精神中大寫的「我」對於「他者」的關愛與同情，在當他們不得不流亡、不得不失去「祖國」時，出現了變化。正如俄羅斯學者奧科羅科夫所分析的，俄羅斯精神中「內在的『我』和被拋棄者的情況之間的衝突造成俄僑對『注定永世流浪』的民族的更大敵意。在革命和內戰年代，客觀因素被添加到『內部反猶太主義』中。」〔註99〕在俄僑眼中，對於俄國國內，他們將迫使自己不得不流浪的布爾什維克與其領導者的猶太人身份聯繫在一起，而在僑居國，他們在面臨窘境的同時卻看到了猶太人的隨遇而安，所以，他們更加深切地認為，猶太人是「不珍惜俄羅斯的傳統、世界觀、道德和犧牲精神」的異類，「他們的世界觀被視為對俄羅斯宗教信仰的危險侵犯。」〔註100〕

〔註96〕石方、劉爽等：《哈爾濱俄僑史》，黑龍江人民出版社，2003，第 147 頁。

〔註97〕石方、劉爽等：《哈爾濱俄僑史》，黑龍江人民出版社，2003，第 150 頁。

〔註98〕*Афанасьев А.* Полынь в чужих краях. – М., 1987. C. 64.

〔註99〕*Окороков А В.* Фашизм и русская эмиграция (1920～1945 гг.). – М.: «РУСАКИ», 2001, C. 53.

〔註100〕*Окороков А.В.* Фашизм и русская эмиграция (1920 ～ 1945 гг.). – М.:

在強調東正教信仰的同時，羅扎耶夫斯基也注意到了俄僑中的多宗教信仰問題。中國學者石方在《哈爾濱俄僑史》中專門論述過 20 世紀上半葉哈爾濱俄僑的宗教信仰問題，認為「大致上哈爾濱俄僑的宗教信仰與教派可以分為俄羅斯東正教、俄國舊教、莫羅堪派教、亞美尼亞教、天主教、基督復臨安息日會教派、新福音派、巴吉斯特教派、猶太教、伊斯蘭教等多種。在哈爾濱他們都有著自己的教會組織和祈禱場所，其教派繁雜、教堂林立的局面為世界各地所罕見。」〔註101〕或許也正因此，俄國法西斯黨才在《關於全俄法西斯黨的宗教徽章的規定》中寫明，少數民族、佛教徒和穆斯林黨員可以在佩戴黨徽的同時，佩戴全俄法西斯黨最高委員會規定的相應的宗教徽章，表明其宗教信仰。

第四節　羅扎耶夫斯基領導下的俄國法西斯黨的宣傳活動及影響

羅扎耶夫斯基的俄國法西斯黨將宣傳法西斯主義作為自己活動的重點，因而廣泛創辦報刊作為宣傳喉舌。俄國法西斯黨在中國的哈爾濱、上海、天津等地和其他國家定期公開出版多種刊物，如報紙《我們的道路》（哈爾濱）、《我們的鬥爭》（Наша борьба，哈爾濱）、雜誌《民族》（上海）、《亞洲的復興》（Возрождение Азии，天津）、《未來的俄羅斯》（Грядущая Россия，瀋陽、哈爾濱）、《俄羅斯報》（Русская газета，巴西聖保羅）、《羅斯》（Русь，保加利亞索菲亞）。羅扎耶夫斯基、諾薩奇-諾斯科夫（В.В.Носач-Носков）、卡利亞明（М.В.Калямин）、塔拉丹諾夫和科洛索夫（Е.В.Колосов）等法西斯活躍分子常常在這些刊物中發表自己的文章。

一、俄國法西斯黨的機關刊物

在俄僑所辦的報刊當中，以《我們的道路》為名的不在少數。如，1926年秋天，山東濟南張宗昌部隊中的白俄軍隊創辦報紙《我們的道路》，主要參與者有伊萬諾夫（В.И.Иванов）、拉祖莫夫（В.П.Разумов）、扎伊采夫（П.И.Зайцев）等。1927 年，該報被中國政府關閉。而俄國法西斯黨機關報

<hr/>

«РУСАКИ», 2001, С. 53.

〔註101〕石方、劉爽等：《哈爾濱俄僑史》，黑龍江人民出版社，2003，第 443 頁。

《我們的道路》則是在原社會革命黨人的報紙《我們的報紙》（Наша газета）
基礎上組建的，第 1 期出版於 1933 年 8 月。從第 23 期起，羅扎耶夫斯基出
任該報的主編。1933 年 10 月 3 日，《我們的報紙》更名為《我們的道路》，同
時還組建了一家同名出版社。1933 至 1935 年，報紙的副標題為「境外俄羅斯
民族主義思想的機關報日報」。1936 至 1937 年為「俄國法西斯運動的機關報
日報」。1938 年又更名為「俄羅斯民族陣線日報」。1941 年後《我們的道路》
轉入上海，主編由霍芬（Г.А.Хофен）擔任，但羅扎耶夫斯基仍然為報紙撰稿。
《我們的道路》在哈爾濱和上海同時發行，除羅扎耶夫斯基常以真名和筆名
科斯佳・法克洛夫（Костя Факелов）〔註 102〕發文外，參與者還有瓦西連科和
卡爾米洛夫（А.А.Кармилов），戈利岑（В.А.Голицын）等。（見附錄一，圖 5）

　　《民族》（見附錄一，圖 6）是全俄法西斯黨最高委員會發行的社會政治
月刊，1932 年至 1939 年在上海發行，第一期發行於 1932 年 4 月，共計 86
期。雜誌標題下的正中間位置寫著「俄國法西斯運動的機關刊物」，雜誌標題
上端印著全俄法西斯黨的口號「上帝、民族、勞動」和雙頭鷹。雜誌專門刊登
關於意識形態和綱領問題，關於俄羅斯的研究，各國的法西斯主義，共濟會
問題，蘇聯研究，講述俄國局勢和全俄法西斯黨活動等方面的文章。主編是
康斯坦丁諾夫（Олег Викторович Константинов），但實際的主編和常任撰稿
人是羅扎耶夫斯基。

　　1938 年，為了適應全俄法西斯黨的變化和對外擴大的需要，《民族》雜誌
成為了「俄羅斯民族陣線」的雜誌、「俄國法西斯主義者同盟」的機關刊物（哈
爾濱，1938～1939 年），由俄國法西斯主義者同盟最高委員會每月 1 日、10
日和 20 日出版，康斯坦丁諾夫、塔拉丹諾夫和羅扎耶夫斯基先後擔任了雜誌
的編輯。

　　對於自己的機關刊物，羅扎耶夫斯基要求黨的每個成員都要仔細閱讀並
且熟知。《全俄法西斯黨哈爾濱分部第三區部大學生小組成員須知》
（ Инструкция для Членов студенческой группы 3-го района Харбинского
Отдела В.Ф.П.）第 4 條規定：「學生小組的每個成員都應定期熟悉《我們的道
路》和《民族》上刊載的，關於全俄法西斯黨的意識形態、綱領和策略的所有

〔註 102〕 *Базанов. П.Н.* Издательская деятельность политических организаций русской
　　　　 эмиграции （1917～1988）. – СПБ.: Санкт-Петербургский государственный
　　　　 университет культуры и искусств, 2004, С. 256.

主要文章。」〔註103〕

在俄國法西斯黨的宣傳出版活動中，羅扎耶夫斯基還做了其他很多實際工作。如，1933 年，他編輯出版了一期的《記者聲援俄羅斯俱樂部》（Журналисты на помощь Русскому клубу，哈爾濱）和紀念沙皇尼古拉二世遇難的《沙皇被弒十五週年祭：全俄哀悼公報》（Пятнадцатая годовщина цареубийства: Вестник общерусской скорби，上海）。1933 年至 1939 年，羅扎耶夫斯基開始與多布羅沃利斯基〔註104〕合作，二人的合作在 1936 年最為密切，報紙《我們的道路》、雜誌《民族》與雜誌《呼喚》相互交換。1938 年，羅扎耶夫斯基還擔任了《我們的責任》（Наш долг）、《我們的旗幟》（Наш стяг）和《我們的鬥爭》三份哈爾濱報紙的編輯，而這些報刊之所以在 1938 年同時出版，目的在於紀念俄國末代沙皇尼古拉二世遇害 20 週年、白衛運動和法西斯主義者同盟成立 7 週年；1944 年起，他又成為《亞洲之光》（Луч Азии）的出版人。

在羅扎耶夫斯基領導下，俄國法西斯黨的出版和宣傳活動十分活躍，這可能與包括羅扎耶夫斯基在內的俄國法西斯黨大多數領導人的教育背景和長期從事記者或編輯工作的經歷有關。除機關報外，俄國法西斯黨還出版了幾個單獨的副刊，如，針對年輕人的《前衛》（Авангард，隨後成為法西斯青年同盟的獨立雜誌），《我們的接班人》（Наша смена）；針對中東鐵路雇員的《俄羅斯鐵路職工》（Русский железнодорожник），《軍事評論》（Военные заметки），《我們的責任》（Наш долг）。出版成套的叢書，如，羅扎耶夫斯基的《論俄羅斯民族》一文就收錄在了《俄國法西斯主義者叢書》的第一冊中。羅扎耶夫斯基，卡利亞明，基巴爾金，博利沙科夫，塔拉丹諾夫等人都出版了個人著作，大量的反猶手冊和關於外國法西斯主義的著作，而俄國法西斯黨的一些分部也都有自己的簡報、通訊和日報出版。〔註105〕

〔註103〕 *Окороков А.В.* Фашизм и русская эмиграция (1920～1945 гг.). – М.: «РУСАКИ», 2001, С. 170.

〔註104〕 多布羅沃利斯基（Северин Цезаревич Добровольский），1881～1946。俄羅斯法西斯主義者民族主義組織（Национальной организацией русских фашистов-НОРФ）的主要領導人之一。1933～1935 年在芬蘭維堡創辦俄文版法西斯主義雜誌《呼喚》（Клич）。

〔註105〕 關於俄國法西斯黨的出版物，可參見 *Окороков А.В.* Фашизм и русская эмиграция (1920～1945 гг.). – М.: «РУСАКИ», 2001, 593 с.; *Базанов П.Н.* Издательская деятельность политических организаций русской эмиграции

二、俄國法西斯黨的宣傳手段

　　在羅扎耶夫斯基領導下，俄國法西斯黨的宣傳活動具有極強的針對性。它將自己的宣傳對象劃分為四類：「敵人」（враги），「中立者」（нейтральные），「支持者」（сочувствующие）和「法西斯主義者」（фашисты），並針對每一類宣傳對象都有清晰的宣傳目標和任務。對於「敵人」，宣傳的任務是瓦解他們的鬥爭意志，讓他們產生恐懼和失敗的念頭，然後達到不戰而勝的目的；對於「中立者」，宣傳的任務是盡力爭取他們成為「支持者」；而在「法西斯主義者」之間的宣傳任務，則是要建立團結、親密的感覺，消除隔閡，建立對勝利的信心。同時，俄國法西斯黨明確將自己的宣傳方向確定為在蘇聯的宣傳和在僑民中的宣傳兩個方向。在宣傳中，他們幾乎動用了所有的宣傳手段：口頭宣傳和書面宣傳，辯論，廣播宣傳，以成員佩戴該黨的徽章和穿著制服的方式進行直接宣傳，規定有紀念意義的假日〔註106〕，舉行遊行、示威、巡迴演出和宣傳競賽，創辦極具煽動性的報紙，舉辦照片、海報、漫畫展覽，演出舞臺劇和電影等。〔註107〕

　　進行如此活躍的宣傳和出版活動需要大量的資金支持，據羅扎耶夫斯基所說，他們是通過反共鬥爭基金和商業企業在俄國僑民當中籌集政治活動的資金。雖然他也承認從德國人和日本人那裡獲得了資金支持，但他又表示，此種資金的數額絕對不符合他們的活動規模。〔註108〕此外，俄國法西斯黨的資金來源還包括開辦賭場和通過綁架、勒索等方式劫掠來的金錢，以及黨員繳納的黨費，甚至規定黨員還要為所佩戴的政治徽章和宗教徽章繳納費用。

　　在日本支持下，俄國法西斯黨不但成為中國東北俄僑中最大的政治勢力，從哈爾濱開始蔓延至了世界各地，羅扎耶夫斯基本人也成了政界紅人。但是，在 1935 年以後，羅扎耶夫斯基和俄國法西斯黨越來越受到日本人的掣制，羅扎耶夫斯基也時時都在日本特務的監視之下。在 1939 年 6 月爆發的日蘇諾門

(1917～1988). – СПБ.: Санкт-Петербурский государственный университет культуры и искусств, 2004, 432 c.

〔註106〕俄國法西斯黨將 5 月 1 日稱為「剝削日」，11 月 7 日稱為「背叛日」，以及設立「飢餓日」（即每月拒食一次午餐，將費用捐給俄國法西斯黨建立的反共鬥爭基金）。

〔註107〕*Окороков А.В.* Фашизм и русская эмиграция (1920～1945 гг.). – М.: «РУСАКИ», 2001, C. 143.

〔註108〕*Онегина С.* Письмо К.В. Родзаевского И.В.Сталину. // Отечественная история, 1992, № 3, C. 97.

坎戰役中，日本關東軍受到蘇軍重創，而時隔不久簽訂的《蘇德互不侵犯條約》對於日本來說，更是雪上加霜，從此日本軍界在侵華政策上的「北進」和「南下」之爭終以「南下」告終。雖然為了穩定作為戰略後方的中國東北，日本侵華政府繼續重用羅扎耶夫斯基和俄國法西斯黨成員，但也為了不激怒蘇聯而不斷限制僑民的政治活動。1940 年 3 月，日本憲兵隊就曾以「蘇聯間諜」的罪名逮捕了 24 名俄國法西斯黨成員。〔註 109〕

三、對羅扎耶夫斯基與俄國法西斯黨的社會評價

羅扎耶夫斯基及其追隨者宣稱，「我們聲稱擁有民族精英的稱號，我們名字的第一個詞強調了這一點，我們以法西斯的意識形態、方案和策略自居，我們名字的第二個詞反映了這一點，我們聲稱自己是一個與我們黨的戰鬥任務相稱的組織，它體現在我們組織的名稱中——『法西斯黨』。」〔註 110〕

但同時，羅扎耶夫斯基也深知自己和其黨徒的晦暗的社會形象，他曾經自嘲：

在蘇聯，猶太共產黨的報紙把我們當做日本間諜說給俄羅斯人民聽；在滿洲國，猶太共產主義者試圖說服當局我們是蘇聯特工。在美國，我們的工作人員被定為德國使者。在莫斯科，《真理報》在某個署名哈馬丹（Хамадан）寫的一篇文章中稱我為「沙皇的將軍」。

在哈爾濱和上海，猶太人阿爾斯基-阿拉諾維奇（Арский-Аранович）聲稱：「羅扎耶夫斯基是共青團員，是蘇聯的奸細，全俄法西斯黨是國家政治保衛局在哈爾濱的一個分部。」

ETA（即猶太通訊社）在世界各地的電報中，特別是在 1937 年 11 月 23 日的《紐約先驅論壇報》（New York Herald Tribune）上，將我們的組織定義為「以哈爾濱為中心的世界法西斯組織」。

在倫敦，某位從滿洲國逃走的維斯帕（Веспа）於 1938 年出版了回憶錄，其中引用了關於我個人如何折磨猶太人的瘋狂發明。1939 年，蘇聯的「青年近衛軍」出版社（Молодая гвардия）將這些回憶翻譯成俄語，並在整個蘇聯傳播開來。

〔註 109〕 *Мельников Ю.* Русские фашисты Маньчжурии. // Проблемы Дальнего Востока, 1991, № 3, C. 158.

〔註 110〕 *Родзаевский К.В.* Говорит Российская Нация // Против ВКП (б) – В.Ф.П.! – Харбин, 1936, C. 8~9.

著名的蘇聯猶太作家伊利亞・愛倫堡（Илья Эренбург）聲稱我宣布自己為日本人。上海的「俄羅斯前衛團」（Русский Авангард）蓄意撒謊說，我曾經命令法西斯主義者在聖復活節時身著滿族長袍，帶著歸順滿洲的文件拜訪我。

哈爾濱僑民報紙中最「右翼」的報紙——《俄羅斯言論》（Русское слово）——鮑里斯・蘇沃林（Борис Суворин）的社論中，稱我為「墨索里尼・希特勒羅維奇・羅扎耶夫斯基」（Муссолини Гитлерович Родзаевский）。〔註111〕

對此，羅扎耶夫斯基只能自認為是一種「褒獎」，因為這些話來自於他自己的敵人猶太人，而自己的偶像希特勒當年也曾被人稱為「瘋子」。

與許多僑民組織的領導人不同，羅扎耶夫斯基幾乎是一貧如洗。美國學者斯蒂芬在自己的著作中這樣描寫羅扎耶夫斯基：「乍一看，羅扎耶夫斯基的儀表並不引人注意。他身高 5 英尺 11 英寸，體重 140 磅，顯得身體衰弱、營養很差。他那張病態、凹陷的臉上嵌著一雙不露感情的藍眼睛，高高的前額上垂覆著蓬亂捲曲的褐髮。」〔註112〕因為貧窮，他的第一位妻子離他而去，他有三個孩子不幸早夭。1942 年的時候，他還「住在道里區面對松花江的一套小平房裏，身上穿的是 14 年前在哈爾濱法政大學當學生時穿的那件大衣，絨毛磨光，露出織紋。」〔註113〕為了維持生計，他不得不為多家報紙撰稿以獲得稿費，最終選擇投靠日本勢力也不能忽略其中的經濟原因。斯蒂芬甚至認為，「羅扎耶夫斯基是一個貧窮但又很有能力並且活躍的人，他從民族主義的立場與蘇維埃政權作鬥爭，最終成為了日本情報部門的玩偶。」〔註114〕但是，生活的艱難並不能成為羅扎耶夫斯基指使俄國法西斯黨徒劫掠他人財富、恣意殺害他人的藉口，更不能掩蓋他出賣自己國家和民族利益的罪行。羅扎

〔註111〕 *Родзаевский К.В.* Современная иудизация мира или еврейский вопрос в ХХ столетии. // *Родзаевский К.* Завещание русского фашиста. – М., 2001, C. 232 ～233, 234.

〔註112〕 約翰・斯蒂芬著，劉萬鈞等編譯：《滿洲黑手黨——俄國納粹黑幕紀實》，黑龍江人民出版社，1989，第 78～79 頁。

〔註113〕 約翰・斯蒂芬著，劉萬鈞等編譯：《滿洲黑手黨——俄國納粹黑幕紀實》，黑龍江人民出版社，1989，第 441 頁。

〔註114〕 *Джон Стефан.* Русскис фашисты: Трагедия и фарс в эмиграции. 1925～1945. / Авториз. пер. с англ. Л.Ю.Мотылева; Предисл. Л.П.Делюсина; Худож. В.Виноградов. – М.: СП «Слово», 1992, C. 8.

耶夫斯基為了一時私憤而選擇背離祖國，選擇了反人類的法西斯主義思想，為了一己私欲而糾集法西斯分子妄圖推翻蘇維埃政權，他逆歷史而行的結果只能是被淹沒在歷史的潮流和人們的唾棄聲中。

　　1936 年 10 月 25 日全俄法西斯黨最高委員會通過的《全俄法西斯黨黨徽章程》（Положение о партийном значке В.Ф.П.）中規定：

　　　　全俄法西斯黨的徽章是正方形上方帶有俄國國徽（金色雙頭鷹），國徽正好位於正方形對角線的延長線上。正方形的邊長是 18mm，恰好等於徽章的直徑。正方形帶有寬度是正方形邊長 1/8 的白色邊框。正方形的中間有黑色的卍字符，卍字符的線條寬度正好等於正方形邊長的 1/7，字尾從左向右旋轉（順時針方向）。畫著卍字符的地方是黃色的」。其中「雙頭鷹象徵俄羅斯民族，卍字符象徵與世界邪惡，即共產主義和催生它的猶太共濟會作積極鬥爭。〔註 115〕

　　作為主要構成要素的卍字符不僅出現在全俄法西斯黨的黨徽中，而且還出現在其旗幟、出版物、獎章、勳章，甚至是帽徽和制服的紐扣等幾乎所有的全俄法西斯黨的象徵物上。雖然全俄法西斯黨的一些成員，如創建者之一馬特科夫斯基、之後的旺夏茨基等，並不同意將反猶主義作為該黨的主導思想，甚至在德國入侵蘇聯後許多黨員要求將卍字符從該黨的標誌中去除，但羅扎耶夫斯基仍然固執地堅持使用卍字符，因為在他看來，卍字符象徵著統一的反猶陣線。在俄國法西斯黨的刊物中，反猶主義宣傳佔據著十分重要的地位。據統計，僅 1934 年一年，在俄國法西斯黨的刊物中就發表了 835 篇反猶主義和反共濟會傾向的文章。此外，全俄法西斯黨還出版了大量以此為題的書籍和小冊子，還創建了此類文獻的「特秘文庫」。〔註 116〕

　　反猶主義活動是俄國法西斯黨的主要活動，也是該黨最能引起社會關注和社會評價的焦點所在。著名的旅哈俄籍猶太人考夫曼（Абрам Иосифович Кауфман）〔註 117〕在回憶錄中寫道：

〔註 115〕 *Родзаевский К.* Завещание русского фашиста. – М., 2001, С. 479.

〔註 116〕 *Аблова Н.Е.* КВЖД и российская эмаграция в Китае. – М.: НП ИД «Русская панорама», 2004, С. 333.

〔註 117〕 考夫曼（Абрам Иосифович Кауфман），1885.11.22～1971.3.25。生於俄國烏克蘭的一個猶太家庭。青年時代就加入猶太復國主義運動。1912 年移居哈爾濱，開展錫安主義運動。1912～1945 年，擔任多個哈爾濱猶太社團或組織的領導人。1945 年被蘇聯紅軍逮捕。1961 年移居以色列。1971 年在以色列逝世。著有《集中營裏的醫生》（Лагерный врач）等。

1927 年 11 月，哈爾濱街道上又出現了反猶大屠殺的傳單，〔「猶太豬」「猶太的惡勢力」「猶太長老議事會」等口號充斥其中。一些傳單的落款是「遠東俄羅斯法西斯聯合會」。

遠東俄羅斯法西斯聯合會呼籲反抗「猶太共濟會」，行動起來，打擊敵人。在街上只要哪裏有成夥的青年，哪裏就有談論「猶太豬」的氛圍。最近一段時間反猶的講話已經成為一種常態。事態發展到開始砸碎猶太總會堂、猶太養老院、馬家溝猶太祈禱所、猶太墓地的玻璃窗。類似的事情已經擴展到了中東鐵路沿線，橫道河子出現了「殺死猶太豬」「俄羅斯人誓與猶太豬決一死戰」的傳單。〔註118〕

1934 年 10 月 20 日，俄國法西斯黨機關報《我們的道路》上發表的《哈爾濱猶太人為南斯拉夫國王遇刺舉行慰靈彌撒，猶太人詛咒強大的俄國朋友》一文中寫道：

> 在電悉南斯拉夫國王亞歷山大一世遇刺的當天晚上，猶太人在炮隊街猶太街猶太老會堂為國王之死舉行了追悼彌撒。參加慰靈彌撒的只有那些挑選出來的人。彌撒結束時舉行了會議。出席會議的人用激昂的語言稱死者亞歷山大國王為「猶太人危險的敵人」，對「偉大的統治者之死」進行詛咒，對「為了猶太人民的利益而死的蒙難者、自己人民忠誠的兒子」、骯髒的猶太豬——共濟會大加誇讚。〔註119〕

在同時代人的評價中，羅扎耶夫斯基的形象耐人尋味。曾在日本侵華期間擔任佳木斯陸軍特務機關長的西原征夫，在自己的回憶錄中這樣描述和評價羅扎耶夫斯基及其領導的俄國法西斯黨：

> 法西斯黨，隨著德、意勢力的興起，一時爭取了許多支持者，但其首領羅扎耶夫斯基主觀主義的性格，不僅很快招致普通白俄的背叛，而且促成了內部分裂，與此同時，經濟也陷入困境。不僅如此，羅扎耶夫斯基的反共及反猶太思想過激，引起物議。因此，當局一方面是為利用他的才能，同時也為磨掉其棱角並置於嚴格控制下，1943 年末，利用情報部刷新業務的機會，決定讓他擔任白俄事

〔註118〕亞伯拉罕·約瑟弗維奇·考夫曼原著，李述笑編譯：《我在哈爾濱的歲月——亞伯拉罕·約瑟弗維奇·考夫曼回憶錄》，哈爾濱出版社，2019，第 291 頁。

〔註119〕亞伯拉罕·約瑟弗維奇·考夫曼原著，李述笑編譯：《我在哈爾濱的歲月——亞伯拉罕·約瑟弗維奇·考夫曼回憶錄》，哈爾濱出版社，2019，第 330 頁。

務局幹部。〔註120〕

　　曾經的哈爾濱俄僑斯洛博奇科夫（Николас Слободчиков）將羅扎耶夫斯基描述為「自負、輕信、愚蠢——但不是罪犯。」〔註121〕俄羅斯俄僑史專家巴拉克申（П.П.Балакшин）評論羅扎耶夫斯基「雄心勃勃和自負，他總是努力讓自己看起來像一個真正的領袖。他是一位出色的演講者和政論家，但他的演講和文章都近乎於蠱惑。為了顯得更有勇氣和意志堅強，並隱藏微小的、毫無表情的面部特徵，他蓄著鬍鬚。」〔註122〕而一位曾經的俄國法西斯黨成員戈利佐夫（Владимир Ефимович Гольцов）則評價羅扎耶夫斯基是「一個非常有能力的人。他個子很高，很有魅力。他是一位出色的演說家，他號召人們建立功勳，而人們則追隨著他。在演講中，他從未使用過筆記（便條）。」〔註123〕

　　但是，不論曾經的羅扎耶夫斯基領導的俄國法西斯黨如何在僑民中進行「民族主義和愛國主義的」宣傳，粉飾自己是真正的俄羅斯民族主義者和俄羅斯的解放者，製造各國俄僑統一鬥爭的假象，實際上，除了在中國東北借助外部勢力和當地複雜局勢而有些許影響力，以敲詐、勒索聚斂所謂的反共基金和滋擾蘇聯邊境外，他們從未真正成為群眾性政黨，幹出什麼驚天偉業。俄羅斯學者梅利尼科夫指出，「法西斯分子的所有活動都籠罩在一層秘密的面紗中。普通的俄羅斯移民，廣大的僑民社會對法西斯分子的骯髒的反蘇『工作』，以及他們在蘇聯和遠東的顛覆活動的企圖知之甚少。然而，當法西斯黨活動的某些齷齪行為逐漸浮出水面，眾人皆知後，在僑民中就形成了對當地法西斯主義分子的輕蔑，厭惡。」〔註124〕在僑民中不得民心的俄國法西斯黨，最終在反人類的法西斯主義覆滅的大背景下走到了末路。

〔註120〕西原征夫著，趙晨譯：《哈爾濱特務機關——日本關東軍情報部簡史》，群眾出版社，1986，第168～169頁。

〔註121〕約翰·斯蒂芬著，劉萬鈞等編譯：《滿洲黑手黨——俄國納粹黑幕紀實》，黑龍江人民出版社，1989，第516頁。

〔註122〕*Балакшин П.П.* Финал в Китае: возникновение, развитие и исчезновение белой эмиграции на Дальнем Востоке: в 2 т. т.1. – М., 2013, С. 271.

〔註123〕*Наумов С.В.* Наш старейший читатель (К 95-летию В.Е.Гольцова). // Донские казаки в борьбе с большевиками, 2011, № 6, С. 51.

〔註124〕*Мельников Ю.* Русские фашисты Маньчжурии. // Проблемы Дальнего Востока, 1991, № 2, С. 112.

第五節　羅扎耶夫斯基與俄國法西斯主義的結局

一、俄國法西斯黨的早期分化

　　在 20 世紀三十年代，一些不贊同羅扎耶夫斯基投日政策的人選擇離開俄國法西斯黨，他們或是遷往他處，或是迫於日本的壓力而自願返回蘇聯。對於那些返回蘇聯者，瑪拉・穆斯塔芬（Mara Moustafine）在《哈爾濱檔案》一書中，提到了蘇聯內務部 1937 年 9 月 20 日簽發的關於所謂「哈爾濱分子」（Харбинцы）的第 00593 號行動命令。在這份命令中，「哈爾濱分子」被定義為「中東鐵路的前雇員和從滿洲國回國的僑民。」〔註125〕蘇聯機關認為，「約有 25000 名哈爾濱分子來到蘇聯，並在鐵路運輸和工業部門工作。情報材料顯示，已經到達蘇聯的絕大多數哈爾濱分子都是從前的白俄官員、警察、憲兵以及各種無國籍流亡者、法西斯間諜組織的成員。他們當中的絕大多數人都是日本情報機關的間諜。多年來，日本情報機關不斷把這些人派遣到蘇聯，進行恐怖、顛覆以及搜集情報的活動。一系列的調查資料可以證明這一點。例如，去年一年，在鐵路運輸和工業部門中，就有約 4500 名哈爾濱分子由於從事恐怖、顛覆和諜報活動而被鎮壓。對這些案件的偵察表明，日本情報機關精心策劃並著手在蘇聯領土上建立一個由哈爾濱人組成的顛覆和情報基地。」〔註126〕為此，該命令規定自 1937 年 10 月 1 日起至 12 月 25 日止，要採取行動以消除在蘇聯交通運輸和工業部門從事顛覆和恐怖活動的「哈爾濱分子」，每月的 5、10、15、20、25 和 30 日都要將行動過程通過電報，向時任蘇聯內務部人民委員、國家安全總委員葉若夫（Николай Иванович Ежов）上報。並且將要逮捕的「哈爾濱分子」分為 13 類，其中第五類人即是各種僑民法西斯主義組織：「俄國軍事同盟」（Российский общевоинский союз）、「哥薩克同盟」（Союз казачьих станиц）、「火槍手同盟」（Союз мушкетеров）、「黃色同盟」（Желтый Союз）、

〔註125〕 АП РФ. Ф. 3. Оп. 58. Д. 254. Л. 223～228. Копия. Машинопись.; Лубянка. Сталин и Главное управление госбезопасности НКВД. Архив Сталина. Документы высших органов партийной и государственной власти. 1937～1938. // Под ред. акад. А.Н.Яковлева; сост. В.Н.Хаустов, В.П.Намов, Н.С.Плотникова. – М.: МФД, 2004, С. 366.

〔註126〕 АП РФ. Ф. 3. Оп. 58. Д. 254. Л. 223～228. Копия. Машинопись.; Лубянка. Сталин и Главное управление госбезопасности НКВД. Архив Сталина. Документы высших органов партийной и государственной власти. 1937～1938. // Под ред. акад. А.Н.Яковлева; сост. В.Н.Хаустов, В.П.Намов, Н.С.Плотникова. – М.:МФД, 2004, С. 366.

「黑環」（Черное кольцо）、「青年基督教同盟」（Христианский союз молодых людей）、「俄羅斯大學生協會」（Русское студенческое общество）、「俄羅斯真理兄弟會」（Братство русской правды）、「勞動農民黨」（Трудовая крестьянская партия）等的成員。〔註127〕而所有被逮捕的「哈爾濱分子」的結局只有兩類兩種結局，第一類是被認定從事顛覆性間諜活動、恐怖主義、破壞性活動和反蘇活動的「哈爾濱分子」，處以槍決。第二類是餘下所有不太活躍的「哈爾濱分子」，關押在監獄或集中營 8 至 10 年。〔註128〕一場專門針對「哈爾濱人」的「哈爾濱行動」（харбинская операция）據此展開。而早在 1935 年秋天，針對中東鐵路前雇員的局部「大清洗」就已經開始了。1936 年 6 月，在蘇聯中央和西伯利亞的報紙上出現了大量關於外國間諜，特別是日本間諜，在蘇聯積極活動的報導。1937 年 7 月，旨在消除外國勢力設在蘇聯的間諜網的清洗行動也已經開始。〔註129〕1937 年 7 月 10，蘇聯《真理報》發表了兩篇關於日本間諜的報導，一篇題為《中國北方的日本奸細》（Японская провокация в северном Китае），另一篇則題為《日本情報機關的破壞活動》（Подрывная работая японской разведки）。這在一定程度上說明，為什麼在隨後不久的行動中，蘇聯內務部將所有從哈爾濱返蘇者都列入了需逮捕者的名單。而事實上，這場鎮壓並未像它所預計的那樣結束於當年，而是一再延長，直至 1938 年 11 月 17 日，蘇共（布）中央和蘇聯人民委員會聯合決議才宣布停止一切行動。

二、俄國法西斯黨的末日

在 1939 年《蘇德互不侵犯條約》簽訂後一年，即 1940 年 9 月 27 日，德意日三國在柏林簽訂了《三國同盟條約》，這標誌德日兩國在對蘇問題上的進

〔註127〕АП РФ. Ф. 3. Оп. 58. Д. 254. Л. 223～228. Копия. Машинопись.; Лубянка. Сталин и Главное управление госбезопасности НКВД. Архив Сталина. Документы высших органов партийной и государственной власти. 1937～1938. // Под ред. акад. А.Н.Яковлева; сост. В.Н.Хаустов, В.П.Намов, Н.С.Плотникова. – М.:МФД, 2004, С. 367.

〔註128〕АП РФ. Ф. 3. Оп. 58. Д. 254. Л. 223～228. Копия. Машинопись.; Субянка. Сталин и Главное управление госбезопасности НКВД. Архив Сталина. Документы высших органов партийной и государственной власти. 1937～1938. // Под ред. акад. А.Н.Яковлева; сост. В.Н.Хаустов, В.П.Намов, Н.С.Плотникова. – М.: МФД, 2004, С. 368.

〔註129〕*Абдажей Н.Н.* "Харбинская операция" НКВД в 1937 ～ 1938 гг. – Гуманитарные науки в Сибири, 2008, № 2, С. 81.

一步協調。但很快，1941 年 4 月 13 日，蘇聯與日本簽訂了《蘇日中立條約》。深受蘇日、德日、蘇德關係影響的羅扎耶夫斯基及俄國法西斯黨的處境，並沒有因為戰爭的擴大而有所好轉。

　　1941 年 6 月 22 日，德國撕毀《蘇德互不侵犯條約》，聯合意大利、芬蘭、匈牙利、羅馬尼亞、保加利亞等國軍隊向蘇聯大舉進攻，蘇德戰爭正式爆發。德國的進攻和蘇聯在戰爭初期的不斷敗退讓羅扎耶夫斯基和他的「戰友」倍受鼓舞，認為「不惜一切解放蘇聯比讓它繼續臣服於猶太人更好，」〔註 130〕甚至向希特勒德國表示了敬意。1941 年 6 月 27 日，羅扎耶夫斯基高呼：「戰友們！俄國的民族革命開始了！向前，不後退。俄羅斯要麼滅亡，要麼將是我們的！」他堅定地認為，「希特勒不僅會建立俄國民族主義政府，而且會為俄國法西斯主義分子離開滿洲架起一座關鍵性的橋樑。」〔註 131〕但是，德國的侵略在俄國僑民中掀起了巨大波瀾，一些黨員開始紛紛離開俄國法西斯主義者同盟，其中甚至包括俄國法西斯黨的政治部門的負責人佩特林（Николай Петлин），許多人似乎突然明白了希特勒的種族主義中對所有斯拉夫人的敵意，只有羅扎耶夫斯基還在固執地認為德國會幫助他實現妄想。

　　儘管羅扎耶夫斯基想要借助德國進攻蘇聯西部的時機，將自己對蘇進行武裝鬥爭的計劃付諸實施，甚至期盼日本在遠東地區對蘇宣戰，但實際上，日本此時已將自己的進攻方向確定為向南進入中國南部，佔領整個中國及東南亞地區。因此，為了儘量避免自己在北面與蘇聯在邊境地區開戰，保證作為自己戰略後方的中國東北的安全，同時也為兌現《蘇日中立條約》中的部分承諾，日本當局開始更加嚴格地管控俄國法西斯主義者同盟的活動，甚至禁止了《我們的道路》1941 年 7 月 25 日出版向納粹德國進攻蘇聯致敬的專刊。〔註 132〕其實，日本侵略政府早在 1940 年就已經開始陸續關閉了中國東北的俄僑組織，俄國法西斯主義者同盟也在 1941 年被迫遷往上海，斯帕索夫斯基（М.М.Спасовский）被任命為最高委員會的領導人。日本人的作為令羅扎耶夫斯基大失所望，但靠其庇護的他此時也只能默默接受這些。值得注意

〔註 130〕 *Онегина С.* Письмо К.В.Родзаевского И.В.Сталину. // Отечественная история, 1992, № 3, С. 96.

〔註 131〕 *Гусев К.* К.В. Родзаевский (11.02.1907 ～ 30.08.1946). // *Родзаевский К.* Завещание русского фашиста. – М., 2001, С. 15.

〔註 132〕 *Мельников Ю.* Русские фашисты Маньчжурии. // Проблемы Дального Востока, 1991, № 3, С. 160.

的是，全俄法西斯黨在蘇聯邊界上的破壞活動仍然比戰前更積極。而且，留在哈爾濱的羅扎耶夫斯基還與季霍博拉佐夫（А.А.Тихобразов）和阿爾謝尼耶夫（К.В.Арсеньев）等人建立了「非法」的（實際得到了日本人的同意）總部，〔註133〕後又更名為「民族勞動俄羅斯同盟」（Союз национально-трудовой России-CHTC）。〔註134〕根據俄國法西斯主義者同盟領袖3號令，俄國法西斯主義者同盟宣布從1942年1月22日起，「終止向祖國過渡的準備階段」，同時發布了新的《俄國法西斯主義者同盟組織草案》，其中第17條規定，「在被解放的俄羅斯建立俄國法西斯主義者同盟的區部」，分別設在俄羅斯的西部、北部、南部。〔註135〕但1942年，在中國東北的俄國法西斯主義者同盟成員僅剩下600～700人，積極成員不超過200人。〔註136〕

羅扎耶夫斯基的忠心與順從不但沒有得到日本當局的支持，甚至也從未得到過完全信任，他的身邊從來就沒有間斷過來自日本當局的監視。1943年2月，由於擔心內部出現蘇聯間諜，日本軍事當局開始對羅扎耶夫斯基和其領導的俄國法西斯主義者同盟展開調查，而懷疑和調查的焦點在於羅扎耶夫斯基本人早年在中國東北的活動情況。比如1925年他離開蘇聯的原因，甚至有人說他「仍然同哈爾濱的蘇聯領事館保持著秘密聯繫。」〔註137〕同時，日本人更關心俄國法西斯主義者同盟是不是蘇聯在中國的情報部門，而調查的最後結果是，1943年5月，羅扎耶夫斯基、馬特科夫斯基、基巴丁、基普卡耶夫和塔拉達諾夫受到了日本憲兵隊的拘留和審問。〔註138〕雖然時隔不久，6月間羅扎耶夫斯基和其他俄國法西斯黨成員就被釋放了出來，並官復原職。但顯然，對日本人來說，包括俄國法西斯主義者同盟在內的俄僑反蘇組織已經毫無利用價值，甚至還有可能因為與之關係過密而激怒當時已在蘇德戰場

〔註133〕*Окороков А.В.* Фашизм и русская эмиграция (1920～1945 гг.). – М.: «РУСАКИ», 2001, С. 190.

〔註134〕*Онегина С.* Письмо К.В. Родзаевского И.В.Сталину. // Отечественная история, 1992, № 3, С. 96.

〔註135〕*Онегина С.В.* Крах расчетов и иллюзий («внутрисоюзная» работа Всероссийской фашистской партии в Маньчжурии). // Кентавр, 1995, № 5, С. 56.

〔註136〕*Онегина С.В.* Крах расчетов и иллюзий («внутрисоюзная» работа Всероссийской фашистской партии в Маньчжурии). // Кентавр, 1995, № 5, С. 56.

〔註137〕約翰·斯蒂芬著，劉萬鈞等編譯：《滿洲黑手黨——俄國納粹黑幕紀實》，黑龍江人民出版社，1989，第444頁。

〔註138〕約翰·斯蒂芬著，劉萬鈞等編譯：《滿洲黑手黨——俄國納粹黑幕紀實》，黑龍江人民出版社，1989，第444頁。

取得優勢的蘇聯。很快，1943 年 7 月 1 日，哈爾濱的日本軍事使團下令在中國東北和中國其他地區以及日本本土取締俄國法西斯主義者同盟，查封了其機關刊物《我們的道路》和《民族》，甚至不允許出現俄國法西斯黨的圖形標誌。1943 年 8 月 1 日，日本下令解散了中國東北所有的俄僑組織，而羅扎耶夫斯基對這一切都無計可施。

　　太平洋戰爭的進程朝著與日本的侵略計劃相反的方向發展，第二次世界大戰在 1943 年出現了轉折。長久作戰令日本愈來愈無力承擔戰爭帶來的重壓，因而對中國東北的壓榨與管控也更加殘酷。為支持日本發動戰爭，靠日本扶植的俄僑事務局號召俄國僑民利用一切辦法確保日本的勝利。俄國僑民事務局主席基斯利岑（В.А.Кислицын）〔註 139〕甚至要求俄國僑民停止節日的互訪和聚餐，以及餐會、晚會和舞會等一切娛樂活動。隨後，俄僑事務局通過一項特別制度，規定年輕人不准跳美式舞蹈，唱片直接沒收。作為哈爾濱網球和速滑協會主席的羅扎耶夫斯基更是親自監督，以確保在滑冰場上不會使用美國的音樂。〔註 140〕但是，貧窮的俄國僑民根本無力承受日本侵略者無休止的盤剝，更多的人選擇離開哈爾濱，離開日本控制下的偽滿洲國。但此時，他們的離開也變得更加艱辛，因為俄僑事務局已經按照日本人的命令，扣留了僑民們的證件。

　　1943 年末，俄國法西斯主義者同盟的活動因沒有得到日本政權的支持而明顯收縮。日本人一邊停止了俄國法西斯主義者同盟作為一個政黨的活動，一邊又決定在俄僑事務局中利用羅扎耶夫斯基。1943 年 11 月，羅扎耶夫斯基被任命為俄僑事務局局長的助手，主要負責宣傳、意識形態和教育工作。〔註141〕但無論日本當局和俄僑事務局怎樣管控宣傳和思想活動，1944 年的形勢已經在僑民當中流傳開來。歐洲和太平洋戰場的戰況、日本人要抓俄國僑民充軍的傳言和蘇聯國內情勢的變化，以及蘇聯紅軍的不斷勝利，都促使蘇聯形象在僑民中間開始發生轉變，越來越多的人開始轉向親蘇。正如美國學者

〔註 139〕　基斯利岑（Владимир Александрович Кислицын），1883～1944。白俄軍官。1922 年流亡哈爾濱，曾做過牙醫和警察。1935 年創建遠東軍事聯盟，該組織以「為了信仰、沙皇和祖國」為宗旨，1939 年曾達到 11500 名成員。1938～1944 年，基斯利岑擔任俄國僑民事務局主席。1944 年在哈爾濱去世。

〔註 140〕　*Аблова Н.Е.* КВЖД и российская эмаграция в Китае. – М.: НП ИД «Русская панорама», 2004, С. 318.

〔註 141〕　*Мельников Ю.* Русские фашисты Маньчжурии. // Проблемы Дального Востока, 1991, № 3, С. 161～162.

斯蒂芬所說，「1932 年為日本喝彩、1941 年為希特勒歡呼的芸芸眾生，1944
年又為斯大林鼓掌了。這一回的熱情可是貨真價實的，因為它既基於愛國的
精神，也基於求生的欲望。」〔註142〕

　　根據調查，「1944 年 3 月，哈爾濱僅有俄羅斯人 25441 人，鐵路沿線 37086
人，滿洲境內 65527 人。若是將烏克蘭人、格魯吉亞人、猶太人和其他民族
均計算在內，那麼滿洲境內的舊俄僑民共有 68877 人。」〔註143〕這些僑民對
於蘇聯是否會出兵遠東，是否會清算白俄僑民，充滿了擔憂和不安，關於蘇
聯內務部部隊的傳言越來越多。

　　1945 年 8 月 8 日，蘇聯正式對日宣戰。就在蘇聯出兵中國東北打擊日本
關東軍的第四天，8 月 12 日午夜時分，羅扎耶夫斯基帶領四位同伴，與其他
幾十名白俄，乘坐日本人提供的專列連夜逃離了哈爾濱，在 8 月 16 日到達了
天津。在天津逗留的數日之內，羅扎耶夫斯基經歷了沮喪、懊悔、震驚和憤
怒等各種令其崩潰的心境。天津的俄僑事務管理局拒絕接納他；從前的「朋
友」唯恐避他不及；妻兒被自己拋棄在遙遠的哈爾濱，而自己隻身一人漂泊
在外。不斷傳來的關於中國東北俄僑如何熱烈歡迎蘇聯紅軍的報導令他目瞪
口呆，在他看來，這些跟他一樣的白色僑民應該是如他一樣反蘇的。昔日的
「戰友」俄國法西斯主義者同盟天津總支部的烏沙科夫、上海總支部的塔拉
丹諾夫，早期創始人魯緬采夫等，一個個都搖身變成了「蘇聯人」。還有一點
最為關鍵的是，看似多種多樣的消息中，並沒有關於那些白俄組織頭目的結
局。他也並不知道曾經緊密合作、共同為日本服務的謝苗諾夫等人此時已經
被捕。這些複雜情緒恰好成為之後蘇聯特工誘捕羅扎耶夫斯基的最好藉口。
經過數日的煎熬，羅扎耶夫斯基在 1945 年 8 月 22 日給斯大林和蘇聯紅軍駐
中國東北總司令瓦西列夫斯基分別寫了一封信，他除了在信中講述了中國東
北俄僑的法西斯主義運動和自己的所作所為外，還表示了深深的懊悔之情。
他聲稱自己「早就懷疑自己道路的正確性，早就動搖並尋找與祖國和解之路」，
已經「從偽法西斯主義向民族共產主義和斯大林主義的思想進化，」〔註144〕

〔註142〕約翰・斯蒂芬著，劉萬鈞等編譯：《滿洲黑手黨——俄國納粹黑幕紀實》，黑
　　　　龍江人民出版社，1989，第 446 頁。
〔註143〕ГАХК. Ф. 830. Оп. 2. Д. 32. Л. 19.; *Аблова Н.Е.* КВЖД и российская эмаграция
　　　　в Китае. – М.: НПИД «Русская панорама», 2004, С. 138.
〔註144〕Командующему оккупационными войскам красной армии СССР в
　　　　Маньчжурии маршалу А.М. Василевскому. // Родина, 1992, № 11～12, С. 14.

因為自己想要「創建一種新的、結合了宗教、民族和勞動思想的俄羅斯」已經「在蘇聯通過共產主義和俄羅斯內部的民族主義——斯大林的天才、蘇維埃政府的領導、戰無不勝的紅軍和斯大林黨而實現了，」〔註145〕並且希望用任何勞動贖罪。此時的羅扎耶夫斯基認為，「蘇聯制度正在向俄羅斯民族主義演變……他對蘇聯體制會根本改變的信念，讓他在二戰結束以後同意返回蘇聯。」〔註146〕為了能夠回到蘇聯並被蘇維埃政府所接納，羅扎耶夫斯基對蘇聯的評價也發生了變化。

在寫給斯大林的信中，羅扎耶夫斯基特別強調了自己之前「並沒有注意到，在現在叫做蘇聯的俄國，聯共（布）已經具有了民族政黨的職能，隨著新的年輕一代俄國知識分子的增加，蘇聯的委員會已經越來越具有民族性，因此蘇維埃社會主義共和國聯盟實質上就是俄羅斯民族的神話般的國家。」〔註147〕而對於自己曾經宣稱蘇聯已經被猶太勢力控制的觀點，羅扎耶夫斯基也開始了大轉彎。他表示，當蘇聯「將猶太人從封閉的猶太教義的環境中剝離出來後，蘇維埃的教育已經將猶太人變成了蘇維埃民族大家庭中的和平者，猶太無產階級更接近於全世界有組織的無產階級的利益，而不是猶太銀行家的利益。」〔註148〕對於自己之前的一切反蘇活動，羅扎耶夫斯基都將其歸咎於自己為俄國法西斯黨所制定的總原則，即「不惜任何代價地通過推翻蘇維埃政權，從猶太共產主義的控制中解放祖國。」〔註149〕對於自己在蘇德戰爭上所持的親德立場，羅扎耶夫斯基也將其歸咎於自己身處異國他鄉，無法獲得準確消息，而自己獲得的關於蘇聯的「不實」消息都是來自於日本人和蘇聯難民，是這些人讓他相信俄國人民只是在等待外部動力，猶太人的壓制是令人無法承受的。而德國代表的表態又讓他相信，希特勒沒有任何針對俄國的侵略計劃，戰爭很快將隨著俄羅斯國民政府的建立和德國的光榮和平的結束而結束。同時，羅扎耶夫斯基還詭辯，其領導的俄國法西斯黨

〔註145〕Командующему оккупационными войсками красной армии СССР в Маньчжурии маршалу А.М. Василевскому. // Родина, 1992, № 11~12, С. 14.

〔註146〕*Гусев К.* К.В. Родзаевский (11.02.1907 ~ 30.08.1946). // *Родзаевский К.* Завещание русского фашиста. – М., 2001, С. 16.

〔註147〕*Онегина С.* Письмо К.В. Родзаевского И.В.Сталину. // Отечественная история, 1992, № 3, С. 94~95.

〔註148〕*Онегина С.* Письмо К.В. Родзаевского И.В.Сталину. // Отечественная история, 1992, № 3, С. 95.

〔註149〕*Онегина С.* Письмо К.В. Родзаевского И.В.Сталину. // Отечественная история, 1992, № 3, С. 96.

實際上早在 1937 年就已經停止了一切有組織的在蘇聯境內的活動，以及獨立的情報和反情報活動，他們所做的不過僅僅是為德日提供雇傭軍，而在 1943 年自己更是停止了俄國法西斯黨的所有活動。他甚至還強調，當俄僑法西斯分子無法獲取正確信息時，蘇聯駐中國東北的代表並沒有為自己提供任何有效而正確的信息，想以此把自己犯錯的原因推給蘇聯政府機關的不稱職。〔註 150〕

1945 年的戰爭進程明顯加快，蘇聯政府開始著手處理僑民問題。此時，北平蘇聯領事館的外交官帕特里克耶夫（Иван Тимофеевич Патрикеев）負責了對羅扎耶夫斯基的誘捕工作。通過幾次接觸，帕特里克耶夫成功地利用羅扎耶夫斯基的心態變化，據說，羅扎耶夫斯基得到的許諾是可以成為一家蘇聯報紙的記者，可以根據自己的才華和能力自主選擇居住地和承擔相應工作。〔註 151〕1945 年 10 月 25 日，羅扎耶夫斯基乘坐帕特里克耶夫為他準備的「回國接受新生活」的飛機前往長春，但最終飛機並沒有飛向許諾他的遠東某地，而是直接經赤塔飛抵莫斯科。

三、羅扎耶夫斯基及其追隨者的結局

1946 年 8 月 26 日晚至 8 月 30 日，在烏爾里希〔註 152〕（Василий Васильевич Ульрих）的主持下，蘇聯最高法院軍事委員會的特別會議對包括羅扎耶夫斯基在內的 8 名「謝苗諾夫分子」進行了審判，他們是謝苗諾夫、羅扎耶夫斯基、弗拉西耶夫斯基（Л.Ф.Власьевский）〔註 153〕、巴克舍耶夫（А.П.Бакшеев）〔註 154〕、

〔註 150〕 *Онегина С.* Письмо К.В. Родзаевского И.В.Сталину. // Отечественная история, 1992, № 3, С. 97.

〔註 151〕 *Онегина С.* Письмо К.В. Родзаевского И.В.Сталину. // Отечественная история, 1992, № 3, С. 93.

〔註 152〕 烏爾里希（Василий Васильевич Ульрих），1889.7.13～1951.5.7。蘇聯政治家。1921 年起任俄羅斯蘇維埃聯邦社會主義共和國（1926 年起稱蘇聯）最高法院軍事委員會主席。

〔註 153〕 弗拉西耶夫斯基（Лев Филиппович Власьевский），1884.1.19～1946.8.30。白衛軍中尉。參加過一戰。蘇俄國內戰爭期間在謝苗諾夫的軍隊中服役。僑居中國。1941 年起任滿洲協和會俄國部顧問。1944～1945 年任俄僑事務局首腦。1945 年被捕。

〔註 154〕 巴克舍耶夫（Алексей Проклович Бакшеев），1873.3.12（24）～1946.8.30。白衛軍中尉。參加過一戰。蘇俄國內戰爭期間在謝苗諾夫的軍隊中服役。1920 年移居哈爾濱。遠東哥薩克同盟成員。與日本人合作，1937～1938 年領導俄僑事務局。1940 年起任遠東哥薩克同盟首腦。1945 年被捕。

米哈伊洛夫（И.А.Михайлов）〔註155〕、奧霍京（Л.П.Охотин）、烏赫托姆斯基（Н.А.Ухтомский）〔註156〕和舍普諾夫（Б.Н.Шепунов）〔註157〕。根據俄羅斯蘇維埃聯邦社會主義共和國刑法第58條，他們的主要罪名是：1.協助國際資產階級進行反共活動，組建從事反蘇軍事活動的團體或組織；2.從事以向外國、向反革命組織或個人提供國家機密為目的的間諜活動；3.進行恐怖活動；4.進行破壞活動；5.進行反蘇煽動和宣傳等。羅扎耶夫斯基被判處槍決和沒收財產。〔註158〕

　　1946年8月30日，羅扎耶夫斯基與弗拉西耶夫斯基、巴克舍耶夫、米哈伊洛夫和舍普諾夫四人一起，在莫斯科盧比揚卡被執行槍決。

　　關於羅扎耶夫斯基為何會在逃離中國的途中選擇返回蘇聯，羅扎耶夫斯基本人解釋為「不想參加反對自己祖國的戰爭，」〔註159〕不想在蘇日之戰中重蹈自己在蘇德戰爭中持「親德」立場這樣的錯誤的覆轍。但在大多數研究俄僑法西斯運動的學者看來，恰恰是羅扎耶夫斯基的自私想法和對權力的渴望促使他最終選擇返回蘇聯。

　　關於那些俄國法西斯黨的積極分子的結局，斯蒂芬在《滿洲黑手黨——俄國納粹黑幕紀實》中批露：一些羅扎耶夫斯基在遠東的追隨者大多回到了蘇聯，更多的人是在蘇聯的古拉格勞動營了卻餘生。一小部分人設法到達了

〔註155〕米哈伊洛夫（Иван Адриалович Михайлов），1891～1946.8.30。高爾察克臨時政府的財政部長。1920年秋天，在哈爾濱組建了專門研究遠東國家經濟的小組。很快以小組為基礎創建了中東鐵路經濟局，主要研究北滿經濟。1921～1924年，中東鐵路商業部負責人，後因無蘇聯國籍而被解雇。20世紀三十年代至四十年代初期，與哈爾濱的日本軍事代表團合作密切，並與羅扎耶夫斯基過從甚密。主編了親日、反中、反蘇報紙《哈爾濱時報》（Харбинское время）。

〔註156〕烏霍托姆斯基（Николай Александрович Ухтомский），1895～1953.11.18，遠東白俄領導人之一。1919年起以記者身份僑居哈爾濱。與羅扎耶夫斯基過從甚密，但沒有正式加入俄國法西斯黨。死在了蘇聯沃爾庫塔（Воркута）的一個勞改營中。

〔註157〕舍普諾夫（Борис Николаевич Шепунов），1897～1946.8.30，白衛軍軍官。

〔註158〕Центральный архив ФСБ РФ. Следственное дело Н～18765 в отношении Семенова Г.М., Родзаевского К.В. и др. Т. 22, л. д. 442～462.; Смирнов А.А. Казачьи атаманы. – СПб., 2002, С. 275～291; Родзаевский К.В. Завещание Русского фашиста.– М., 2001, С. 505～508.

〔註159〕Командующему оккупационными войсками красной армии СССР в Маньчжурии маршалу А.М. Василевскому // Родина, 1992, № 11～12, С. 14.

美國。在歐洲的俄國法西斯黨的「戰友」，或是死了，或是再無音訊。〔註160〕

曾經的俄國法西斯黨的成員如鳥獸散，他們曾經活動過的地方也開始追捕這些法西斯分子。1946年10月，上海市警察局就偵並破抓獲了俄國法西斯主義者同盟的負責人及成員，查獲法西斯黨刊物文件大小20種。抓捕到了1942年至1944年間擔任上海俄國法西斯黨主席的奧克羅夫司基和司派沙夫司基〔註161〕，據後者供認當時上海總支部黨員有8名。〔註162〕

關於俄國法西斯黨成員中的一個較為特殊的人物馬特科夫斯基，俄羅斯學者奧科羅科夫（А.В.Окороков）認為，馬特科夫斯基在羅扎耶夫斯基等人乘坐日本的火車離開哈爾濱後，召開了俄僑事務局第三部全體雇員的緊急會議，討論了第三部手中的僑民檔案問題，他們最終選擇將檔案交給了進入哈爾濱的蘇聯軍隊。而馬特科夫斯基本人在1945年8月21日被蘇軍逮捕，在1947年9月13日蘇聯國家安全部特別會議上被判處25年徒刑，後因曾為蘇聯做了大量工作而獲得減刑，在蘇聯的集中營中服役10年，20世紀七十年代在蘇聯去世。〔註163〕

一些回到蘇聯的俄國法西斯黨成員的結局卻沒有得到馬特科夫斯基這樣「善終」。瑪拉·穆斯塔芬在記錄自己家族歷史的《哈爾濱檔案》一書中提及了在20世紀三十年代自願回到蘇聯的奧尼庫爾一家的經歷。因在海拉爾居住期間，曾「與白俄流亡者、法西斯分子和日本情報部門的雇員——巴克舍夫、賓季科夫、格里格爾曼關係密切，」〔註164〕基爾什·莫爾杜鮑維奇和瑪麗亞·格里高利耶芙娜·奧尼庫爾在1938年1月14日被蘇聯內務部槍決，雅可夫·格里高利耶維奇·奧尼庫爾被判處有期徒刑10年。「從1956年3月重審奧尼庫爾案件時寫下的檔案注解中」，穆斯塔芬進一步得知，「潘菲洛夫是1937年5月22日在高爾基市被捕的。他被指控與反革命組織——『俄國法西斯黨』和『俄羅斯學生協會』有聯繫。據說，他還是個奉命在1935年潛入蘇聯進行

〔註160〕約翰·斯蒂芬著，劉萬鈞等編譯：《滿洲黑手黨——俄國納粹黑幕紀實》，黑龍江人民出版社，1989，第506~511頁。
〔註161〕原文以中文書寫姓名，並無俄文姓名。
〔註162〕《上海市警察局行政處關於俄蘇斯班索夫斯基等二人係法西斯分子被捕案》，敵偽政治檔案案卷Q131~4~1989，上海市檔案館。
〔註163〕參見 Окороков А.В. Фашизм и русская эмиграция (1920~1945 гг.). – М.: «РУСАКИ», 2001, С. 155~158, 197.
〔註164〕瑪拉·穆斯塔芬著，李堯郇忠譯：《哈爾濱檔案》，中華書局，2008，第143頁。

諜報活動的日本間諜……後來，他被處決。」〔註165〕

　　這些俄僑法西斯分子宣揚自己是真正的愛國者，但卻將希望寄託於外國對祖國的入侵；他們號召所有俄國人團結起來擺脫蘇維埃式的集權主義，但又提出未來的俄羅斯是建立在法西斯式的集權制之上；他們倚仗外力而存在，但最終又被外力懷疑甚至拋棄；他們叫囂著指責蘇維埃政權是國際猶太資本在俄國的代理人，但最後又宣稱俄國法西斯主義同蘇維埃共產主義基本上具有同樣的目的；為了達到自己的目的，他們甚至不惜損害其他國家和民族的利益。在「愛國」與「叛國」的選擇中，他們如鐘擺一樣兩邊搖動，最終消失在歷史中。至此，發生於 20 世紀二三十年代，在僑居中國的俄國僑民中盛行一時的俄僑法西斯主義運動終於落下了自己的帷幕。

〔註165〕瑪拉·穆斯塔芬著，李堯郇忠譯：《哈爾濱檔案》，中華書局，2008，第 132 頁。

第三章　羅扎耶夫斯基的法西斯主義政治主張

　　20 世紀二三十年代，法西斯主義蠱惑和吸引了大批信徒，而以中國東北為活動中心的俄國法西斯黨並不是 20 世紀上半葉俄國僑民中唯一的法西斯主義組織。如前文所述，在歐洲和美國的俄國僑民中都存在著類似組織。但與這些組織相比，羅扎耶夫斯基更注重對俄國法西斯主義的理論思考，也更關注現實問題，他能夠在解構「敵人」的基礎上提出自己的解決方法，儘管他的解構可能只是生硬地拆解，提出的解決方案也只是東挪西湊的各種思想的混合，但他試圖告訴迷茫中的俄國僑民應該「怎麼辦」，而這也正是羅扎耶夫斯基所領導的俄國法西斯黨相比其他右翼組織，更能吸引俄國僑民的原因所在。為了使自己的法西斯主義思想看起來更具有學理基礎，更符合俄國國情，羅扎耶夫斯基等人將批評的矛頭直指自由主義和社會主義，因為在他們看來，法西斯主義將替代二者成為解決俄國問題的最佳選擇。俄僑法西斯分子賦予了「民族」「國家」「階級」「政黨」等詞彙以法西斯主義式的涵義，希冀在俄羅斯民族精神、文化傳統和東正教信仰中尋求自我存在的合理性。他們選擇「上帝、民族、勞動」作為自己的政治口號，聲稱俄國法西斯主義是宗教與民族主義的結合物，聲稱腦力和體力勞動將在未來的法西斯國家中具有首重地位，因為他們認為，法西斯主義「創造了一種以職團制調和階級利益為原則的新的社會制度」，「為每個公民和每個階級都分別創造了改善其福祉的機會。」〔註1〕為了實現目標，俄僑法西斯分子提倡暴力革命，不惜依附於

〔註 1〕 Родзаевский К.В. Азбука фашизма, – Харбин, 1934, С. 4.

俄國敵人德日的勢力，妄圖狐假虎威地推翻蘇維埃政權，而他們將這一切美化稱為取得戰勝布爾什維克和解救俄國人民的「必要的手段」，並宣稱自己才是代表民族利益的「精英」。

第一節　羅扎耶夫斯基的法西斯主義政治觀

與歐洲政治思想有著深厚淵源的法西斯主義，借經濟危機和社會危機之機，以反對自由主義、反對共產主義的面目而蔓延世界，成為一種流行思潮，並且滲透到了同樣面臨危機的俄僑群體中。而本就懷有敵視蘇聯情緒的羅扎耶夫斯基緊緊抓住了意大利和德國法西斯主義當中的反共、反猶主義，並在其中糅合了自己對俄羅斯民族和俄羅斯歷史的理解，結合俄僑的特殊處境，逐漸塑造出了他所稱之為俄國的法西斯主義——「俄國法西斯主義」。

為了掩蓋俄國法西斯黨在自己虛構的未來法西斯俄國中的獨裁和專政，羅扎耶夫斯基巧妙地將自己和俄國法西斯黨塑造為俄羅斯民族的精英，因為在他看來，未來的俄國是一個「俄羅斯民族國家」，而能夠代表俄羅斯民族統治這個國家的只有俄羅斯民族中的精英分子。

一、「什麼是俄國法西斯主義？」

受客觀環境和條件的影響，羅扎耶夫斯基無法獲得更多關於意大利法西斯主義的材料，他本人也承認自己最早「研究意大利法西斯主義由於缺少材料，只能根據英國人菲利浦斯（Percival Phillips）的小冊子〔註2〕、烏斯特里亞洛夫教授的《意大利法西斯主義》進行。」〔註3〕其後隨著組織的擴大，羅扎耶夫斯基獲取的材料有所增加，例如他可以與其他各國的法西斯主義組織交換文獻資料，俄國法西斯黨的分支機構也會偶爾郵寄給其中央材料。《當今世界的猶太化與20世紀的猶太問題》一書中的一些資料，據羅扎耶夫斯基所說就是來自於各分支機構寄給俄國法西斯黨中央的信函，而俄國法西斯

〔註2〕即《法西斯主義運動》（Фашистское движение）。該書英文版原名《紅龍與黑衫；意大利如何找到自己的靈魂；法西斯運動的真實故事》（Percival Phillips. *The Red Dragon and the Black Shirts; How Italy Found Her Soul; The True Story of the Fascisti Movement*. London: Carmelite house, 1922）。在英文版出版的第二年就被翻譯成俄文《法西斯運動》（*Филипс П*. Фашистское движение. – Париж, 1923），譯者未知。

〔註3〕即 *Устрялов Н.В*. Итальянский фашизм. – Харбин, 1928.

黨的機關刊物《我們的道路》或《民族》上發表的一些各地法西斯分子的文章也印證了這一點。在完成建黨任務之後，為統一黨員思想，1932 年，羅扎耶夫斯基在創刊不久的《民族》雜誌第 2 期上撰文寫道，「什麼是法西斯主義？我們定義任何一種法西斯運動都要有三要素——宗教、民族和勞動。我們所指的法西斯主義是在宗教、民族和勞動原則之上的國家重建。因而，對於每一個國家來講，法西斯主義都是對某一種宗教的肯定、對某一種民族思想的歡慶，是一種新的國家、社會和經濟生活的形式，民族以職團制形式組成，在民族中所有人和每個人都為國家服務。」〔註 4〕

羅扎耶夫斯基認為自由主義、社會主義，甚至是資本主義都具有「天生缺陷」，而法西斯主義恰恰是彌補了這些缺陷的最佳選擇。除了宣揚法西斯主義的「優越性」以外，羅扎耶夫斯基面臨的更大問題是如何解釋法西斯主義產生於他所代表的俄國僑民中，即俄國法西斯主義的合理性問題。因為儘管他提出，包括俄羅斯民族在內的所有民族都應該有自己的法西斯主義，但畢竟俄國僑民只不過是俄羅斯民族的一部分。所以，他試圖證明，對於俄國來講，法西斯主義只能產生於俄國僑民當中。對此，羅扎耶夫斯基解釋到，因為昔日的俄國已經成為了蘇聯，而曾一度出現的反對布爾什維克的白衛運動也以失敗而告終，所以，作為「歷史上唯一一個離開其國家的知識分子群體」，俄國僑民的離開不是背叛和逃離，而是在「為俄羅斯的未來保留具有民族意志的俄羅斯精英。」〔註 5〕他由此提出，俄國法西斯主義的產生是俄國僑民政治意識覺醒和對舊的僑民道路失望的結果，覺醒後的俄國僑民渴望積極展現自己的民族主義和對祖國的熱愛。

羅扎耶夫斯基承認，俄僑法西斯分子「被意大利法西斯主義的事例所吸引，它彷彿創造了一種將民族主義和社會正義相結合的新的制度。墨索里尼運動是以其廣大勞動人民為基礎的，我們也給自己提出了一個巨大但實際上是烏托邦氏的任務——創建俄羅斯人民的民族勞動運動。」〔註 6〕但是，羅扎耶夫斯基否認自己及俄國法西斯黨抄襲了意、德的法西斯主義。他將「解釋抄襲」轉為「強調共性」，提出所有的法西斯主義都是有共性的，而俄國法西

〔註 4〕Нация, № 2, 1932.

〔註 5〕*Родзаевский К.В.* Современная иудизация мира или еврейский вопрос в XX столетии // *Родзаевский К.* Завещание русского фашиста. – М., 2001, С. 389.

〔註 6〕*Онегина С.* Письмо К.В. Родзаевского И.В.Сталину. // Отечественная история, 1992, № 3, С. 94.

斯主義只不過是具有了所有法西斯主義都會具有的共性。具有共性的各國法
西斯主義間的區別僅在於，「每個國家的每個法西斯主義運動都是以本民族
的方式去實現這些思想的。每個國家都為法西斯運動貢獻了自己的獨特內
涵。」〔註7〕而俄僑為法西斯主義運動做出的貢獻就是，俄國法西斯主義要
取代共產主義，在被蘇聯統治的原俄國土地上，建立法西斯俄國，這是羅扎
耶夫斯基所認為的俄國法西斯主義的獨特性，即「意大利和德國的法西斯
主義是從自由主義走向法西斯主義，而俄國是從共產主義走向法西斯主
義。」〔註8〕顯然，羅扎耶夫斯基將俄國法西斯主義的獨特性定義在了其鬥爭
對象的特殊性之上，而非思想本質。

在此種認識上，羅扎耶夫斯基提出俄國法西斯主義「既是一種思想，也
是一種運動（某種組織意義上的運動）」，「它謀求的是在宗教、民族和勞動的
基礎上創建俄羅斯人民的生活，尋求的是建立民族勞動者的國家」。由此，羅
扎耶夫斯基提出：

> 唯物主義的、反民族的、建立在階級鬥爭和階級仇恨基礎上的
> 馬克思主義思想應該被更健全的俄國法西斯主義思想所取代。……
> 俄國法西斯主義運動應該將俄國法西斯主義思想引入現實當中，給
> 俄國人民以精神的、民族的和勞動上的自由。俄國法西斯主義以要
> 求人服從於最高原則的宗教的世界觀與唯物主義的世界觀相對抗。
> 俄國法西斯主義承認民族才是社會的最高價值，個人和階級都要服
> 從於民族。俄國法西斯主義尋求通過偉大的民族勞動國家為俄羅斯
> 民族進行有組織的服務。俄國法西斯主義主張消滅階級鬥爭，並代
> 之以承認民族的共同利益基礎上的階級合作和階級團結，主張通過
> 職團制〔註9〕自發組織階級，並讓它們為俄羅斯國家的福祉而和睦
> 工作。

> 俄國法西斯主義認為勞動是所有公民的神聖職責，認為民族成
> 員的勞動創造了民族的物質價值和精神價值，創造了民族的文化，

〔註7〕 *Родзаевский К.В.* Азбука фашизма. – Харбин, 1934, С. 22.
〔註8〕 *Родзаевский К.В.* Азбука фашизма. – Харбин, 1934, С. 23.
〔註9〕 墨索里尼提出以「勞資合作」取代階級鬥爭。按照「勞資合作」思想建立的
勞資合作組織被稱作「職團」。「職團制」是意大利法西斯主義的主要特徵。
羅扎耶夫斯基認為意大利的「職團制」與俄國歷史上的「縉紳會議」（земский
собор）極為相似，因而提出法西斯俄國也應是職團制國家。

強大了民族經濟。〔註10〕

羅扎耶夫斯基在定義俄國法西斯主義的同時，也為俄國法西斯主義明確了自己的特點和內容。

在俄國法西斯主義中，羅扎耶夫斯基混合了意大利法西斯主義與俄羅斯東正教思想，並使俄國法西斯主義具有強烈的反蘇情緒，號召所有人要與共產主義做堅決的鬥爭。而羅扎耶夫斯基將法西斯主義與俄羅斯東正教結合在一起的做法，難免讓人們想到19世紀四十年代的俄國斯拉夫主義者，他們也是站在基督教哲學的立場上開展對歐洲的批判。在俄國斯拉夫主義者看來，正是因為西方社會制度缺乏信仰的基礎，才會不可避免地出現了社會道德基礎的淪喪。因而，俄國斯拉夫主義者強調民族意識與東正教真理的結合。而羅扎耶夫斯基也表示，他堅信宗教信仰的力量可以補正法西斯主義自身的缺點。總之，經過羅扎耶夫斯基的解釋，法西斯主義成為一種面向未來的運動，自由主義和民主制只能存在於歷史的垃圾堆中，社會主義更是一種猶太人奴役俄羅斯、奴役其他民族的工具。而作為世界法西斯主義的一部分，俄國法西斯主義是必須建立且必須是獨特的。

基於此種認識，俄國法西斯黨認為，自己的主要目標就是要建立一個以宗教（即東正教）＋民族（即廣義的俄羅斯民族）＋勞動原則為基礎的，服務於俄羅斯民族利益的組織，而這個組織最終要建立俄羅斯勞動者的國家。因而，俄僑法西斯分子認為，自己雖然是世界法西斯運動的一部分，但卻是一種適合俄國國情的法西斯主義。塔拉丹諾夫在《法西斯主義 ABC》的第二版前言中強調，正是因為意識到了該書初版對俄國法西斯主義闡釋的缺乏，所以他們在第二版中「大大減少了與國際法西斯主義有關的問題的數量。此書僅僅制定了普遍的一般原則。特別關注了俄國法西斯主義。給出了適於俄國的關於職團制國家的概念、它的基本原則、組織、法西斯主義的經濟政策等。」〔註11〕

當然，羅扎耶夫斯基沒有將作為一種意識形態的俄國法西斯主義的出現看作只是自己一人的「功勞」。他認為，俄國法西斯主義思想是「相信每個時代都有其世界性的進步思想，相信在過去自由主義、民主制、社會主義就是這樣的思想，相信代替它們的將是『法西斯主義的世紀』，相信每個民族『都

〔註10〕 *Родзаевский К.В.* Азбука фашизма. – Харбин, 1934, C. 22.

〔註11〕 *Родзаевский К.В.* Азбука фашизма. – Харбин, 1934, Предисловие к второму изданию.

應建立自己的法西斯主義』，這一『全球性的』法西斯主義應符合該民族的『歷史傳統』。我們在『神聖羅斯』的理想，即『建立在正教信仰和社會正義基礎上的國家』中看到了這一歷史傳統。波克羅夫斯基將俄國法西斯主義組織的意識形態簡明扼要地表達為口號『上帝、民族、君主制、勞動』。魯緬采夫寫了《俄羅斯法西斯運動提綱》，確定了它的最終目標是推翻共產主義和建立新的先進的滿懷這一思想的知識分子階層。」〔註12〕所以，羅扎耶夫斯基表示，俄僑中的俄國法西斯主義思想先是波克羅夫斯基和魯緬采夫擬定的，然後才是他自己。

　　1934 年夏天，羅扎耶夫斯基等人寫成了《法西斯主義 ABC》一書，他們宣稱這本書可與 1919 年布哈林（Н.И.Бухарин）和普列奧布拉任斯基（Е.А.Преображенский）合著的《共產主義 ABC》（Азбука коммунизма）相媲美，是面向俄國法西斯黨所有成員的基礎讀物，因為它集中回答了關於「法西斯主義」一詞的 100 個最基本的問題。

　　羅扎耶夫斯基在該書前言中強調，這本書「詳述了法西斯主義的本質，法西斯主義與其他政治思想的區別，以及俄國法西斯運動的最主要輪廓。」〔註13〕它讓每一個閱讀此書的俄國僑民知道，俄國法西斯主義在「為什麼而戰鬥，為什麼理想而前行。」〔註14〕書中認為，「作為一種世界性運動，法西斯主義力爭對現代自由民主的（資本主義的）和社會主義的（共產主義的）國家進行重構的基礎是，精神統治物質（宗教）、民族和勞動（社會正義），所以法西斯主義是一種宗教的、民族的、勞工運動。」〔註15〕

　　羅扎耶夫斯基曾專門解釋過「全俄法西斯黨」一名的含義：第一，表明其成員是「俄羅斯民族的所有階級和所有俄國人民中的民族精英」；第二，是「具有法西斯主義的意識形態、方案和策略的精英」；第三，表明它是一個政黨；第四，表明它不是一個普通的政黨，而是「一個獨一無二的法西斯主義的政黨，是民族的精華，它將每一名成員的首創精神與為祖國忘我獻身的原則相結合，將每個黨的基礎原則即自治原則與使黨具有最高的革命戰鬥力的

〔註12〕*Родзаевский К.В.* Отчет о моей 20-летней антисоветской деятельности. // Кентавр, 1993, № 3, С. 98.

〔註13〕*Родзаевский К.В.* Азбука фашизма. – Харбин, 1934, Предисловие к первому изданию.

〔註14〕*Родзаевский К.В.* Азбука фашизма. – Харбин, 1934, Предисловие к второму изданию.

〔註15〕*Родзаевский К.В.* Азбука фашизма. – Харбин, 1934, С. 3.

領袖至上主義相結合。」〔註16〕

可見，民族、國家、勞動、精英等詞語是羅扎耶夫斯基在定義俄國法西斯主義時的最基本的概念，是俄國法西斯主義的核心。

二、從「民族—勞動」「民族國家」到「民族革命」

羅扎耶夫斯基宣稱，「法西斯主義結合了以往最優秀的事物和當前形勢所要求的、新的事物。」〔註17〕而屬於「以往最優秀的事物」的，一是宗教，二是民族，所以他們自稱為「俄國法西斯主義者」，其中「俄羅斯」一詞首先就是強調自己的民族屬性。

何謂「民族」？羅扎耶夫斯基從俄國法西斯主義的角度認為，「民族是具有共同的歷史命運，共同的民族文化和民族傳統等，並努力持續自己歷史生命力的人們的精神統一體。」〔註18〕

羅扎耶夫斯基認為，俄國法西斯主義強調對「民族」一詞應從精神方面理解。「民族」形成雖然受到各種因素的刺激，比如優良種族的相似性、共同的語言、領土和宗教等，但民族首先是精神的統一體，而德國的法西斯主義則是從生物種族主義的角度理解和定義「民族」的。羅扎耶夫斯基曾親口說過，自己的民族思想是不同於德國種族主義的民族思想，實際上，他也沒有表現出唯「血統」的種族優越論。表面上他在定義「民族」時一直在強調將個體聯繫到一起的共同力量（即民族意識）所具有的普遍意義和歷史重要性，認為民族與政府和領土無關，也就是說，他去掉了「物」（物質條件）的內容而保留了「心」（精神），但是，需要特別注意的是，羅扎耶夫斯基僅僅是從字面意義上理解「唯物」主義和「唯心」主義。而且，據其所說，他一直在盡可能地搜集蘇聯的著作和關注國外的各種蘇聯研究，他還曾任俄僑事務局第二部文化事業部的負責人，監控中國東北境內俄僑的所有思想動態和蘇聯消息，所以，他不可能對蘇聯政策一無所知，但他仍然在自己著作中宣稱蘇聯政權「否認民族並代之以人民」〔註19〕概念。

羅扎耶夫斯基認為，作為精神統一體的「民族」能夠穩固的一個重要前

〔註16〕*Родзаевский К.В.* Азбука фашизма. – Харбин, 1934, С. 47.

〔註17〕*Родзаевский К.В.* Азбука фашизма. – Харбин, 1934, С. 4.

〔註18〕*Родзаевский К.В.* Азбука фашизма. – Харбин, 1934, С. 5.

〔註19〕*Родзаевский К.В.* Современная иудизация мира или еврейский вопрос в XX столетии. // *Родзаевский К.* Завещание русского фашиста. – М., 2001, С. 274.

提是，要建立一個「民族國家」（национальное государство）。認為一個民族
只有生活在一個穩定的國家中，才能保證自己的穩固和精神上的統一。因此，
法西斯俄國應該是一個民族國家。而對於什麼是「民族國家」，羅扎耶夫斯基
將其解釋為，「當居住在一定領土上的一些民族成員在一個最高權力的領導下
牢固地組織起來，這樣組成的就是民族國家」，由此而論，「俄羅斯民族勞動
國家應該聯合俄羅斯民族，領導他們為共同的俄羅斯民族的利益進行有組織
的服務。」〔註20〕羅扎耶夫斯基在這裡屢次提及的民族是指包括俄羅斯族
（русская нация）在內的俄國境內的所有民族，他們在政治上認同法西斯主
義，因而組成一個共識性的「俄羅斯民族」（российская нация），建立一個「俄
羅斯民族國家」。

　　而「為共同的俄羅斯民族的利益進行有組織的服務」就是羅扎耶夫斯基
認為的「勞動」。羅扎耶夫斯基認為，「勞動」（труд）創造了民族的精神價值
和物質價值，創造了民族文化和民族財富，所以「勞動」也應該是所有俄羅
斯民族成員的神聖職責，能夠在「勞動」與「民族」之間起協調作用的是「國
家」。俄僑法西斯分子自詡，他們要建立的正是這樣一種通過「國家」聯合「俄
羅斯民族」，協調民族成員的「勞動」，讓他們為共同的「俄羅斯民族」的利益
而服務，即建立一個「俄羅斯民族勞動國家」。也正是因為民族是具有民族精
神的，而精神的載體是「連續的被共同的歷史聯合在一起的幾代人」，所以「民
族是不能被打死的」，這種「看不見的精神紐帶比任何繩索都更堅固，它將民
族主義者互相之間、與逝去的民族英雄們之間聯結在一起。」〔註21〕未來的
「世界將由新秩序所統治，在這一秩序下民族將是國家的唯一主人」，而在這
種情況下，猶太問題是喚醒和復興人民的有力手段。〔註22〕由此，羅扎耶夫
斯基將「民族」「勞動」和「國家」聯繫在了一起，形成了他的「民族勞動國
家」的思想。

　　為保證俄羅斯民族國家有效運轉，羅扎耶夫斯基認為，法西斯俄國的國
家制度應該是「職團制」。但是，羅扎耶夫斯基並沒有給出一個明確的「職團

〔註20〕 *Родзаевский К.В.* Азбука фашизма. – Харбин, 1934, С. 24.

〔註21〕 *Родзаевский К.В.* Говорит Российская Нация // Против ВКП (б) – В.Ф.П.! –
Харбин, 1936, С. 3, С. 6.

〔註22〕 *Родзаевский К.В.* Современная иудизация мира или еврейский вопрос в XX
столетии. // *Родзаевский К.* Завещание русского фашиста. – М., 2001, С. 316,
318.

制」概念，而是完全取用了墨索里尼意大利的「職團制」。他只是提出，法西斯俄國之所以是「職團制」的，是因為「職團制」具有組織功能，即「職團制可以使俄羅斯民族的所有成員和個別加入其中的社會群體（階級）在社會生活的所有領域（政治的、文化的、日常生活的和經濟領域）進行充分合作」；其次「職團制」具有規範功能，即它可以規範經濟生活，但又不損害個人利益。〔註 23〕在 1941 年寫成的《俄羅斯民族國家》一書中，羅扎耶夫斯基將這個國家想像為有「一些民族委員會和一個佔據領導地位的民族性的政黨」，一個連羅扎耶夫斯基自己也稱之為「烏托邦式的俄羅斯」。〔註 24〕

　　以「民族」取代「階級」是羅扎耶夫斯基的主要思想基礎之一，也是他區別於其他法西斯主義思想的一個方面。羅扎耶夫斯基的俄國法西斯主義承認「階級」的存在，也認為在未來的法西斯俄國同樣會存在「階級」，只不過「階級」要存在於「民族」當中，並絕對要服從民族利益。民族在前，階級在後。但俄僑法西斯分子所理解的「階級」（класс）是，「建立在同一社會條件之上並以共同的經濟利益相聯合的人的某種群組，」〔註 25〕而在具體劃分人的階級屬性時又認為，一個人屬於哪個階級要取決於他的職業、生活條件和可感知的在捍衛階級利益中產生的階級一致性。顯然，羅扎耶夫斯基混淆了階級與社會階層，將經濟利益的一致性作為階級存在的基礎。所以，職業、社會地位和個人財富才會成為他劃分階級的依據。在這種認識的基礎上，羅扎耶夫斯基提出，階級矛盾完全可以通過法西斯國家的職團制進行調和。因為在法西斯俄國，工人可以有自己的聯合會，雇主也可以有自己的聯合會，而民族共性將這兩個聯合會聯合在某一生產領域的民族聯盟之中。在民族利益一致的先決條件下，他們完全可以用階級仲裁的方式解決一切爭端，因為「階級利益的體現不能與民族整體利益相牴觸。首先是民族，然後才是階級。」〔註 26〕所以，羅扎耶夫斯基宣稱，在法西斯俄國，職團制可以調和勞動與資本，「建立在良性競爭基礎之上的階級和平和各階級間的合作」完全可以取代階級鬥爭和階級壓迫，最終實現真正的階級團結。〔註 27〕羅扎耶夫斯基將階

〔註 23〕 *Родзаевский К.В.* Азбука фашизма. – Харбин, 1934, C. 24～25.

〔註 24〕 *Онегина С.* Письмо К.В. Родзаевского И.В.Сталину. // Отечественная история, 1992, № 3, C. 94.

〔註 25〕 *Родзаевский К.В.* Азбука фашизма. – Харбин, 1934, C. 5.

〔註 26〕 *Родзаевский К.В.* Азбука фашизма. – Харбин, 1934, C. 5.

〔註 27〕 *Родзаевский К.В.* Азбука фашизма. – Харбин, 1934, C. 5.

級消融於民族中，但又承認在法西斯俄國仍然存在階級，認為國家不屬於某一階級而只是領導民族的組織工作。或許這是他解決其所處時代尖銳的階級鬥爭的方法，即試圖將人們對階級矛盾的注意力轉向民族問題。因而，他將同樣引人注意的猶太問題和猶太人作為了俄僑法西斯主義運動的「假想敵」。

可見，「民族」一詞在羅扎耶夫斯基的思想中佔據著極為重要的地位，這不僅體現於他對「俄羅斯民族」的定義上，也體現在上述涉及未來法西斯俄國的體制構建上，他幾乎將這一詞彙用在了所有概念性的詞語中。而且，為了實現推翻其所謂的專制的蘇維埃政府，建立俄羅斯民族國家，一個必須的且是唯一的途徑也被他稱為「民族革命」（национальная революция）。

1941 年 6 月 27 日，俄國法西斯主義者同盟第 13 號命令指出：「德國與蘇聯之戰的開始是俄羅斯民族革命的開始」。建議所有法西斯主義組織著手創建武裝部隊（所謂的解放部隊），從而與紅軍作戰。建議俄國法西斯主義者同盟的積極成員準備在被佔領的蘇聯地區的指定地點前往俄羅斯。〔註28〕

從民族，到民族國家，再到民族革命，羅扎耶夫斯基的邏輯推理一步步走向民族政黨。他說到，「俄羅斯民族需要一支先進的隊伍，需要民族的政黨——全俄民族黨，今天是民族革命的黨，明天是民族建設的黨。隨著時間的流逝，我們的全俄法西斯黨被認為是這樣的全俄民族黨，因為在它的旗幟下，聚集了強大而獨立的俄羅斯人民，因為該黨清楚地聽到了民族的聲音，並在自己的綱領中體現了民族的意志，因為當代現實恰恰需要民族外飾以法西斯主義的形式，法西斯主義形式將確保戰勝共產主義，法西斯主義者將民族力量最好地組織為民族勞動國家的職團制，法西斯形式保證了免遭猶太人和共濟會的危險……在體現了全俄羅斯目標的同時，全俄法西斯黨只是最清晰地表述了鬥爭的方式和方法——推翻共產主義的計劃和復興俄羅斯的計劃。」
〔註29〕這是羅扎耶夫斯基在 1936 年時對俄國法西斯主義與俄羅斯民族關係的定義，也是他為全俄法西斯黨的存在所找到的最具煽動性的「證據」。為了體現這一點，全俄法西斯黨規定，「黨員可以是俄羅斯民族每個成員，不取決於社會地位、出身和他的過去，承認全俄法西斯黨的黨章和方案的人，準備

〔註28〕 *Гладких А.А.* Русский фашизм в Маньчжурии. // Вестник ДВО РАН, 2008, № 5, С. 120.
〔註29〕 Нация, 1936. Цит. По: *Онегина С.В..* Русские фашисты. // Родина, 1992, № 11 ～12, С. 10～11.

服從黨的紀律要求的人」都可以加入全俄法西斯黨。〔註30〕

三、「俄羅斯民族」和「俄羅斯民族精英」

1936 年，羅扎耶夫斯基在《民族》雜誌第二期上解釋了全俄法西斯黨的口號「上帝、民族、勞動」的含義：「我們的『上帝，民族，勞動』是東正教信仰和信仰自由，是在俄羅斯帝國中形成的俄羅斯民族，是在公正的民族職團體制的框架內、在自由的俄羅斯土地上的自由的創造性勞動，是生命，是幸福，是充滿了宗教的和為民族服務的活力之光的美景。」〔註31〕三者合一就形成了羅扎耶夫斯基看待世界的「唯心主義」思想，即「承認精神高於物質，或公開承認宗教是存在的基礎。」〔註32〕

羅扎耶夫斯基提出，「民族，首先是精神的統一體」，然後才是「其他因素的刺激：優良種族的相似性，以及共同的語言、領土和宗教等。」〔註33〕而這與墨索里尼的「民族」概念幾乎相同，即「應該從質上而非量上理解人民」，「正是那些按照種族的性質和歷史的人形成了民族，他們在同一個意識和意志的指引下沿著同一條發展脈絡和精神特質前進」，所以，「一個民族不是一個種族或某個地理區域，而是一個歷史悠久的群體，即是由同一種思想團結在一起的許多人，那是一種對待生存和統治權的思想，是一種自我意識，也就是說是一種個性。」〔註34〕可以說，在對「民族」的理解和對「俄羅斯民族」的定義中，羅扎耶夫斯基拒絕了德國納粹黨的種族主義，吸收了墨索里尼的民族理論，同時又具有鮮明的俄羅斯性。

墨索里尼提出，「對於法西斯主義來說，世界不僅是物質的，而且還是精神的。在其中，個體的人與民族和祖國合為一體，服從於道德法則，並通過傳統、歷史使命和責任意識與之聯繫在一起。」〔註35〕俄國哲學家索洛維約夫（В.С.Соловьёв）也曾將個人或民族稱為「道德的存在物」（моральные существа），認為它的職能「從來不是物質的必然性，而只能表現為道德上的

〔註30〕*Родзаевский К.В.* Азбука фашизма. – Харбин, 1934, С. 48.

〔註31〕Нация, 1936, № 2.; *Алексей Широпаев*. Голос русской правды // *Родзаевский К.* Завещание русского фашиста. – М., 2001, С. 497.

〔註32〕*Родзаевский К.В.* Иуда на ущербе. – Харбин, 1941, С. 26.

〔註33〕*Родзаевский К.В.* Азбука фашизма. – Харбин, 1934, С. 5.

〔註34〕*Муссолини Б.* Доктрина фашизма. – Париж: Изд. Возрождение, 1938.

〔註35〕*Муссолини Б.* Доктрина фашизма. – Париж: Изд. Возрождение, 1938.

一種責任。」〔註36〕羅扎耶夫斯基提出，「法西斯主義從舊世界獲取了每個人心中珍藏的一切東西，保留了先輩們遺留下來的宗教和人類的精神家族——民族。以歷史上形成的民族為基礎，在民族的根基之上，法西斯主義創造了一個新的特別的制度，它忠於過去的傳統，並加以認真保護，同時，法西斯主義又為不斷完善社會政治形式提供了可能，將它用於日後的生活需求」，「民族的生命力彰顯在民族精神、民族意識——愛國主義精神和民族成員的團結當中。民族的穩固依賴於民族精神的穩固。民族精神的穩固在許多方面依賴於民族文化的豐富性和民族傳統的持續性。民族，首先是精神的統一體。」〔註37〕

墨索里尼認為，「法西斯主義將生命理解為鬥爭，是自己讓自己無愧於生命的一種手段」，所以「法西斯主義者鄙視『舒適的生活』。」〔註38〕而幾乎所有的俄國思想家也都曾悲歎俄羅斯民族「多災多難」，且「逆來順受，永無止境」，但在這種命運中，「在俄羅斯人的天性中，確實有一種民族忘我精神，即民族犧牲精神。」〔註39〕羅扎耶夫斯基將二者與俄僑命運結合後提出，「在俄國法西斯主義出現以前，僑民在與共產主義政權鬥爭方面是十分冷漠和消極的」，「俄國法西斯主義的產生是俄國僑民覺醒的結果，他們渴望積極地展現自己的民族主義和對祖國的熱愛」，它為俄國僑民如浮萍般的漂泊命運「勾勒出了一條全新的後革命行動主義的道路，一條與猶太共產主義政權進行忘我鬥爭的道路。」〔註40〕

墨索里尼神化「民族」，宣稱「我們創造了自己的神話……我們的神話就是民族，我們的神話就是民族的偉大性。」〔註41〕而羅扎耶夫斯基也將民族置於其法西斯主義思想的中心地位，從法西斯主義的角度理解民族主義，強調俄羅斯民族的特殊性和俄羅斯精神的崇高性，進而認為只有他所領導的俄

〔註36〕Вл.索洛維約夫：《俄羅斯思想》，載 Вл.索洛維約夫等著，賈澤林李樹柏譯：《俄羅斯思想》，浙江人民出版社，2000，第 160 頁。

〔註37〕*Родзаевский К.В.* Азбука фашизма. – Харбин, 1934, С. 5.

〔註38〕*Муссолини Б.* Доктрина фашизма. – Париж: Изд. Возрождение, 1938.

〔註39〕Н.А.別爾嘉耶夫：《俄國魂》，載 Вл.索洛維約夫等著，賈澤林李樹柏譯：《俄羅斯思想》，浙江人民出版社，2000，第 264、266 頁。

〔註40〕*Родзаевский К.В.* Азбука фашизма. – Харбин, 1934, С. 21～22.

〔註41〕Benito Mussolini, «The Naples Spceech»(1922), in Roger Griffen (ed.), Fascism (Oxford: Oxford University Press, 1995), pp. 43～4. Ernst Nolte, Three Faces of Fascism: Action Francaise, Italian Fascism, National Socialism. – New York: Mentor, 1969, p. 201.轉引自馬克·尼古拉斯著，袁柏順譯：《法西斯主義》，吉林人民出版社，2007，第 33 頁。

僑法西斯主義分子才是民族意志的體現者，是民族利益的守護人。

　　墨索里尼否定 19 世紀民族主義中將國家視為民族的產物的觀點，認為是國家造就了民族，「國家本身即是目的」。希特勒卻否認「國家即是目的」，認為「維持一個人種」才是目的，國家只是工具。而羅扎耶夫斯基從僑民身份出發，認為「法西斯國家是民族國家的外在表現，它同民族的關係牢不可破」，並且「法西斯國家努力完成民族的組建工作」，「保證民族的穩定與統一。」〔註 42〕

　　在這種對「民族」的理解和宣揚的基礎上，羅扎耶夫斯基反對共產主義提倡的國際主義，認為這種國際主義的概念「輕視了俄羅斯和俄羅斯人，否定了俄國人民。」〔註 43〕與之相對，在羅扎耶夫斯基的俄國法西斯主義思想中，具有國家層面的政治共同體含意的「俄羅斯民族」（российская нация）這一概念十分重要。如前文所述，在俄國法西斯主義的基本概念中，民族首先應是精神的統一體，它依賴於民族精神的穩固，而民族精神的穩固在很大程度上又是依賴於民族文化的豐富性和民族傳統的連續性。〔註 44〕由此，羅扎耶夫斯基擴大了「俄羅斯民族」所包含的範圍，認為「俄羅斯民族」不僅僅指單純的俄羅斯族，還包括其他生活在俄國國土上、為俄國的歷史發展做出貢獻的民族，提出「俄羅斯民族是以共同的歷史命運、共同的民族文化和傳統等為基礎的全體俄羅斯人的精神統一體。」〔註 45〕1935 年，他又將「俄羅斯民族」概念寫入了俄國法西斯黨的黨綱，提出「全俄法西斯黨認為，俄羅斯民族是一個在共同的歷史命運、共同文化和共同利益意識的基礎上聯合了全體俄羅斯人民的有機體。享有充分權利的俄羅斯公民不僅應該是大俄羅斯人、烏克蘭人和白俄羅斯人，而且應該是俄羅斯其他所有民族：韃靼人、亞美尼亞人、格魯吉亞人等」，「由於俄羅斯人是指，擁有自己的土地成為俄羅斯民族一部分的人民；猶太人在俄羅斯國家以外擁有自己的土地，而且是俄羅斯人民遭受最嚴重災難的罪魁禍首，所以猶太人在未來的俄羅斯應被視為不受歡迎的外國人。」〔註 46〕

　　總之，在羅扎耶夫斯基的「俄羅斯民族」概念中，不僅有作為俄羅斯民

〔註 42〕 *Родзаевский К.В.* Азбука фашизма. – Харбин, 1934, С. 7.

〔註 43〕 ГАХК. Ф. 1128. Оп. 1. Д. 101. Л. 67.; *Аблова Н.Е.* КВЖД и российская эмаграция в Китае. – М.: НПИД «Русская панорама», 2004, С. 328.

〔註 44〕 *Родзаевский К.В.* Азбука фашизма. – Харбин, 1934, С. 5.

〔註 45〕 *Родзаевский К.В.* Азбука фашизма. – Харбин, 1934, С. 25.

〔註 46〕 Программа Всероссийской Фашистской партии, утверждено 3 съездом Российских Фашистов, 1935.7.3. Харбин.

族主要組成部分的大俄羅斯人、白俄羅斯人和小俄羅斯人（烏克蘭人），還有其他民族，如格魯吉亞人、亞美尼亞人和韃靼人等，因為他們也同樣參與了俄羅斯民族的歷史進程。在這一思想的指導下，比如全俄法西斯黨就與阿科皮揚（К.Акопян）領導的俄僑組織「亞美尼亞人同盟」（Союз Армян）關係密切。在羅扎耶夫斯基領導的法西斯黨內還專門設立了民族分部，如在哈爾濱有格魯吉亞總支部和烏克蘭總支部，在滿洲里還有穆斯林總支部，另外還設有亞美尼亞小組和獨立的哥薩克小組等等。

而俄羅斯民族除了要以「共同的歷史命運、共同的民族文化和傳統等為基礎」外，還「只能是以自己的私人土地加入俄國的人，」〔註47〕所以羅扎耶夫斯基斷言，俄國的猶太人並不屬於俄羅斯的任何民族，因為「猶太人的土地在俄國以外，在巴勒斯坦。」〔註48〕

由此可見，羅扎耶夫斯基的大俄羅斯族的概念並不是一種真正的民族主義思想，其思想背後一直藏著他的反猶主義思想。他認為，「只有不懼怕反對世界性的威脅，反對自己祖國、民族、宗教和勞動的最大敵人的人，才是真正意義上的民族主義者。換句話說，在為民族解放鬥爭時期，民族主義和反猶太主義是同義詞。但是，真正爭取宗教，民族和社會正義的民族主義，再加上不可避免地源於這種努力的反猶太主義，才是法西斯主義。」〔註49〕

羅扎耶夫斯基極具煽動性地提出，俄羅斯民族並沒有被突如其來的革命風暴湮滅，民族意識反而因此「帶著特別的力量覺醒」，在法西斯分子的眼中，「俄羅斯族正在成長和發展成俄羅斯民族──汲取著我們共同苦難的所有俄羅斯人民的歷史結晶，回憶著共同的光榮帝國時代。俄羅斯民族是列昂尼德·尼古拉耶夫的槍聲，是西伯利亞的民眾恐怖活動，是烏克蘭的無數的『反革命組織』，是在格魯吉亞和亞美尼亞突然爆發的要求生命、自由、發展、成長和壯大等自我權利的暴亂。」〔註50〕

在定義了「俄羅斯民族」的內涵後，羅扎耶夫斯基提出，正是因為俄羅斯「民族意識正在覺醒」，而「民族的精神機體可以發展為相應的實物機體民

〔註47〕*Родзаевский К.В.* Азбука фашизма. – Харбин, 1934, C. 26.

〔註48〕*Родзаевский К.* Завещание русского фашиста. – M., 2001, C. 427.

〔註49〕*Родзаевский К.В.* Современная иудизация мира или еврейский вопрос в XX столетии. // *Родзаевский К.* Завещание русского фашиста. – M., 2001, C. 331.

〔註50〕*Родзаевский К.В.* Говорит Российская Нация // Против ВКП (б) – В.Ф.П.! – Харбин, 1936, C. 3～4.

族國家」，所以，「為了成功覺醒，為了加速覺醒，為了恰當地組織覺醒的力
量，為了民眾的能量不被分散到無關緊要的方向，而是集中射向固定的方向，
總之一句話，就是為了民眾走向為了本民族作堅定而有序的鬥爭，」〔註51〕，
羅扎耶夫斯基號召必須組建一支「民族的先鋒隊」，讓這支「民族的先鋒隊」
「帶領人民大眾，首先進攻共產國際，然後是建設新的俄羅斯民族。」〔註52〕
當然，在羅扎耶夫斯基的邏輯推論裏，這支「民族的先鋒隊」只能是民族性
的政黨，而因為在全俄法西斯黨的「旗幟下已經聚集了強大的、獨立的俄羅
斯人，因為這個黨清楚地聽見了本民族的聲音，在他們的方案裏體現了民族
的意志，」〔註53〕所以，「民族的先鋒隊」、民族性的政黨就是羅扎耶夫斯基
帶領的俄國法西斯黨，也只能是俄國法西斯黨。為了體現這一點，全俄法西
斯黨特別規定：

> 任何一個法西斯場所，包括每一個法西斯主義者的住宅，都應
> 該裝飾十字交叉的黨旗和國旗，象徵著民族與黨牢不可破的關係。
> 在升起宗教旗幟之後要升黨旗，象徵著同樣的關係，以及黨對於民
> 族的從屬地位：全俄法西斯黨是為民族服務的政黨，而不是統治民
> 族的政黨。在法西斯遊行時黨旗要在國旗的前面意味著同樣的關係
> 和黨的作用，作為民族的領導者：全俄法西斯黨是民族覺醒的先鋒
> 隊。〔註54〕

不過，羅扎耶夫斯基巧妙地將全俄法西斯黨的唯一領導地位粉飾成了
是為民族而犧牲，他說，「我們不是那種想控制其他僑民派別的人，不是那
種想將所有的僑民聯合在自己隊伍中的人，我們尤其不是那種謀求僑民領
導權的人：我們跟隨著民族領袖的腳步，實際開展民族革命。但是我們追求
崇高的首創榮耀——如果有需要的話，我們第一個為俄羅斯奉獻生命。」
〔註55〕

〔註51〕 *Родзаевский К.В.* Говорит Российская Нация // Против ВКП (б) – В.Ф.П.! –
　　　　 Харбин, 1936, С. 5.
〔註52〕 *Родзаевский К.В.* Говорит Российская Нация // Против ВКП (б) – В.Ф.П.! –
　　　　 Харбин, 1936, С. 6.
〔註53〕 *Родзаевский К.В.* Говорит Российская Нация // Против ВКП (б) – В.Ф.П.! –
　　　　 Харбин, 1936, С. 7.
〔註54〕 Положение о Партийном Флаге В.Ф.П., утверждено Верховным Советом
　　　　 В.Ф.П., – Харбин, 1936.10.25.
〔註55〕 *Родзаевский К.В.* Говорит Российская Нация // Против ВКП (б) – В.Ф.П.! –
　　　　 Харбин, 1936, С. 8.

　　羅扎耶夫斯基認為，「俄羅斯民族」的目標應該是「民族革命」和「民族建設」，而全俄法西斯黨也將這兩個目標視作自己的奮鬥方向，所以，二者的一致性更決定了全俄法西斯黨的優秀和正確。他認為，更重要的是，全俄法西斯黨已經為俄羅斯民族如何革命和如何建設提供了「鬥爭的道路和方式」，那就是「推翻共產國際的計劃和復興俄羅斯的計劃，這個計劃在本質上保留了自己特點的同時，也融入了僑民政治思想的味道。」〔註56〕

　　應該說，羅扎耶夫斯基是一位十分出色的民族情緒的煽動者，他常將「復興」「團結」「犧牲」與「民族」一詞聯繫在一起。如他在《論俄羅斯民族》（Говорит Российская Нация）一文的結尾寫到：

> 　　俄羅斯人啊！我呼籲你們所有人去克服相互排斥吧，根除斯拉夫人的解體傾向，去友好，去共同奮鬥和工作，去為民族服務吧……請幫助我們的先鋒隊──我們民族的先進隊伍，他們不為自己尋求任何東西，但是他們願用自己的骸骨為您鋪設一條通往俄羅斯人的俄羅斯、通往新的偉大俄羅斯的道路，俄羅斯是俄羅斯人的俄羅斯！〔註57〕

　　在1935年全俄法西斯黨的第三次代表大會上，羅扎耶夫斯基代表全俄法西斯黨提出了對未來俄國的構想，最後在黨綱中明確寫到：

> 　　我們要在蘇聯基礎上建立的新俄羅斯，應該是俄羅斯民族的現實而強大的堡壘，是建立在俄羅斯基礎上的所有俄羅斯人的共同家園──用俄羅斯人的手，也首先是為俄羅斯人。
>
> 　　全俄法西斯黨為法西斯職團俄羅斯而戰，在這個國家，國家政權（超階級的和獨立的）將視自己的職責為實現民族利益、捍衛俄羅斯的自由、勞動和實力，團結俄羅斯人民在共同屬於一個偉大的俄羅斯民族的意識中，保護人民的勞動成果、俄羅斯的自然財富和俄羅斯領土不可侵犯，一句話──為民族而自我犧牲。權力不是權利，而是義務；權力不是主人，而是僕人，是民族的守護者。
>
> 　　在法西斯俄國，每個俄羅斯人都應該感覺自己是一個家庭──

〔註56〕 *Родзаевский К.В.* Говорит Российская Нация // Против ВКП (б) – В.Ф.П.! – Харбин, 1936, С. 9.

〔註57〕 *Родзаевский К.В.* Говорит Российская Нация // Против ВКП (б) – В.Ф.П.! – Харбин, 1936, С. 10～11.

俄羅斯民族的成員，認為個人和階級利益服從於國家利益，記住「共
同的利益先於個人利益」和「祖國的福祉是最高法則」。〔註58〕

1936 年，針對僑民組織之間的衝突和內鬥，以及新老僑民間的矛盾，全
俄法西斯黨提出自己「不是也不能是其他民族主義組織的競爭對手」，「法西
斯主義必須鞏固，而絕不削弱任何一個以某種方式與我們的祖國的敵人戰鬥
的組織」，「每個年輕的法西斯主義者都應該充分尊重老一輩。」〔註59〕1937
年 5 月 1 日，羅扎耶夫斯基在《我們的道路》上發文，呼籲要團結一致並建
立俄羅斯民族陣線。1937 年 7 月 28 日，俄國法西斯主義者同盟和俄羅斯民
族社會主義運動正式結盟，不久俄羅斯民族參戰者同盟、俄羅斯帝制聯盟等
紛紛加入民族陣線。然而，隨著國際局勢的變化，許多參加民族陣線的俄僑
組織都被地方當局禁止或自行解散。〔註60〕

長年的僑居生活使得俄國僑民們異常想念昔日的俄羅斯，而故土上建立
的蘇維埃政權與他們珍視而又親近的俄羅斯傳統格格不入，所以，他們只能
在回憶中尋找自己與祖國的聯繫。恰在此時，普希金的名字成為了這些散居
世界各地的俄國僑民共同的精神紐帶。對他們而言，普希金的作品就是俄羅
斯的過去，它充滿了鮮明的民族意識，描述的不是那些被稱為「多餘的人」
的俄羅斯人的形象，而是一群始終為國家利益服務的人。〔註61〕因而，在那
些自詡為真正的愛國者的人中，不論是君主主義者還是右翼激進分子，都可
以在普希金的作品中找到共同的話題。因為在俄僑的心裏，普希金與祖國俄
羅斯同在。「因此，『俄羅斯文化節』同普希金的生日（6 月 6 日〔註62〕）結合
在一起，作為一個盛大的民族節日在國外慶祝是非常成功的。」〔註63〕俄國

〔註58〕 Программа Всероссийской Фашистской партии, утверждено 3 съездом Российских Фашистов, 1935.7.3. Харбин. ст. 1.

〔註59〕 *Окороков А.В.* Фашизм и русская эмиграция (1920 ～ 1945 гг.). – М.: «РУСАКИ», 2001, С. 32.

〔註60〕 *Окороков А.В.* Фашизм и русская эмиграция (1920 ～ 1945 гг.). – М.: «РУСАКИ», 2001, С. 34～35.

〔註61〕 *Жун Цзе.* Пушкин в сердцах русских харбинцев. // Русский Харбин, запечатленный в слове. Вып. 6. К 70-летию профессора В.В.Агеносова: Сборник научных работ. / под ред. А.А.Забияко, Г.В.Эфендиевой; пер. на кит. Ли Иннань; пер. на англ. О.Е.Пышняк. – Благовещенск: Амурский гос. ун-т, 2012, С. 201～202.

〔註62〕 原文錯寫為 6 月 8 日。

〔註63〕 Л.戈韋爾多夫斯卡婭著，張宗海譯：《俄羅斯僑民在中國的社會政治活動和文化活動（1917～1931）》，日本僑報出版社，2003，第 165 頁。

法西斯黨利用僑民的這種心理和情感，宣揚「普希金是俄國法西斯主義的文化旗幟」，「在普希金的詩句中誕生了民族團結」，提出俄僑法西斯主義分子要在普希金紀念日的時候向世界表明，「將有那麼一天，當所有的分歧都沉默後，偉大的俄羅斯民族的兒女將走到一起，共同捍衛祖國的文化和它未來的堡壘──民族國家。」〔註64〕而且，部分俄僑知識分子很快意識到，「普希金」也可以將不同思想的俄僑群體團結在一起。1926年，哈爾濱難民委員會開始將普希金的誕辰日定為俄國文化日，開展一系列活動。在1930至1938年間，哈爾濱每年都會出版「俄羅斯文化日」的合集，用以刊登有關宗教、文學、藝術等方面的文章。

　　1937年2月10日是普希金逝世一百週年的紀念日，幾乎所有的俄國僑民都在慶祝這一天。旅居上海的俄國僑民在這一天集資建造了當時蘇聯境外唯一的普希金紀念碑，位於上海的汾陽路、岳陽路和桃江路的街心三角公園。「1937年印刷的幾乎所有日曆，雜誌和插圖收藏都與普希金密切相關。」〔註65〕1937年2月11日，羅扎耶夫斯基在《我們的道路》上發表《普希金》（А.С.Пушкин）一文表示，「對於我們法西斯主義者而言，普希金不只是一個名字，更是一面旗幟」，因為「沒有誰能像偉大的俄羅斯詩人一樣，在自己絕美的詩歌中給出了著名的俄羅斯民族的概念」，而「在普希金作品的照耀下，不同派別的俄國僑民找到了一種共同的語言──民族團結。」他指責布爾什維克紀念普希金的活動是在欺騙俄羅斯人民，而俄僑法西斯主義者就是要「捍衛普希金，反對卡岡諾維奇分子中的偽普希金分子」。羅扎耶夫斯基甚至宣稱，「我們的，也只能是我們的普希金是一位俄羅斯民族主義者」，就連普希金的《葉甫蓋尼·奧涅金》中的塔季揚娜·拉林娜也被羅扎耶夫斯基稱作「真正的、責任至上的法西斯主義者。」〔註66〕

　　高舉「民族」旗幟的羅扎耶夫斯基最終將「民族」思想體現在了反蘇鬥

〔註64〕*Родзаевский К.В.* Пушкин. // Наш путь. – Харбин, 1937, 11 февраля, № 37 (1145), С. 1.

〔註65〕*Жун Цзе.* Пушкин в сердцах русских харбинцев. // Русский Харбин, запечатленный в слове. Вып. 6. К 70-летию профессора В.В.Агеносова: Сборник научных работ. / под ред. А.А. Забияко, Г.В. Эфендиевой; пер. на кит. Ли Иннань; пер. на англ. О.Е. Пышняк. – Благовещенск: Амурский гос. ун-т, 2012, С. 195.

〔註66〕*Родзаевский К.В.* Пушкин. // Наш путь. – Харбин, 1937. 11 февраля, № 37 (1145), С. 1.

爭當中。1939 年，俄國法西斯主義者同盟（1937 年 7 月 2 日的全俄法西斯黨最高委員會會議決定將黨名更改為「俄國法西斯主義者同盟」）召開了第四次代表大會。會議通過了新的總計劃，提出「反共產國際的民族協定」（национальный антикоминтерновский сговор）。其所謂的「民族協定」（национальный сговор）是指，全俄法西斯黨要在僑民當中建立民族陣線，從而吸引俄國國內各民族，一旦蘇維埃政府發生變化或者出現戰爭，這些民族就會為俄僑法西斯主義分子打開回歸祖國的大門；而「反共產國際協定」是指，同盟要包括所有的國外的法西斯運動，甚至是要在德、日兩國尋找那些雖主戰但卻不是要分裂俄國的，而是以消滅共產主義、創建友好的俄羅斯為目的的意識形態因素。〔註 67〕事實上，在哈爾濱創建俄羅斯民族陣線的活動早在 1938 年就已經開始了，領導人是謝苗諾夫，但全俄法西斯同盟在其中起到了決定性作用，因為畢竟它聲稱自己要爭取所有的俄國僑民勢力的支持，而且還擁有遍及世界各地的較為廣泛的組織機構。因此，「民族協定」很快就演變成了「民族陣線」，羅扎耶夫斯基的俄國法西斯黨均參與其中，並借此與其他俄僑法西斯組織建立了聯繫。

　　在民族陣線政策的指導下，1939 年 1 月的全俄法西斯主義第四次代表大會邀請了各方勢力的代表，其「名譽主席團」包括了拜達拉科夫（Виктор Михайлович Байдалаков）教授、頭山滿（頭山滿），小野崎（小野崎），尤利烏斯·施特萊歇爾（Julius Streicher），保盧奇（Паулучи），拉斐爾·杜約斯（俄文 Рафаэль Дуйос），卡洛斯·里貝拉（俄文 Карлос Рибера），謝苗諾夫（Г.М.Семёнов），基斯利岑（В.А.Кислицын），圖爾庫（Антон Туркул）等。而新一代民族勞動者同盟在中國東北的總代表阿列克謝耶夫（К.Алексеев）則代表新一代民族勞動者同盟在大會開幕式上致辭。〔註 68〕

　　羅扎耶夫斯基及其追隨者始終認為並強調，自己是俄羅斯民族的、所有階級的和全體俄國人中的民族精英，是具有法西斯主義的意識形態、方案和策略的精英。對於「精英」（элиты），羅扎耶夫斯基認為，「現代生物學和社會學已詳盡地證明，每個民族的存在都取決於其精英，取決於幾個世紀以來產生的少數富有首創精神的精英。精英階層受到權力意志，服務意志，創造

〔註 67〕 *Онегина С.В.* Российский фашистский союз в Маньчжурии и его зарубезные связи. // Вопросы истории, 1997, № 6, С. 152.

〔註 68〕 Незамеченное поколение. / В.С. Варшавский; под ред. Л. М.Суриса – М.-Берлин: Директ-Медиа, 2016, С. 71.

力的啟發，代表著人口的不斷更新。」〔註69〕比如，他認為，正是因為猶太人將以斯帖獻給了阿爾斯塔西斯，引發了波斯民族精英——波斯知識分子被摧毀，古代波斯逐漸衰落並逐漸消失；認為正是英國政府中的「精英」的猶太化，才導致了一戰後英國所有對猶政策的出臺。顯然，羅扎耶夫斯基的精英思想與納粹思想一曲同工，即都是為了宣揚自己才是人民的最佳代表和唯一代表。

「精英」一詞既是羅扎耶夫斯基對自己的定義，也是他強調和區分一個「民族」的標準。同時，「精英」也是羅扎耶夫斯基為俄僑法西斯分子尋找的身份認同，而這種身份認同，一是在於「精英」身份，二是在於非「猶太人」身份。他提出，「法西斯主義將管理民族的權力通過它的精英，即實現民族專政的民族主義政黨轉交給民族自己。這個政黨的大門向各階層的活躍人士敞開，但只向民族成員敞開，猶太人和外國人不會參加這樣的政黨。法西斯專政帶有的不是個人的，而是民族的性質：獨裁者不是以生育權的名義，不是以資本積累的順序統治，不是因為偶然奪取權力，而是民族的代表，是對民族基柱有利害關係的人，是不得不因此而在民族中行事的人。這種設計保證了個人和階級不會影響權力。」〔註70〕這就是羅扎耶夫斯基對於民族精英的定義。這樣的精英首先在組織上表現為一個統一的民族政黨，這個黨「為了讓民族執掌政權，不是由別人教育它，而是由它自己——通過自己組織的精英，通過它最具決定性的，獨立的，最有能力和最有才華的代表。」〔註71〕

與許多早期的精英主義理論相同，羅扎耶夫斯基在強調「精英統治」的同時，也給了「大眾」成為「精英」的希望。全俄法西斯黨許諾，每一位黨員都有機會通過個人努力實現黨內的職位晉升，並為此制定了專門的階梯式的職位等級。全俄法西斯黨的成員共分 11 級，每級黨員都有相應的職級符號。最高為全俄法西斯黨的領袖，其下為全俄法西斯黨領袖的副手和該黨領袖在各處的駐紮官，第 3 級為秘書處負責人、最高委員會成員和最高委員會的特派員，各部門負責人如處長和最高委員會秘書的官員為 4 級，然後是中央總

〔註69〕 *Родзаевский К.В.* Современная иудизация мира или еврейский вопрос в XX столетии. // *Родзаевский К.* Завещание русского фашиста. – М., 2001, С. 256.

〔註70〕 *Родзаевский К.В.* Современная иудизация мира или еврейский вопрос в XX столетии. // *Родзаевский К.* Завещание русского фашиста. – М., 2001, С. 314.

〔註71〕 *Родзаевский К.В.* Современная иудизация мира или еврейский вопрос в XX столетии. // *Родзаевский К.* Завещание русского фашиста. – М., 2001, С. 314.

部領導人和總部官員分列第 5、6 級，而地區領導人、地區總部的領導人和地區總部的官員則為第 7、8、9 級，某類小組的組長為第 10 級，老黨員為 11 級。這種個人憑能力晉升的承諾和明確的等級結構，切中了現實生活中處處碰壁的俄國僑民對生活的希望和對權力的渴望。

民族理論和精英思想的結合，產生了俄國法西斯黨與其他法西斯主義政黨相同的「領袖至上」原則。羅扎耶夫斯基成為了該黨的最高元首，其肖像經常懸掛於俄國法西斯黨活動的各種場所，報刊雜誌中也經常出現「法西斯領袖羅扎耶夫斯基說」這樣的詞語。在 1943 年 4 月 18 日俄國法西斯黨上海分部的成立大會上，除了懸掛帝俄、日本、德國、意大利國旗和南京汪偽政權「國旗」外，還懸掛了羅扎耶夫斯基的畫像。〔註72〕

第二節 羅扎耶夫斯基的反共思想

意大利法西斯主義和德國民族社會主義中的極端反共主義，是法西斯主義能夠迎合部分俄國僑民心理的原因之一，而本就敵視蘇維埃政權的羅扎耶夫斯基更是將反共主義作為自己俄國法西斯主義的重要組成部分。在 20 世紀上半葉的俄僑群體中，信奉法西斯主義思想的俄僑組織不在少數，但在羅扎耶夫斯基看來，這些俄僑法西斯主義組織「對法西斯主義理解得並不充分，或是在個別問題上有一些不正確的表述，常常歪曲了法西斯主義的方向，抹殺了它的能動主義或是將它引向了一個完全不必要的方向。」因此他認為，只有俄國法西斯黨最「充分地反映了俄國法西斯主義的意識形態，是將實現這種意識形態作為目標的最積極的組織。」〔註73〕對這種目標的追求在羅扎耶夫斯基的法西斯主義思想中很大程度地表現為強烈的反共主義。

一、羅扎耶夫斯基反共思想的主要內容

在羅扎耶夫斯基 1945 年寫給斯大林的信中，他寫到：「在共產主義中，當時對我們來說不能接受的是國際主義，我們認為它是對俄羅斯和俄羅斯人的蔑視，對俄國人民的否定，是自然科學和歷史唯物主義，它們宣布宗教是給人民的鴉片。」〔註74〕由此可以看出，羅扎耶夫斯基對共產主義的抨擊主

〔註72〕汪之成：《近代上海俄國僑民生活》，上海辭書出版社，2008，第 252 頁。

〔註73〕 *Родзаевский К.В.* Азбука фашизма. – Харбин, 1934, С. 24.

〔註74〕 *Онегина С.* Письмо К.В. Родзаевского И.В.Сталину. // Отечественная история,

要表現在三個方面，一是共產主義的國際性，二是共產主義對待民族問題的態度，三是共產主義的無神論立場。

在羅扎耶夫斯基看來，共產主義的國際性特點主要表現在共產國際的存在。在作為俄國法西斯黨黨員手冊《法西斯主義ABC》中，共產國際被定義為「各國共產黨代表的國際性集會」，「共產國際被稱為第三國際，以區別於上世紀六十年代馬克思創立的第一國際和由歐洲的社會民主黨代表組成的第二國際。」〔註75〕而共產國際在羅扎耶夫斯基等俄僑法西斯分子眼中，是世界猶太人統治世界的工具。世界猶太組織通過共產國際，「將俄國作為橋頭堡，在『世界無產階級革命』的旗幟下、通過『全世界無產者聯合起來』的口號，尋求世界的主宰權。」〔註76〕

羅扎耶夫斯基反覆強調共產國際和布爾什維克的國際性特徵，其目的就是想使人們將這一特徵與猶太人分布於世界各地的特徵聯繫在一起，因為羅扎耶夫斯基的反共思想是與反猶主義思想緊密相關的。而這種相關性最直觀的體現就是俄國法西斯黨以卐字符作為該黨的徽章，即使是在德國開始進攻蘇聯以後，他們也未將卐字符取消。羅扎耶夫斯基明確表示，全俄法西斯黨徽章中的卐字符就是象徵著他們要「與世界的惡，即共產主義和催生它的猶太共濟會作積極鬥爭。」〔註77〕他認為，「兩個相對的猶太共產主義和猶太資本主義以不同的方式威脅要將我們變成『原始的平等』，要剝奪家庭，財產和國家，」〔註78〕無產階級專政是猶太政治家的專政，是共濟會的專政。羅扎耶夫斯基認為，共產主義提出建立沒有剝削和壓迫的社會是不存在的，因為共產主義思想本身就是由猶太人提出的，所有的共產黨都是猶太人建立的。所以建立共產主義組織只是猶太人統治世界的手段之一，更是猶太資本掠奪世界資源的另一種方式。因此，全俄法西斯黨在黨綱中宣稱：「俄國法西斯主義消滅共產主義的掠奪，防止資本主義的剝削。」〔註79〕

1992, № 3, С. 94.

〔註75〕 *Родзаевский К.В.* Азбука фашизма. – Харбин, 1934, С. 17.

〔註76〕 *Родзаевский К.В.* Азбука фашизма. – Харбин, 1934, С. 17.

〔註77〕 Положение о Партийном Знамени, утверждено Верховным Советом В.Ф.П., – Харбин, 1936.10.25.

〔註78〕 Положение о Партийном Знамени, утверждено Верховным Советом В.Ф.П., – Харбин, 1936.10.25.

〔註79〕 Программа Всероссийской Фашистской партии, утверждено 3 съездом Российских Фашистов, – Харбин, 1935.7.3.

羅扎耶夫斯基試圖為僑民塑造一幅共產主義統治的恐怖景象。他說到，「共產主義的恐怖是針對誰的？它是針對以前的統治階層，針對自古老的帝俄時代以來的俄羅斯民族的『精英』。他們殺死了神職人員、貴族、軍官、資產階級、知識分子，並以暗殺沙皇及其整個家族為榮。」〔註80〕

羅扎耶夫斯基認為，共產主義者提出的「全世界無產者聯合起來」的口號是以階級鬥爭取代了民族鬥爭。在他看來，共產國際消除了民族與民族之間的界限，使每個民族都喪失了其獨立性，從而達到自己的最終目的，即「在壓制民族之後奪取國家！通過世界性的社會革命在全世界範圍內傳播蘇維埃聯盟的共產國際（所有國家的共產黨的某些「代表」的集合）追求統治全人類的權力。」〔註81〕而且，羅扎耶夫斯基認為，被劃分為數個「加盟共和國」的蘇聯，就是共產國際肢解俄國、引發民族分離主義和民族敵對主義的最大證據。

在羅扎耶夫斯基眼中，蘇聯政府遵照民族平等原則，進行民族甄別和民族劃界，以及成立蘇維埃聯邦和各加盟共和國是肢解統一俄國的做法。即將「俄羅斯民族劃分為俄羅斯人（русский），或稱大俄羅斯人（великоросс）、烏克蘭人（украинец）和白俄羅斯人（белорус）等」，「對俄羅斯人民的民族國家的統一造成了空前打擊」，而且在共產主義的宣傳中，「俄羅斯人（русский）在過去是壓迫者，在蘇維埃實踐中是現在的『剝削者』」，這些都加劇了其他民族對俄羅斯人的仇恨。所以，羅扎耶夫斯基認為，在蘇聯實際上是「確定了以國際主義為幌子的猶太民族主義反對非猶太民族主義。」〔註82〕

羅扎耶夫斯基一直宣稱自己才是真正的民族主義者，他建立的俄國法西斯黨才是民族主義的政黨，他要建立的法西斯俄國才是一個俄羅斯民族國家。因為法西斯俄國不是由生物學意義上的單一的俄羅斯族（русский）構成，而是由「俄羅斯民族」（российская нация）構成的。羅扎耶夫斯基抨擊蘇聯的民族政策，認為「在蘇聯暫時允許民族感情，但不允許發展為民族意識。民族意識已經被蘇維埃意識所取代」，「布爾什維克正在人為地將俄羅斯民族（российская нация）塑造成一個『蘇維埃民族』（советская нация），那些接受了馬克思主義、接受了以共產黨『無產階級專政』為代表的猶太復國主義

〔註80〕Положение о Партийном Знамени, утверждено Верховным Советом В.Ф.П., – Харбин, 1936.10.25.

〔註81〕*Родзаевский К.* Завещание русского фашиста. – М., 2001, С. 275.

〔註82〕*Родзаевский К.* Завещание русского фашиста. – М., 2001, С. 492.

者專政的人民。」〔註83〕

羅扎耶夫斯基認為，相信「精神高於物質」是俄國法西斯主義的主要特徵，而信奉東正教的俄僑法西斯主義者應該忠實於自己的信仰，同時他也宣稱，「俄國法西斯主義者主張宗教信仰完全自由。」〔註84〕在全俄法西斯黨哈爾濱分部制定的《全俄法西斯黨哈爾濱分部第三區部大學生小組成員須知》（Инструкция для Членов студенческой группы 3-го района Харбинского Отдела В.Ф.П.）中明確規定，成員要「真正信奉自己的信仰，與無神論者做鬥爭。」〔註85〕1937年2月15日，在全俄法西斯黨的倡議下，甚至成立了國際反無神論和無神論者的東正教委員會。〔註86〕所以，羅扎耶夫斯基認為沒有東正教信仰的蘇聯不能被稱為俄國歷史的繼承者。

但是，羅扎耶夫斯基又在自己的悔過書式的信中寫到，「曾被統治階級利用的宗教，在這些階級被消滅之後，它就具有了原始基督教的基本含義——即成為了勞動人民的宗教。東正教必然應該與蘇維埃國家融洽相處，並使教會與國家結成強有力的聯盟，因為這個國家已經成為熱愛勞動且有信仰的俄羅斯人民的有組織生活的堡壘。我們也不是為了國家─教會的天主教從屬制度而戰，而是為這種自由聯盟而戰。」〔註87〕羅扎耶夫斯基甚至宣稱，他和俄僑法西斯主義分子想要實現的這種「教會與國家結成強有力的聯盟」已經「在1945年斯大林統治下實現了」，而且「斯大林主義使共產主義與宗教和解的同時，也實現了共產主義與民族和解。」〔註88〕

二、羅扎耶夫斯基反共思想的實質

他不止一次強調，「全俄法西斯的陣線，是為了祖國人民的光明未來和俄羅斯的偉大復興而與共產主義進行無情鬥爭的陣線」，因此，全俄法西斯黨反蘇活動的主要方向就是「向蘇聯散發法西斯文獻、組織恐怖活動、破壞活動

〔註83〕 *Родзаевский К.* Завещание русского фашиста. – М., 2001, С. 273～274.

〔註84〕 *Родзаевский К.В.* Азбука фашизма. – Харбин, 1934, С. 34.

〔註85〕 *Окороков А.В.* Фашизм и русская эмиграция (1920 ～ 1945 гг.). – М.: «РУСАКИ», 2001, С. 169.

〔註86〕 *Окороков А.В.* Фашизм и русская эмиграция (1920 ～ 1945 гг.). – М.: «РУСАКИ», 2001, С. 181.

〔註87〕 *Онегина С.* Письмо К.В. Родзаевского И.В.Сталину. // Отечественная история, 1992, № 3, С. 95.

〔註88〕 *Онегина С.* Письмо К.В. Родзаевского И.В.Сталину. // Отечественная история, 1992, № 3, С. 95.

和暴亂。」〔註89〕「俄僑法西斯者向共產主義政權宣戰是因為，這一政權是反俄羅斯的，是仇恨俄羅斯人民的，是破壞俄羅斯民族的，是猶太人的政權，是凌駕在俄羅斯國家之上的國際猶太政權，是欺騙、壓迫和剝削勞動者的政權。」〔註90〕在他眼中，俄共（布）的創始人幾乎都是俄國猶太貴族和猶太知識分子，他們借助於猶太資本在1917年的十月革命中奪取了俄國政權。所以，現在的蘇聯「實際上是散居在原俄國土地上的猶太人的國家，他們掠奪了俄國財富，作為奴隸主和土地主而掌控俄羅斯人民。蘇聯是聯共（布）的領地，因而也是世界猶太人的領地。」〔註91〕而作為信奉共產主義的政黨，蘇聯共產黨執行的無產階級專政實際上是「猶太領導人對無產階級的專政」，「他們很少擔憂無產階級、工人和農民的利益，而只在乎他們的個人利益，關心個人的幸福，最後的結果就是他們有意或無意地與其他猶太人一起，將奴役俄國和消滅俄羅斯民族作為自己掌控世界霸權的第一步。」〔註92〕另外，羅扎耶夫斯基還認為，在蘇聯共產黨的背後是猶太人的共產國際，蘇聯共產黨只是共產國際在莫斯科的一個分部，而位於莫斯科的「共產國際執行委員會才是俄羅斯蘇維埃聯邦社會主義共和國，烏克蘭蘇維埃社會主義共和國和整個蘇聯的最高權力機構，是在全人類之上的血腥之星。」〔註93〕俄國法西斯黨還在自己的宣傳單中寫到，「俄羅斯人！請記住，在社會主義共產主義革命之火的灰燼中，俄羅斯民族定會滅亡，俄羅斯人民的獨立性也隨之滅亡。作為國際資本的僕人的共產黨正在導致這樣一個事實，即所有那些沒有祖先的國際流浪漢開始統治俄羅斯，並使俄羅斯人民處於奴隸的地位。」〔註94〕

就這樣，羅扎耶夫斯基將自己的反共思想具體化為反對蘇維埃政權和反對蘇聯共產黨。在他看來，共產主義是猶太人統治世界的工具，蘇聯共產黨是共產主義的執行者，而「蘇維埃政權」又是「共產黨專政」的工具，在這樣的思維邏輯下，羅扎耶夫斯基提出，蘇維埃國家只是「禁止被稱為民族的人民的聯

〔註89〕ГАХК. Ф. 1128. Оп. 1. Д. 101. Л. 75.; *Аблова Н.Е.* КВЖД и российская эмаграция в Китае. – М.: НПИД «Русская панорама», 2004, С. 331.

〔註90〕*Родзаевский К.В.* Азбука фашизма. – Харбин, 1934, С. 16.

〔註91〕*Родзаевский К.В.* Азбука фашизма. – Харбин, 1934, С. 17.

〔註92〕*Родзаевский К.В.* Азбука фашизма. – Харбин, 1934, С. 14.

〔註93〕*Родзаевский К.* Завещание русского фашиста. – М., 2001, С. 275.

〔註94〕*Окороков А.В.* Фашизм и русская эмиграция (1920 ～ 1945 гг.). – М.: «РУСАКИ», 2001, С. 203.

盟。」〔註95〕

　　然而，同樣是在 1945 年寫給斯大林的信中，羅扎耶夫斯基詭辯稱自己在反對共產主義和蘇共（布）時，盡力不反對蘇維埃國家。但實際上，蘇維埃制度是羅扎耶夫斯基抨擊的主要對象，對此，他不僅專門撰寫了《批判蘇維埃國家》（Критика советского государства）一書，對蘇聯的制度與管理，特別是蘇聯的集體農莊、黨的組織、五年計劃、工業化及政權機關等進行了批判，還在黨內專門成立研究小組研究蘇聯制度，並將研究結果定期發表在黨報黨刊上。但是，他的很多組織構想，甚至是國家管理方式都來自於這個他所抨擊的蘇維埃制度。而且，羅扎耶夫斯基十分推崇俄共（布）對思想宣傳工作的重視。在他看來，俄國白衛運動失敗的原因首先是，白衛運動只是「通過對共產主義政權的仇恨而聯合在一起，他們完全沒有預先設定未來的俄羅斯國家的政治架構，更主要是社會架構，」其次是白衛運動只是依靠武力手段，而「布爾什維克的主要鬥爭手段是通過共產主義宣傳使白色陣線在精神上瓦解。」〔註96〕他還在 1936 年專門以《反對聯共(布)》（Против ВКП (б)）為題出版了小冊子。

　　另外，羅扎耶夫斯基在回答為什麼稱自己為「法西斯主義者」時曾表示，因為「法西斯主義者」這一詞彙「最能充分反映我們運動的本質，表現我們的意識形態」，並且「法西斯主義」一詞在蘇聯十分流行，「共產黨人最喜歡批評法西斯主義。」〔註97〕可見，羅扎耶夫斯基的法西斯主義思想的產生，很大程度上緣於蘇聯共產黨的反法西斯主義的態度。

　　儘管在羅扎耶夫斯基的定義中，「法西斯主義者」一詞代表了他們是有著反共、反蘇和反猶主義思想的一群人，但在 1945 年為了返回蘇聯，羅扎耶夫斯基卻刻意抹去了其中的反共、反蘇含意，聲稱「『法西斯主義者』一詞在蘇聯的理解上有著完全固定的十惡不赦的惡棍之意。『俄國法西斯主義者』一詞在我們的理解上是世界猶太資本主義的敵人、在宗教、民族和勞動的原則基礎上努力建立新俄羅斯的俄羅斯民族主義者的意思。」〔註98〕

〔註95〕 *Родзаевский К.* Завещание русского фашиста. – М., 2001, С. 275.

〔註96〕 *Родзаевский К.В.* Азбука фашизма. – Харбин, 1934, С. 21.

〔註97〕 *Родзаевский К.В.* Азбука фашизма. – Харбин, 1934, С. 23.

〔註98〕 Командующему оккупационными войсками красной армии СССР в Маньчжурии маршалу А.М.Василевскому. // Родина, 1992, № 11～12, С. 14.

第三節　羅扎耶夫斯基的反猶主義思想

從構建俄國法西斯主義和建立法西斯主義組織開始，羅扎耶夫斯基就將反猶主義作為重要內容和主要目標，宣稱「猶太人是所有民族國家的天生的敵人」，所有的法西斯運動「都與那些總是阻撓一些國家民族復興的猶太人做堅決鬥爭。」〔註99〕他在《我們的道路》、《民族》等一切自己可以發表文章的刊物中大肆宣傳反猶主義，鼓動所有的俄國人團結起來，共同打擊猶太人的「惡勢力」。「猶太陰謀」「猶太共濟會在消滅俄羅斯人當中發揮作用」等語句充斥其間。在反對自由主義和社會主義的過程中，羅扎耶夫斯基定義了俄國法西斯主義。如果說，這種定義是一種理論性判定的話，那麼羅扎耶夫斯基對於他所處時代的世界和過往的世界歷史的思考，則屬於一種對俄國法西斯主義空間性的（地理上的）和時間性的（歷史上的）定義，這種定義被他寫入了《當代世界的猶太化與 20 世紀的猶太問題》一書。對世界發展猶太化的判斷和以種族問題看待世界歷史，是羅扎耶夫斯基的反猶主義思想形成的基礎。

羅扎耶夫斯基甚至認為「蘇聯的俄國知識分子大規模滅絕在阿爾塔薛西斯〔註100〕統治下的波斯知識分子大規模滅絕中就有了一個遙遠的原型。」〔註101〕但有一點，羅扎耶夫斯基認為當代猶太人（Иудей）在拒絕了彌賽亞（мессианизм）以後，就已不是最早的猶太人（Еврей），而是猶太王國（иудейское царство）的後代。〔註102〕羅扎耶夫斯基反對和抨擊的正是這種「猶太」。在他看來，作為民族的猶太人在耶路撒冷毀滅後，分散到了世界各地，卻仍然保持著對本民族的絕對忠誠；作為宗教的猶太人，以塔木德為基礎，認為自己被選為具有生活權，政治、經濟和文化規則的世俗力量，可以享受世俗財產。對於猶太民族而言，他們不信奉除了猶太教以外的任何宗教，而這一宗教也使散佈在不同國家的猶太人團結成為一個單一的猶太民族。這樣，對於所有猶太人來說，共同的出身和共同的宗教一起構成了一個統一的

〔註99〕 *Родзаевский К.В.* Азбука фашизма. – Харбин, 1934, С. 14～15.

〔註100〕阿爾塔薛西斯二世（Artaxerxes II，？～前359年），波斯國王（公元前403年～約公元前359年在位），統治時期實行殘酷政策。

〔註101〕 *Родзаевский К.В.* Современная иудизация мира или еврейский вопрос в XX столетии. // *Родзаевский К.* Завещание русского фашиста. – М., 2001, С. 122.

〔註102〕在現代俄語中，常用 иудей 強調猶太人的宗教屬性，用 еврей 強調猶太人的民族屬性。參見 Словарь русского языка: В 4-х т. / РАН, Ин-т лингвистич. Исследований; Под ред. А.П.Евгеньевой. – 4-е изд., стер. – М.: Рус. яз.; Полиграфресурсы, 1999.

民族。以這些觀點為基礎，羅扎耶夫斯基形成了對「猶太」的定義。

一、羅扎耶夫斯基論猶太問題

　　與希特勒法西斯主義否定猶太人是一個民族不同，羅扎耶夫斯基認為猶太是一個民族，因為他們作為「永恆的流浪者從一個國家趕來，在另一個國家定居，然後前往第三個，隨後又回到第一個——這個週期一直持續到今天。由於猶太人流浪已有數百年之久，他們表現出了對血統的絕對契約和對自己的歷史盟約、宗教信仰和心理的絕對忠誠，」〔註103〕這符合羅扎耶夫斯基對民族是一個精神統一體的定義。但是，羅扎耶夫斯基與納粹分子一樣，強調猶太民族與其他上帝創造的民族不同，它是存在於其他民族當中的。從羅扎耶夫斯基對猶太民族的定義中可以看到，他對「民族」和「種族」概念含糊不清，甚至是混亂的。他認為，是猶太教將猶太人變成了一個猶太民族，而且在時間上要早於其他很多民族，因為塑造民族的兩個因素——統一的心境、統一的意識都借猶太教之手在其中發揮了作用，而第三個因素——統一的出身，是用血緣關係凝聚了精神有機體，所以他認為猶太人既是一個民族，也是一個種族。固執地分散存在於其他國家和民族當中的猶太民族，信奉的宗教具有排他性和為猶太民族擴張野心而服務的特點，構成了羅扎耶夫斯基對「猶太」的理解。由此，他得出了幾乎與所有反猶主義者同樣的觀點，「猶太人對其他人民的危險並不在於猶太人是一個民族，而是在於它是一個特殊的民族——國際民族（интернация）〔註104〕：一個國家間的和某國內的民族。它這個民族，散佈在世界其他國家之中，已經滲透到其他民族的機體中，並從內部分解這個機體。它沒有正常的階級結構，因為，一個寄生蟲一樣的民族，它依賴其他民族而存在，它吸食他們的脂膏和血液，蠶食他們所有的生命力量。這是猶太問題的實質。猶太人像寄生蟲、吸血鬼一樣以其他人為生；猶太民族已成為其他民族身上的國際民族！」〔註105〕

〔註103〕 *Родзаевский К.В.* Современная иудизация мира или еврейский вопрос в XX столетии. // *Родзаевский К.* Завещание русского фашиста. – М., 2001, C. 129.

〔註104〕 「интернация」是由「интер」和「нация」合成。「интер-」為俄文較常見前綴，意為「之間」「邊際」「國際」，它與意為民族的「нация」合在一起有超過國境、遊走世界的民族的含意，符合猶太人的身份。因此，本書將「интернация」譯為「國際民族」。

〔註105〕 *Родзаевский К.В.* Современная иудизация мира или еврейский вопрос в XX столетии. // *Родзаевский К.* Завещание русского фашиста. – М., 2001, C. 139.

　　羅扎耶夫斯基相信共濟會的存在，並且認為它是一個十分古老且秘密遍布世界各國的組織。在定義了猶太民族和猶太教後，羅扎耶夫斯基開始了對所謂「共濟會陰謀」的揭露。〔註106〕與其他反猶太分子一樣，羅扎耶夫斯基認為，猶太人通過對共濟會的滲透而使之成為屬於自己的國際性組織，該組織的目標就是「在現代宗教和國家的廢墟上建立一個由共濟會領導人操縱的無神論國家。」〔註107〕共濟會使猶太人緊密地團結在一起，獲取所謂的世界霸權，而「共濟會的主要工具是神秘和製造虛假信息，」〔註108〕儘管共濟會在世界各地表現為不同形式，但是「同樣的意識形態、綱領、象徵符號和策略保證了共濟會的統一性。」〔註109〕

　　羅扎耶夫斯基將目標集中在了最為重要的歷史事件之一「法國大革命」，因為在他看來，「從18世紀開始，全世界命運發生了險惡的轉折。猶太人通過共濟會策動了法國大革命，」〔註110〕傳播了自由、民主、平等思想的法國大革命也讓人們接受了猶太人也應享有平等權利的思想，而猶太人則借機在平等的旗幟下建立了殘酷的不平等，因為每個猶太人都不是一個人，不是個人主義者，而是有一個統一的猶太世界在各國作祟。〔註111〕因此，羅扎耶夫斯基在將猶太人稱為「國際民族」的同時，也將其稱之為「世界猶太人」（всемирное еврейство）。

　　羅扎耶夫斯基圍繞著猶太問題展開了對自由主義、民主制度、資本主義和社會主義等問題的論述。他認為，自由主義理論與自然法學派和社會契約論密切相關，而這些理論的創造者格羅秀斯（Hugo Grotius）、霍布斯（Thomas Hobbes）、伏爾泰（François-Marie Arouet）、狄德羅（Denis Diderot）、達朗伯

〔註106〕俄國歷史上的「共濟會陰謀論」有著深刻的歷史淵源。特別是在20世紀初，一些與共濟會有關係的事件相繼出現，這使部分持保守主義立場的俄國學者開始發表有關「共濟會陰謀」的言論。

〔註107〕 *Родзаевский К.В.* Современная иудизация мира или еврейский вопрос в XX столетии. // *Родзаевский К.* Завещание русского фашиста. – М., 2001, С. 145.

〔註108〕 *Родзаевский К.В.* Современная иудизация мира или еврейский вопрос в XX столетии. // *Родзаевский К.* Завещание русского фашиста. – М., 2001, С. 148.

〔註109〕 *Родзаевский К.В.* Современная иудизация мира или еврейский вопрос в XX столетии. // *Родзаевский К.* Завещание русского фашиста. – М., 2001, С. 158.

〔註110〕 *Родзаевский К.В.* Современная иудизация мира или еврейский вопрос в XX столетии. // *Родзаевский К.* Завещание русского фашиста. – М., 2001, С. 161.

〔註111〕 *Родзаевский К.В.* Современная иудизация мира или еврейский вопрос в XX столетии. // *Родзаевский К.* Завещание русского фашиста. – М., 2001, С. 162 ～163.

爾（Jean le Rond d'Alembert）等百科全書派和盧梭（Jean-Jacques Rousseau）等都是共濟會分子，自由主義宣稱「個人至上」，使「人」屈從於滿足本能和追求快樂，從而咬上了猶太人「物質至上的魚鉤」。政治中的自由主義——民主制為猶太人的政治活動打開了更加廣闊的領域，因為猶太人可以提供民主制中的政黨所需要的一切資金，也可以進入政黨，而羅扎耶夫斯基認為，這正是希特勒上臺後首先要消滅政黨的原因，即清除猶太人的影響力和摧毀共濟會組織。經濟中的自由主義——資本主義使「無原則但有組織的」〔註112〕猶太人在自由競爭中「如魚得水」，將資本主義制度變成了他們統治世界的一種形式，所以「資本主義沒有任何動盪，以演變的方式就導致了他們的國際金融組織掌權。」〔註113〕社會主義反對自由化並揭穿民主，但社會主義拒絕個人，只有集體，只有階級，提倡全世界無產階級聯合，這些都符合猶太人的利益，因為社會主義的領袖大多是猶太人。這些就是羅扎耶夫斯基所謂的理論邏輯，那些有猶太人出現的地方就是猶太人的。

　　羅扎耶夫斯基將自己最為厚重的一本著作冠以《當代世界猶太化或者20世紀的猶太問題》（Современная иудаизация мира или еврейский вопрос в XX столетии）之名，而且，他作為20世紀的見證人，自然更為關注他所處的時代。1940年6月，他曾在哈爾濱鐵路大會上專門做了一份關於猶太問題的報告，其後他將報告整理出版成小冊子《猶大的末日：解放前的世界》（Иуда на ущербе. Мир перед освобождением）。他宣稱，自己用一系列數據證明了在1914至1918年的世界大戰中世界猶太人和共濟會的罪惡，而他最大的證據卻是一張所謂在1890年出版的以《皇帝的夢》（Сон Кайзера〔註114〕）為題的地圖，但就連這張地圖也只不過是1933年底由俄國法西斯黨的機關刊物《我們的道路》複製出來的。然後，羅扎耶夫斯基又以慣用的推理方式，即戰後國際組織中只要有猶太人的身影，那麼它就是猶太人的工具，證明了各

〔註112〕1 *Родзаевский К.В.* Современная иудизация мира или еврейский вопрос в XX столетии. // *Родзаевский К.* Завещание русского фашиста. – М., 2001, С. 168.

〔註113〕1 *Родзаевский К.В.* Современная иудизация мира или еврейский вопрос в XX столетии. // *Родзаевский К.* Завещание русского фашиста. – М., 2001, С. 176.

〔註114〕「Кайзера」源於德語「Kaiser」，原指「凱撒」，後指德意志帝國「皇帝」。在俄語中，羅馬帝國執政官「凱撒」一詞有多種譯法，如「Кесарь」「Цезарь」和「Кайзер」等，但常用「Цезарь」，現代俄語中沙皇（царь）即是цезарь音變的結果。結合羅扎耶夫斯基本意，此處譯作「皇帝」。（參見 Этимологический словарь русского языка https://vasmer.slovaronline.com/ [2020-10-25]

種國際組織都是由猶太人創立或佔據的，比如國際聯盟、國際人權聯盟、共產主義者同盟，甚至是各國共產黨的建立。他認為，「世界80％的首都，60％的新聞界都屬於」猶太人。〔註115〕

　　就連羅扎耶夫斯基自己親身經歷的第二次世界大戰也被他說成了是猶太人的戰爭，所謂是波蘭人挑起了戰爭，但只不過是想與母國德國統一而已，波蘭走廊將統一的德國一分為二，而慕尼黑協定則是一次令猶太人失敗的國家間談判。他評論1939年的《蘇德互不侵犯條約》是蘇德雙方為了爭取暫時喘息而簽訂的並不真誠的條約，「德國要藉此打敗其在西方的對手，而蘇聯正在等待德國衰落的那一刻，以便從東方突襲德國。」〔註116〕但他終究無法再用「猶太問題」解釋法西斯德國對蘇聯的入侵，所以他只能選擇避而不談，只能用世界人民對蘇聯的援助和俄國猶太人積極參加保衛蘇聯的鬥爭，證明自己荒謬的觀點——「蘇聯是猶太人的。」〔註117〕

　　為了證明蘇維埃政權完全是一個猶太人的政府，羅扎耶夫斯基宣稱自己不僅考察了1917年二月革命時期的工人士兵代表蘇維埃執委會成員，而且也考察了斯大林時期的蘇維埃政府。全俄法西斯黨的報紙《我們的道路》（№293）還專門列舉了1935年蘇聯共產黨委員會成員中的猶太人名單，聲稱其中有「猶太人42名，俄羅斯人4名，亞美尼亞人1人和布里亞特人1名。」羅扎耶夫斯基甚至在《當今世界的猶太問題和20世紀的猶太化》一書中，不厭其煩地羅列出了1934年和1937年蘇聯政府中的，以及同一時期蘇聯駐德、英、法、意等15國代表中所謂的猶太人名單。

　　羅扎耶夫斯基還將他的祖國「紅星下的俄羅斯」描繪成了一個受人奴役的國家。他寫到，「我們面前的是遼闊無垠的祖國大地……俄羅斯的村莊與城市。集體農場和工業化……集中營……五年計劃……俄羅斯人民屍骨上的社會主義建設……『世界上最完美的民主制』……『世界上最自由的人民』……蘇維埃社會主義共和國聯盟。」〔註118〕在這個國家裏「猶太人極為靈活地利用了與馬克思主義沒有任何關係的委員會，並深深植根於俄國的過去。但在1905年，它被托洛茨基（Л.Д.Троцкий）引入到了布爾什維克黨粗鄙的大綱

〔註115〕*Родзаевский К.В.* Иуда на ущербе. – Шахай, 1941, С. 5.

〔註116〕*Родзаевский К.В.* Современная иудизация мира или еврейский вопрос в XX столетии. // *Родзаевский К.* Завещание русского фашиста. – М., 2001, С. 355.

〔註117〕*Родзаевский К.В.* Азбука фашизма. – Харбин, 1934, С. 16.

〔註118〕*Родзаевский К.В.* Современная иудизация мира или еврейский вопрос в XX столетии. // *Родзаевский К.* Завещание русского фашиста. – М., 2001, С. 94.

中，1917 年又被斯捷克洛夫（Ю.М.Стеклов）〔註 119〕想起。」〔註 120〕

可見，羅扎耶夫斯基是要誘導俄國僑民將蘇維埃政權與猶太主義的陰謀聯繫在一起，並讓他們將這種聯想和仇恨付諸於推翻共產主義政權的實際行動。所以，他不承認蘇聯是俄國的繼承者，而蘇聯人也不是俄羅斯民族文化的承載者。由此，羅扎耶夫斯基提出，只有法西斯俄國才是俄國歷史的延續者，只有俄僑法西斯主義分子才是俄羅斯民族文化的承載者。他宣稱德意兩國因為擺脫了共產主義與共濟會而成為強大的國家，但他卻忽視了由於德意對整個歐洲的侵略和德國在蘇聯土地上的暴行而產生的俄國民眾對法西斯主義的仇恨。

如此這般，在羅扎耶夫斯基的筆下，在歐洲，英國、法國、西班牙、荷蘭等資本主義國家的政府部門中充斥著猶太人，經濟中的各個行業都被猶太人把控，文化教育領域也被猶太人的耀眼成就所遮蓋。他稱英國是「20 世紀的『以色列之劍』，」法國是著名猶太人「羅斯柴爾德兄弟」的國家（因為在俄語中，法蘭西共和國「Республика Французкая」和羅斯柴爾德兄弟「Ротшильды Фрер」都可以縮寫為 Р.Ф.），荷蘭是猶太人的「避難所」，波蘭是猶太人的「文化堡壘」，捷克斯洛伐克是猶太人的「天堂」，南斯拉夫是「一個不知道反猶主義為何物」的國家……這些歐洲國家不論大小，不論猶太人數量的多少，都成了被猶太人控制的傀儡，並且無一不存在猶太化問題。當然，同屬於法西斯主義國家的德、意兩國在羅扎耶夫斯基的描述中則是另外一種景象。在東亞，猶太人通過鴉片貿易打開了通往東亞的道路。在南亞，帝國主義殖民政府中不是猶太人，就是共濟會分子。在美洲，最重要的猶太人的領導機構就設在美國，蘇聯、英國和美國成為了世界猶太人的三大基地。

羅扎耶夫斯基曾用藍色（代表具有猶太政權的國家）、白色（代表具有猶太文化和猶太經濟影響、但尚無猶太政治力量的國家）、褐色（代表獨立自主的法西斯主義的、不受猶太化約束的國家），三種顏色繪製的地圖來表現他眼中的世界。如果再結合他稱為第四維度的時間維度，這張 20 世紀的世界地圖就變成了如下的樣子：

〔註 119〕 斯捷克洛夫（Ю.М.Стеклов），1873～1941。筆名涅夫佐羅夫（Ю. Невзоров），真實姓名奧夫欣・莫伊謝維耶維奇・納哈姆基斯（Овший Моисéевич Нахáмкис）。俄國革命家，蘇聯著名政治活動家、出版家和歷史學家。

〔註 120〕 *Родзаевский К.В. Современная иудизация мира или еврейский вопрос в XX столетии. // Родзаевский К. Завещание русского фашиста. –* M., 2001, C. 95.

　　1900 年，藍色只有英國和美國，白色是世界其他地方，只有日本是褐色。

　　1910 年，藍色斑點蔓延開來，到了法國、法國殖民地、英美殖民地、亞洲和非洲的部分地區，澳大利亞以及大洋洲的大部分地區。藍點在歐洲其他地區正在加劇，並出現在南美，逐漸接近日本。

　　1920 年，俄羅斯，德國和在奧匈帝國，巴爾幹半島，亞平寧半島和伊比利亞半島，斯堪的納維亞半島的廢墟上形成的國家，除日本外，整個世界都染成了藍色。共產國際和國際聯盟正急於鞏固這一結果。

　　1930 年，藍點遊動並開始縮小：除日本外，還有一個褐色國家——意大利，而每個國家都出現了褐色斑點。

　　1940 年，法西斯德國在歐洲擊敗了猶太人，所以，1940 年是歐洲擺脫黑暗勢力的一年。〔註 121〕

如此這般，羅扎耶夫斯基將猶太人在世界範圍內的遷移和演變過程稱為「當代世界的猶太化」，將「猶太問題」作為自己看待地理概念上和時間概念上的世界的著眼點。

二、羅扎耶夫斯基反猶主義思想的主要內容

　　由此可見，羅扎耶夫斯基眼中的世界歷史，不過是一幅猶太教動態擴張的歷史。所以，他對世界古代歷史的考察是從猶太人的起源開始，寫到了猶太人的普珥節〔註 122〕和猶太長老會議的產生，他認為發生在古羅馬的猶太戰爭最好地證明了在古代世界中反猶太主義與猶太主義一樣古老，所以反猶主義的原因在於猶太人自己，而羅扎耶夫斯基和哈曼〔註 123〕、什馬科夫、希特勒等所有的反猶主義者都是感受到、看到民族危險的天生的守護者。〔註 124〕他總結到：18 世紀是猶太獲得平等權的開始，也是他們「獲得解放的世紀」，「19 世紀表明了自由主義，民主和資本主義的進步。宗教、民族、君主制和

〔註 121〕 *Родзаевский К.В.* Современная иудизация мира или еврейский вопрос в XX столетии. // *Родзаевский К.* Завещание русского фашиста. – M., 2001, C. 278 ～279.

〔註 122〕 猶太教的重要節日之一，為紀念猶太人戰勝哈曼的滅猶計劃。在猶太曆亞達月（12 月）的 14 或 15 日。

〔註 123〕 即《以斯帖記》中的哈曼（המן）。

〔註 124〕 *Родзаевский К.* Завещание русского фашиста. – M., 2001, C. 124.

勞動正在退縮。與自由主義，民主和資本主義的發展平行，猶太人得到了加強」，是他們「準備的世紀。」〔註125〕20世紀是「世界猶太人用公開的政治力量來補充猶太化的輿論和世界猶太金融的無形力量」，是他們「建功立業的世紀。」〔註126〕羅扎耶夫斯基還特別指出了馬克思主義的創始人馬克思和其他馬克思主義者的猶太身份。他列出了長長的名單，聲稱「在世界社會主義的領導人中，除了馬克思本人之外，還發現了許多知名和不知名的猶太人。」〔註127〕由此認為馬克思主義體現了猶太人的基本夙願，「構成其基礎的自然科學、歷史和辯證唯物主義最符合猶太精神——唯物主義的和辯證的。猶太人一直無視勞動的定性要素。」〔註128〕而他作出此項判定的理由是，他認為「物」就是指金錢物質，而猶太人崇尚物質和金錢上的自我滿足，這種情感是唯「物」主義。同樣的，因為在民主主義者、資本家和布爾什維克中都找到了猶太人，所以羅扎耶夫斯基認為它們都是猶太人的工具。

猶太自由主義者、猶太民主主義者、猶太資本家和猶太布爾什維克都操控了這些新思想和新組織，這就是羅扎耶夫斯基眼中的世界歷史和他的歷史邏輯。

在這樣的鋪墊下，羅扎耶夫斯基開始了對猶太化方式的論述。在此方面羅扎耶夫斯基可謂是極盡所能地大書特書。他總結到：

> 如果說在19世紀，猶太人擴張的主要面孔是：（1）「平等」的猶太人；（2）自由主義；（3）民主；（4）資本主義；（5）共濟會；（6）英國。然後在20世紀又加入了更多內容：（7）社會主義；（8）戰爭；（9）革命；（10）國際聯盟；（11）國際組織；（12）共產國際；（13）布爾什維克主義與蘇聯；（14）國際金融和美國。地球上魔鬼的代表有14條通往權力的道路……我們發現，運用政治思想和建立國際組織是猶太人實現先輩夢想的主要戰略。〔註129〕

〔註125〕*Родзаевский К.В.* Современная иудизация мира или еврейский вопрос в XX столетии. // *Родзаевский К.* Завещание русского фашиста. – М., 2001, С. 169.

〔註126〕*Родзаевский К.В.* Современная иудизация мира или еврейский вопрос в XX столетии. // *Родзаевский К.* Завещание русского фашиста. – М., 2001, С. 175.

〔註127〕*Родзаевский К.В.* Современная иудизация мира или еврейский вопрос в XX столетии. // *Родзаевский К.* Завещание русского фашиста. – М., 2001, С. 178.

〔註128〕*Родзаевский К.В.* Современная иудизация мира или еврейский вопрос в XX столетии. // *Родзаевский К.* Завещание русского фашиста. – М., 2001, С. 176.

〔註129〕*Родзаевский К.В.* Современная иудизация мира или еврейский вопрос в XX столетии. // *Родзаевский К.* Завещание русского фашиста. – М., 2001, С. 207.

這 14 條道路在羅扎耶夫斯基的理解中都是有形而易見的，都屬於「政治猶太化的表現」，而羅扎耶夫斯基認為還有一條道路是無形的，他將它稱為「精神戰爭」中的「猶太人輔助部隊」，它包括「（1）偽善或更確切地說是佯裝；（2）他們最喜歡從事的間諜活動；（3）賄賂，破壞環境；（4）猶太婦女，進入執政者和部長的臥室；（5）恐怖活動，隱蔽的，暫時是危險的，在可能的情況下公開和無界限；（6）各種形式和各類的荒淫墮落。」〔註 130〕不論是 14 條道路，還是 6 種精神戰爭的方式，羅扎耶夫斯基都認為它們的最終目的是保證猶太人可以奪取統治世界的最高權力。

不論是時間上，還是在空間上，羅扎耶夫斯基都竭力為人們虛構一個世界性的猶太帝國。而這個猶太國家存在的證據，在羅扎耶夫斯基看來就是猶太人社區和他們間的相互聯繫，猶太民族委員會及其之間的聯繫，世界代表大會和世界性管理機構的存在。而且，這個國家不是巴勒斯坦，而是在其他國家內部，是羅扎耶夫斯基謂之的猶太國際國家（интергосударство），「即在過去和現在的國家中有一個特殊的國家，與其他國家不同，這個國家沒有自己的領土，並準備將整個地球視為自己的領土」，一個存在於「其他國家內部的跨國性國家。這個國家擁有自己獨立的（儘管是秘密的）中央和地方權力，牧師和法官，公民和臣民，稅收，預算，貿易，工業和金融。」〔註 131〕

羅扎耶夫斯基以哈爾濱的猶太社區為例說到，在哈爾濱居住著不同國籍的猶太人，他們隨著中東鐵路的修建來到了哈爾濱，但他們都組成了一個哈爾濱猶太教公會（Харбинская еврейская духовная община-ХЕДО），有自己多年不變的主席和拉比，有自己的活動場所、教堂、學校、醫院、劇院、俱樂部、慈善互助機構，甚至還有自己的銀行和出版物。如此完善的組織結構在羅扎耶夫斯基眼中儼然如同一個小小的國家，所以他認為猶太人的每個社區都代表一個猶太國際國家在其他國家的殖民地，「居住在給定城市中的所有猶太人無論其國籍如何都會在一個社區中團結起來」，由此他認為，在這個猶太人的國家中，基本細胞（基層組織）是猶太社區。〔註 132〕其主要活動領域為

〔註 130〕 *Родзаевский К.В.* Современная иудизация мира или еврейский вопрос в XX столетии. // *Родзаевский К.* Завещание русского фашиста. – М., 2001, С. 208 ～209.

〔註 131〕 *Родзаевский К.В.* Иуда на ущербе. Шахай, 1941, С. 4.

〔註 132〕 *Родзаевский К.В.* Современная иудизация мира или еврейский вопрос в XX столетии. // *Родзаевский К.* Завещание русского фашиста. – М., 2001, С. 282.

文化教育領域、宗教生活領域、社會經濟救助領域、僑民和移民領域、公共衛生領域、公益領域、計量和註冊領域、巴勒斯坦的國家建設領域、政治生活領域、預算領域等十個領域。而更令羅扎耶夫斯基驚奇的是，猶太社區內實行徵稅，而且是一種針對資產階級的累進稅率。

事實上，猶太人有規模地遷居哈爾濱確實是從 1898 年中東鐵路工程局遷至哈爾濱開始的，到「1903 年，中東鐵路建成通車之時，哈爾濱登記入冊的俄籍猶太人即已達到 500 人之多，」同年「2 月 16 日，猶太人在哈爾濱創立自己的民族社團組織猶太宗教公會。」〔註133〕1921 年，哈爾濱猶太新會堂竣工。在此期間，哈爾濱的猶太社區逐漸發展壯大，成為當時遠東最大的猶太社區。哈爾濱宗教公會是哈爾濱猶太群體日常生活中最重要的管理機構，負責管理哈爾濱猶太人的一切事務，具有宗教管理、民政管理、教育發展和慈善救濟四大功能，同時也代表哈爾濱猶太居民利益而與當地各級政府發生相應的聯繫。而且，「在哈爾濱猶太宗教公會的領導下，哈爾濱猶太人社區逐漸成為一個實行自治運營、猶太宗教生活色彩濃厚並與巴勒斯坦地區保持密切聯繫的東亞猶太人的聚焦中心。」〔註134〕西奧多·考夫曼也曾在自己的回憶錄中寫到：

> 哈爾濱社區的主要使命包括確保遠東社區繼續與以色列區保持緊密聯繫、保存猶太價值觀、推動互助和保持猶太習俗。……社區按照成員的收入徵收累進稅，富裕成員交納稅收要高於低收入者。社區用這筆稅收來支付機構行政開銷、維繫社區生存和運轉，但資金的主體用於福利機構。社區實行自治運營，或者可以說它是一個小型的、強調人性和猶太價值觀的、有社會意識的小國。〔註135〕

應該說，羅扎耶夫斯基對哈爾濱猶太社區客觀情況的描述基本上符合事實，但他由此便得出一個個猶太社區聯合起來就形成了猶太國際國家的結論，顯然只是臆想。這個臆想的國家在羅扎耶夫斯基繪聲繪色地描述下頗具有一種「現實」之感，他甚至畫出了一張所謂的「猶太國際國家示意圖」。在這張「示意圖」上，猶太國家的基礎是社區，這個社區帶有附屬於它的國家的、經濟的和

〔註133〕曲偉編著：《哈爾濱猶太人圖史》，黑龍江人民出版社，2015，第 18 頁，19 頁。
〔註134〕曲偉編著：《哈爾濱猶太人圖史》，黑龍江人民出版社，2015，第 30 頁。
〔註135〕西奧多（特迪）·考夫曼著，劉全順譯：《我心中的哈爾濱猶太人》，黑龍江人民出版社，2007，第 20 頁。

文化的機構，能影響到周圍民族的社會生活。國際政治組織（猶太復國主義者的政黨和修正主義者的政黨，以及他們的婦女和青年組織，宣傳和教育機構）的當地支部歸附於社區，其成員組成社區。與社區並行的是各種共濟會體系的分會。猶太人的社區、國際政治組織在各地的分支機構和共濟會分會，三者共同構成了猶太國際國家組織結構的第一層，而三者對應的領導者分別是猶太人理事會、政治組織的基層委員會（местком/горком）和共濟會大師傅（мастер）。而猶太人理事會受執委會領導，政治組織的支部受行政公署（экзекутива）的全權代表或特派員領導，共濟會大師傅又受共濟會總會領導，這三者構成國際國家組織結構的第二層。而第三層則是三者分別對應的上層組織，即世界猶太人大會、國際組織的中央委員會或行政長官、最高委員會。羅扎耶夫斯基還特別指出，猶太中央機構是指英國、美國和蘇聯，以及共產國際和國際金融組織。最頂層則是約言之子（無形）和猶太事務局（有形）。（如圖1）

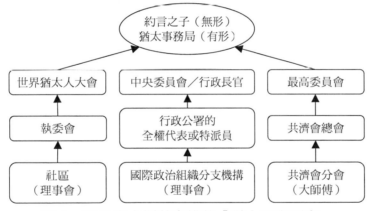

圖1　羅扎耶夫斯基虛構的「猶太國際國家」

羅扎耶夫斯基引用（未指明數據來源）並給出了世界猶太人的總數是15290983人。但他認為，這一數字是被低估了，真正的猶太人數還應該加上「隱藏的猶太軍隊」，它包括「馬蘭諾分子」（即自稱無神論者，不歸順宗教或歸於其他宗教者和有著猶太血統的「半猶太人」），以及「安息日戈伊」（шабесгой）〔註136〕，其人數據羅扎耶夫斯基估算：「馬蘭諾分子」有1億人，「安息日戈伊」有數億人。這個龐大的猶太國家最終要消滅每一個民族國家，並讓每一個國家服從一個統一的猶太帝國，摧毀每一個非猶太家庭，沒

〔註136〕「Шабесгой」指猶太人在安息日（шабес，шаббат）時雇用為其工作的非猶太人（гой，發音為「戈伊」），故此處譯為「安息日戈伊」。

收所有非猶太的財產。〔註137〕

　　羅扎耶夫斯基在塑造了一個龐大而恐怖的猶太帝國後，他臆斷了世界局勢的發展方向，提出墨索里尼能夠將勞動力和資本統一在一個體系中，希特勒解決了民族主義和社會主義的矛盾，並使歐洲擺脫了猶太人的枷鎖，然後是日本，再然後是俄羅斯。最終將是「猶太教遇到了法西斯主義；猶太人的宗教民族願望遇到了其他民族的宗教民族意識；猶太人創建的猶太化的唯物主義秩序遇到了新的民族化秩序。新秩序獲勝，冉冉升起的太陽和從東向西閃耀的卐字星升到空中，驅散了猶太的五角星和六角星。」〔註138〕羅扎耶夫斯基以此認為，俄國法西斯主義是具有其獨特之處的，即它旨在使人民擺脫共產主義的束縛。

　　羅扎耶夫斯基在述及猶太歷史的時候，很喜歡對猶太人的作品斷章取義。比如，他引用發表在1942年1月1日出版的《加傑蓋爾》（Гадалел）上的「民族和宗教對猶太人來說是同等的概念」一句，來證明說猶太人自己也承認「塔木德中體現的猶太宗教只是猶太人爭取世界霸權的鬥爭中的主要工具」〔註139〕；他用1941年11月21日出版的《猶太生活》（Еврейская жизнь）上刊發的關於英國1753年發布的接納猶太人的法律的文章，證明「哈爾濱猶太人承認了對國際主義的同情並證明了其猶太根源」〔註140〕；甚至用猶太人的一句「記住迫害猶太人的那些人的命運……沙皇俄國，他們都化為塵土」，證明猶太人承認自己佔領了俄國〔註141〕……諸如此類的引證大量存在於羅扎耶夫斯基的著作中。他善於數字估算，一種毫無證據的推算、完全沒有數字來源和起碼依據的計算，這一點在他所寫的「猶太人與俄羅斯戰爭的數字」中體現得尤其明顯，比如他宣稱在1917至1938年間，有4800萬人口失蹤，而後又說在1917至1942年間有2300萬俄國人在紅色恐怖中消失，而他的計算依據僅僅是，據一位從阿穆爾州逃離的俄國僑民說，「1938年初，當俄羅斯的佔領

〔註137〕*Родзаевский К.В.* Современная иудизация мира или еврейский вопрос в XX столетии. // *Родзаевский К.* Завещание русского фашиста. – М., 2001, С. 300 ～303, 311.

〔註138〕*Родзаевский К.В.* Современная иудизация мира или еврейский вопрос в XX столетии. // *Родзаевский К.* Завещание русского фашиста. – М., 2001, С. 119.

〔註139〕*Родзаевский К.В.* Современная иудизация мира или еврейский вопрос в XX столетии. // *Родзаевский К.* Завещание русского фашиста. – М., 2001, С. 138.

〔註140〕*Родзаевский К.В.* Современная иудизация мира или еврейский вопрос в XX столетии. // *Родзаевский К.* Завещание русского фашиста. – М., 2001, С. 162.

〔註141〕*Родзаевский К.В.* Современная иудизация мира или еврейский вопрос в XX столетии. // *Родзаевский К.* Завещание русского фашиста. – М., 2001, С. 195.

者驚恐地等待 5 月 1 日全俄武裝起義時，許多蘇維埃和政黨機構，工業，運輸和紅軍的領導人被捕。在他和許多人看來，占蘇聯總人口的四分之一。」〔註142〕羅扎耶夫斯基甚至將「狐步舞」的流行歸納為猶太人破壞家庭的手段，他說到，「文化的猶太化伴隨著『異教徒』家庭的破壞，這裡我們指出，毫無疑問，作為一種『世紀疾病』的狐步舞不僅在心理上，而且在身體上剝奪了一個人，如果不是猶太人發明的話，它們怎能得到廣泛傳播和認可。」〔註143〕

羅扎耶夫斯基將提倡俄羅斯民族精神與反對猶太人結合在一起。他認為，猶太人「把民族和人民混在一起，認為控制了人民就俘虜了民族；但是俄羅斯民族存在於時空之外，無論是在蘇維埃國家之內還是之外，民族的忠實之子都被保存了下來。」〔註144〕強烈的反猶主義思想使羅扎耶夫斯基親自參與了對猶太人的迫害活動。在范士白的回憶錄中，就記載了羅扎耶夫斯基在一起針對猶太人的綁架案中的言行：1932 年 3 月 11 日下午 10 點，幾個俄國人綁架了科福曼（Kofman），索要贖金 3 萬元。13 日，羅扎耶夫斯基要求自己親自審問科福曼。在科福曼被嚴刑拷打致死後，范士白趕到日本憲兵本部，他看到包括羅扎耶夫斯基在內的 5 個人正圍坐在一起喝著啤酒。羅扎耶夫斯基還親口向范士白承認，是他殺死了科福曼：「我以為一隻豬死了並不必做什麼報告咧。這混帳的猶太豬要錢不要命。他不願寫信給他的妻。我才威嚇了他一小下，他就死了。我們沒有辦法。哈爾濱多的是像他似的豬……凡是骯髒的猶太人，俄國的敵人，都是應該這樣弄死的。」〔註145〕

雖然羅扎耶夫斯基並不拒絕在肉體上摺磨猶太僑民，甚至參與和策劃綁架、勒索猶太人的案件，但在法西斯主義勝利後該如何處置猶太人問題上，他又提出「猶太人必須從一個國際民族轉變為一個正常民族，從國際國家變為一個正常存在的國家，否則，它們將從地球上被移除。」〔註146〕在如何安

〔註142〕 *Родзаевский К.В.* Современная иудизация мира или еврейский вопрос в XX столетии. // *Родзаевский К.* Завещание русского фашиста. – М., 2001, С. 255.

〔註143〕 *Родзаевский К.В.* Современная иудизация мира или еврейский вопрос в XX столетии. // *Родзаевский К.* Завещание русского фашиста. – М., 2001, С. 266 ～268.

〔註144〕 *Родзаевский К.В.* Говорит Российская Нация // Против ВКП (б) – В.Ф.П.! – Харбин, 1936, С. 3.

〔註145〕 范士白著，趙京華整理：《日本的間諜》，中國青年出版社，2012，第 133～135 頁。

〔註146〕 *Родзаевский К.В.* Иуда на ущербе. – Шахай, 1941, С. 52.

置問題上，他則認為「這是猶太領導人面臨的問題，讓他們解決，讓他們尋找一個可以讓他們安頓下來和平靜下來的區域。這是他們的事，我們不要讓這些煩惱自己，」而要永久解決猶太問題，就必須要所有國家共同討論，不能單獨與猶太人簽訂和解條約，「猶大必須呼籲新世界的所有領導人——希特勒，墨索里尼，新俄羅斯的國家領導人，日本和美國的代表，並且猶太人不是以平等的身份而是以被告的身份參加這次會議，為後代懇求寬恕，現在的和以前的罪犯不能參加。」〔註 147〕

　　由是，在他的筆下，對世界的考察變成了「考察每個國家中猶太人的數量，他們對權力機關的影響，他們進入政權的過程，某一國家的猶太主人的生平；或從政治地理的和歷史的角度，補充描述每個國家猶太人出現和不斷蔓延的過程」〔註 148〕；對世界歷史的重新審視變成了「研究猶太人在古代、在中世紀和當代的社會運動中的作用。弄清楚暗中推動當代事件的人，即那些幕後的猶太和共濟會教唆者。」〔註 149〕羅扎耶夫斯基並非歷史學家，更不是哲學家，他用《當代世界的猶太化與 20 世紀的猶太問題》和《猶大的末日》兩部著作專門論述自己的世界歷史觀和猶太人問題，首要目的是就為了論述他的反猶主義思想，第二個目的在於提出他對俄國歷史進程的理解，藉以批評和非難蘇聯歷史，從而為自己臆想的法西斯俄國創造「合理性」。

〔註 147〕*Родзаевский К.В.* Иуда на ущербе. – Шахай, 1941, C. 52.

〔註 148〕*Родзаевский К.В.* Современная иудизация мира или еврейский вопрос в XX столетии. // *Родзаевский К.* Завещание русского фашиста. – М., 2001, C. 117 ～118.

〔註 149〕*Родзаевский К.В.* Современная иудизация мира или еврейский вопрос в XX столетии. // *Родзаевский К.* Завещание русского фашиста. – М., 2001, C. 118.

第四章 羅扎耶夫斯基的法西斯主義國家設想

　　建立法西斯主義統治下的「新俄國」，是羅扎耶夫斯基的俄國法西斯主義思想的一個重要組成部分。其中，羅扎耶夫斯基不僅直接挪用了法西斯意大利職團制，還傚仿德國、意大利法西斯主義中關於民族和種族主義的理論，強調只有他定義的「俄羅斯民族」才能管理俄國。在「俄國法西斯主義組織」創立之時，俄僑法西斯分子就曾發表過《我們的要求》（Наши требования）和《俄羅斯法西斯主義綱領》，並將其作為自己的綱領性文件。1934 年年中，羅扎耶夫斯基決定要創建一個新的黨綱，以適應當時的俄國國情。為此，全俄法西斯黨建立了專門機關——意識形態委員會（идеологический совет），用以負責確定黨的綱領性問題。在這個委員會當中，既有全俄法西斯黨的中央執委會領導人，也有精通蘇聯情況的專家和歷史、經濟、法學方面的僑民學者。這些人都是因為反對新政權而離開蘇俄（蘇聯），當他們離開之時就已希望能夠重返一個新的「未來俄羅斯」，所以他們對那些發生在「祖國」的所有事情都感興趣，並且密切關注著。同時，構建並宣傳自己對「未來俄羅斯」的設想成為羅扎耶夫斯基及其領導的全俄法西斯黨的重點活動。1935 年 7 月，在全俄法西斯黨第三次代表大會上，新的黨綱被通過和確定。新黨綱宣稱，全俄法西斯黨的目的就是「不惜任何代價將祖國從猶太共產主義中解放出來。」〔註1〕管理未來俄羅斯的是「在全體民眾結合為職業的和生產的民族聯

〔註1〕 *Аблова Н.Е.* КВЖД и российская эмаграция в Китае. – М.: НП ИД «Русская панорама», 2004, С. 328.

合會的基礎上，經自由選舉產生的委員會。」〔註2〕當提出要在解放後的俄國建立一個新政權時，羅扎耶夫斯基試圖使俄國僑民相信，他無意於成為民族領袖或是獨裁者，他唯一的任務就是「要給民眾一個真理，一個能讓俄羅斯走出深淵的真理。」〔註3〕但他卻規定了俄國法西斯黨獨裁地位，即在新俄國唯一能夠存在、且佔領導地位的只能是民族主義的政黨，也就是他所領導的俄國法西斯黨。

第一節　羅扎耶夫斯基論法西斯國家

羅扎耶夫斯基法西斯主義思想來源於意大利和德國，所以對於意德兩國的法西斯主義制度和墨索里尼的法西斯主義學說，以及希特勒的反猶行為，羅扎耶夫斯基都推崇備至。他認為，意大利和德國的法西斯主義是從自由主義走向了法西斯主義，而他是要帶領俄國從共產主義走向法西斯主義，俄、意、德三國殊途同歸。

一、羅扎耶夫斯基評歐洲的法西斯國家

意大利和德國是已經走上法西斯道路的歐洲國家，它們既是俄國法西斯主義的實際「榜樣」，也是羅扎耶夫斯基可資參照的政治標本。

意大利、德國、匈牙利、羅馬尼亞和保加利亞，在羅扎耶夫斯基的「世界之旅」中更是另外一番景象。在意大利，猶太人通過「將自己的金融觸角與整個經濟糾纏在一起，從而輕鬆地在羅馬的制度中引入了『平等的法則』」，卻也很快招致了羅馬人的仇恨。羅扎耶夫斯基認為，雖然有各種針對猶太人的禁令出現，但意大利的猶太人在教皇的庇護下度過了自己在中世紀的黃金時期。而一戰後的意大利，「卡波雷托戰役失敗的恥辱、1918年戰爭不光彩的結局、貧窮和飢餓、共產主義運動的泛濫」都「導致了覺醒民族的自衛——法西斯主義的成功崛起」，意大利擺脫了猶太人的操控。所以，羅扎耶夫斯基認為，在法西斯主義統治之前，由於猶太制度對國家和人民的無恥剝削，意大利陷入了危機。而在墨索里尼統治下的法西斯意大利，猶太人確實盡了最大努力在工作，但其原因在於，一是因他們「試圖混入法西斯主義」，二

〔註2〕 *Аблова Н.Е.* КВЖД и российская эмаграция в Китае. – М.: НП ИД «Русская панорама», 2004, С. 328.

〔註3〕 *Родзаевский К.В.* Русский путь. – Харбин, 1939, С. 62.

是因為「他們需要防止兄弟運動的結盟——意大利法西斯主義和德國民族社會主義」。而對於自己在成書時，即意大利法西斯在 1943 年所表現出的狀況，羅扎耶夫斯基則將其歸咎於意大利清洗猶太人的工作「還遠遠不夠，而且太遲了——猶太人已經毒死了意大利的社會有機體，以致於它無法承受 1943 年的軍事考驗。」〔註4〕但與之矛盾的是，在 1934 年的《法西斯主義 ABC》一書中，羅扎耶夫斯基曾認為意大利已經幾乎沒有猶太人。〔註5〕

對於墨索里尼和意大利法西斯主義在 20 世紀二十年代在意大利上臺執政，羅扎耶夫斯基認為，「墨索里尼為人類提供了民族勞動國家的救贖公式，重新定義了作為民族堡壘的國家一詞，在職團制中實現了勞資和解，繪出了各民族內部團結和自我組織的示意圖。」〔註6〕他將意大利法西斯黨視為「一個以反映意大利廣大民眾及其民族精英的意願和利益的綱領為基礎，以建設新的民族勞動的意大利為目標的統一而獨特的政黨」，這個黨在墨索里尼的帶領下「將落後的、自由主義的和資本主義的意大利驚人地重組為先進國家」，意大利法西斯主義的職團制是解決勞動與資本間矛盾的經典形式。〔註7〕

羅扎耶夫斯基認為，德國的民族社會主義儘管不以法西斯主義而命名，但在本質上也是一種法西斯，「法西斯主義制度保障了德國像意大利一樣實現國家復興，使德國重新成為強國，為全體人民特別是勞動群眾帶來了富裕生活。」〔註8〕而且，「希特勒調解了民族主義和社會主義的矛盾，推翻了馬克思社會主義，並代之以真正的民族的社會主義。希特勒從猶太人手中解放了歐洲強國，並開始了與猶太人的世界性鬥爭。希特勒向猶太人宣戰，使歐洲擺脫了人類歷史上最嚴重的枷鎖，」德國正在歐洲建立新秩序〔註9〕。

1940 年，德國全面發動了在歐洲的侵略戰爭，以「閃電戰」迅速攻佔了丹麥、挪威、荷蘭、比利時、盧森堡，隨後又侵入法國，迫使英法聯軍從敦刻爾

〔註4〕 *Родзаевский К.В.* Современная иудизация мира или еврейский вопрос в XX столетии. // *Родзаевский К.* Завещание русского фашиста. – M., 2001, C. 56～61.

〔註5〕 *Родзаевский К.В.* Азбука фашизма. Харбин, 1934, C. 15.

〔註6〕 *Родзаевский К.В.* Современная иудизация мира или еврейский вопрос в XX столетии. // *Родзаевский К.* Завещание русского фашиста. – M., 2001, C. 315.

〔註7〕 *Родзаевский К.В.* Современная иудизация мира или еврейский вопрос в XX столетии. // *Родзаевский К.* Завещание русского фашиста. – M., 2001, C. 317.

〔註8〕 *Родзаевский К.В.* Азбука фашизма. Харбин, 1934, C. 3.

〔註9〕 *Родзаевский К.В.* Современная иудизация мира или еврейский вопрос в XX столетии. // *Родзаевский К.* Завещание русского фашиста. – M., 2001, C. 315.

克撤回英國本土，而德軍在佔領巴黎後又發動了對英國的猛烈攻擊。9 月 27 日，德意日三國在柏林簽署了三國同盟條約，正式確立了以柏林─羅馬─東京為軸心的法西斯國家間的同盟關係。可以說，1940 年是 20 世紀人類歷史上最為黑暗的一年，但卻被羅扎耶夫斯基稱為「歐洲擺脫黑暗勢力的一年。」〔註 10〕

如果說，羅扎耶夫斯基崇拜墨索里尼的法西斯主義理論和意大利的法西斯國家形式，那麼，希特勒統治下的德國的反猶態度則是羅扎耶夫斯基極力肯定的方面。因為在他看來，「對於每一個有生命力的民族，對於特別強調強力領袖、民族精神和強調吸引人民群眾的精英來說，德國的解放證明了猶太人統治是暫時性的。」雖然在一戰後，猶太人如同在歐洲其他國家一樣，充斥在德國的各個部門，但「德國人民是自由的」。〔註 11〕

與對待意大利的態度相同，羅扎耶夫斯基認為實行「清洗猶太人」政策的匈牙利、保加利亞仍然清洗得不夠徹底，而羅馬尼亞在推翻了「與猶太人關係密切」的國王卡羅爾二世後才「被解放」。〔註 12〕

二、羅扎耶夫斯基評日本法西斯

對於自己依靠的甚至是掌握自己生死命運的日本勢力，羅扎耶夫斯基更是不遺餘力地大加奉承。首先，他認為日本的民族宗教是以崇拜自然和祖先神靈為基礎的神道教，是最高的唯心主義。〔註 13〕

1903 年，田中智學將日本天皇詔書中的「兼六合以開都，掩八紘而為宇」歸納為「八紘一宇」，提出日本要獨霸世界的思想。1940 年 7 月 26 日，「八紘一宇」被正式寫入了日本內閣決定的《基本國策要綱》中，即「皇國之國策乃基於八紘一宇之肇國偉大精神。」〔註 14〕同年，日本用主要是在對外侵略中掠奪的石材舉全國之力修成了「八紘一宇」塔，用以顯示其建國決心。「八紘一宇」更是被日本軍國主義分子奉為圭臬，當作指導日本對外擴張的精神要

〔註 10〕*Родзаевский К.В.* Современная иудизация мира или еврейский вопрос в XX столетии. // *Родзаевский К.* Завещание русского фашиста. – М., 2001, С. 279.

〔註 11〕*Родзаевский К.В.* Современная иудизация мира или еврейский вопрос в XX столетии. // *Родзаевский К.* Завещание русского фашиста. – М., 2001, С. 61, 65.

〔註 12〕*Родзаевский К.В.* Современная иудизация мира или еврейский вопрос в XX столетии. // *Родзаевский К.* Завещание русского фашиста. – М., 2001, С. 90.

〔註 13〕*Родзаевский К.В.* Современная иудизация мира или еврейский вопрос в XX столетии. // *Родзаевский К.* Завещание русского фашиста. – М., 2001, С. 389.

〔註 14〕軍：《八紘一宇》，外國問題研究，1987 年第 2 期。

義。所以，「八紘一宇」的本質就是近代以來日本謀求世界霸權的思想，而發動對亞洲各國的侵略戰爭則是日本「八紘一宇」思想的具體表現。但羅扎耶夫斯基卻認為，日本的「八紘一宇」「意味著各國人民的和平合作，每個民族依靠自己的力量、財力和土地而生存，不會允許一個民族以剝削、損耗和奴役其他民族的統治。」〔註15〕日本的對外侵略戰爭也被他說成，「日本根據獨立的民族國家聯盟的原則建立大東亞，從而使廣闊的地區擺脫了世界猶太人的統治」，「日本的歷史使命（將東亞從外來影響和力量中解放出來）是將東亞從猶太人手中解放出來，並且在東亞各國人民的共同繁榮中沒有猶太人的寄生主義。在『八紘一宇』（和平的蓋子）的傳播下沒有猶太人的位置」，日本的「八紘一宇」思想終結了「阿格斯菲爾」〔註16〕。〔註17〕

其次，對日本歷史缺乏最基本瞭解的羅扎耶夫斯基還聲稱，在日本並不存在「猶太問題」，其原因在於日本2600多年的閉關鎖國政策使它沒有受到猶太人的滲入，所以他說，日本是世界上唯一一個沒有被猶太人掌控的國家。

結合以上，羅扎耶夫斯基將日本法西斯主義定義為一種日本特有的法西斯主義，「它將世代相傳的優秀遺訓和根深蒂固的永恆的日本精神與當今的社會形態結合在了一起，與對農民（主要人口）和對在日本受到崇拜的軍隊的關照結合在了一起。」〔註18〕

在1934年的日本之行中，羅扎耶夫斯基見到了荒木貞夫。據他所說，荒木貞夫在會面時表示，他將促使日本幫助僑民解放俄國人民。〔註19〕得到了日本當局的種種許諾和支持後，考慮到「日本帝國旨在推翻共產國際，而不是瓦解或削弱俄國……旨在恢復友好的民族的俄羅斯」，〔註20〕羅扎耶夫斯基

〔註15〕 *Родзаевский К.В.* Современная иудизация мира или еврейский вопрос в XX столетии. // *Родзаевский К.* Завещание русского фашиста. – М., 2001, C. 389.

〔註16〕 即 Агасфер/Ahasverus，古猶太傳說中注定永久流浪的一個人。

〔註17〕 *Родзаевский К.В.* Современная иудизация мира или еврейский вопрос в XX столетии. // *Родзаевский К.* Завещание русского фашиста. – М., 2001, C. 19, 389.

〔註18〕 *Родзаевский К.В.* Современная иудизация мира или еврейский вопрос в XX столетии. // *Родзаевский К.* Завещание русского фашиста. – М., 2001, C. 19, 319.

〔註19〕 Центральный архив Федеральной службы безопасности РФ (ЦАФСБРФ). Архивно-угольновное дело К.В. Родзаевского. л. 262.; *Онегина С.В.* Российский фашистский союз в Маньчжурии и его зарубезные связи. // Вопросы истории, 1997, № 6, C. 157.

〔註20〕 *Родзаевский К.* Завещание русского фашиста. – М., 2001, C. 451.

和其他俄僑法西斯分子開始積極與日本的情報機構和關東軍及下屬憲兵隊進行合作。

　　對與日本在意識形態上接近的判斷和日本對俄國法西斯黨的扶植，都使羅扎耶夫斯基為自己找到了投靠日本人的理由。所以，羅扎耶夫斯基特別將「法西斯主義者對待日本的態度」寫入了俄國法西斯黨的綱領性文件《法西斯主義 ABC》中，規定：

　　　　俄國法西斯主義者認為，日本對於推翻共產國際感興趣，而不是對瓦解和衰弱俄國感興趣──日本對於復興友好的民族的俄羅斯感興趣；日本有自己專門的不受共濟會和猶太人影響的民族政策。因此，日本對防止俄羅斯受國際金融資本的奴役感興趣，因為美國在亞洲創建西伯利亞基地的行為給日本造成了持續的不安和恐慌。

　　　　俄羅斯民族與日本在利益上的一致性是二者相互理解、和睦相處和友好的基礎。

　　　　日本在其歷史發展進程中正處於進入亞洲大陸時期，開啟了一個新的時代──復興亞洲時代，日本終將對抗共產國際和金融國際。

　　　　共產黨人和猶太共濟會都是俄羅斯和日本民族主義者的共同敵人：結盟的必備前提。

　　　　未來俄羅斯法西斯國家與日本的結盟將解決兩國在太平洋的利益問題，永久抑制英美的企圖，建立一支令全世界接受自己意志的強大的武裝力量。

　　　　當身處周圍有很多日本人的情況時，俄國法西斯主義者應該利用自己的有利位置最大限度地接近他們。〔註21〕

　　羅扎耶夫斯基甚至要求俄國法西斯黨在英國和美國的分部在本國呼籲「不要干涉日本」。

　　即使是在羅扎耶夫斯基領導的俄國法西斯黨處於風雨飄搖的 1942 年，它還主辦一份文藝季刊《激流》(Прибой)，由「民族」出版社在 1942 年 8 月

〔註21〕 *Родзаевский К.В.* Азбука фашизма. – Харбин, 1934, С. 45.

出版了第一期，1943 年停刊，先後共發表了四期。羅扎耶夫斯基每期都會在該刊上發表文章，「分析『滿洲帝國』當時的形勢，分析俄僑文學對日本人所謂『大東亞』文化的貢獻，鼓勵僑民文學反映生活，即反映日本人控制下的『滿洲帝國』的生活。」〔註22〕

但是，雖然羅扎耶夫斯基將日本視為法西斯主義國家，但他卻在自己的著作中幾乎從未提及日本的法西斯主義思想，只是一再強調日本是反猶陣線的主要力量，因為日本從未出現過「猶太化」，羅扎耶夫斯基甚至認為在 20 世紀的前 25 年裏，全世界只有日本沒有被猶太人控制。此外還有一點值得注意，羅扎耶夫斯基提出，在東亞地區居住的俄國僑民的一個歷史任務就是，預先將猶太化的危險告訴日本人，「並帶領他們到建立亞洲人民的新生活的施工現場，幫助拯救俄羅斯和德國。」〔註23〕

他甚至認為，出於法西斯主義的道義和情感，同樣奉行法西斯主義的意大利、德國和日本一定會援助俄國的法西斯主義，就像他對待這三國一樣，意德日三國一定會對未來的法西斯俄國懷有「善意」。他相信，法西斯主義在解放歐洲之後，「是解放俄羅斯。俄羅斯之後，上帝會賜予世界其他地區解放。」〔註24〕即便是他也知道，日本一直將他視為統治工具，德意也從未對他伸出過橄欖枝，但他仍相信，「所有非猶太人的世界，尤其是德國和日本，都將關注從猶太國際民族的枷鎖中解放出來的俄羅斯人，因為這使世界猶太人的主要基地倒塌，數百萬新的『永世的塔木德流浪者』（вечные странники Талмуда）將陷入困境並削弱他們在大洋彼岸的同胞。所有非猶太世界，特別是德國和日本，都將關注俄羅斯參與新世界的建設，關注在六分之一的陸地上建成與歐洲和東亞新秩序相同的強大的新秩序。」〔註25〕這是他在 1941 年寫下的文字，然而就在這一年，改變了侵略方向的日本與蘇聯簽訂了《互不侵犯條約》，而德國以「巴巴羅薩」計劃入侵了蘇聯。

〔註22〕李萌：《缺失的一環：在華俄國僑民文學》，北京大學出版社，2007，第 104 頁。

〔註23〕*Родзаевский К.В.* Современная иудизация мира или еврейский вопрос в XX столетии. // *Родзаевский К.* Завещание русского фашиста. – М., 2001, С. 392.

〔註24〕*Родзаевский К.В.* Современная иудизация мира или еврейский вопрос в XX столетии. // *Родзаевский К.* Завещание русского фашиста. – М., 2001, С. 315.

〔註25〕*Родзаевский К.В.* Иуда на ущербе. – Шахай, 1941, С. 50.

第二節　羅扎耶夫斯基虛構的法西斯俄國

「偉大的歐亞大陸。一個特別神奇的世界——不是歐洲也不是亞洲，而是一部分來自於歐洲，一部分來自於亞洲，更多是來自於其獨特性組成的世界，是由一百四十個歐亞民族組成的聯盟，這些民族由共同的歷史命運，共同的意識和共同的創造力聯合在它的主導民族周圍——俄羅斯人成為俄羅斯民族。這個年輕的從俄羅斯族（русская нация）自身發展而來的俄羅斯民族（российская нация）正在為其人民建立一個共同的家——一個新的俄羅斯帝國，一個新的民族勞動法西斯俄羅斯。這個家有不同的房間，房間的裝飾和居民各不相同，但共同的屋頂和共同的門使這座房子變成了童話般美麗的城堡，不懼怕任何暴風雨。」〔註 26〕這就是羅扎耶夫斯基虛構的未來由俄僑法西斯主義分子建設的法西斯俄國，正如他所說的，一個虛幻的俄羅斯。1932年 8 月，在羅扎耶夫斯基的建議下，俄國法西斯黨在哈爾濱開辦了俄國法西斯黨的高等學校，用以培養俄國法西斯黨的領導幹部、組織者和宣傳員，以及「未來新俄國的建設者」（строители будущего нового Российского Государства）。並且規定俄國法西斯黨的所有組織都要學習初級課程，即學習《法西斯主義 ABC》和黨綱、黨章；俄國法西斯黨的地區支部要設立學校，進行更高一級的學習，即學習俄國法西斯黨的策略和民族革命的技術手段；俄國法西斯黨的最高級別學校則是旨在培養俄國法西斯黨的領導幹部的「法西斯主義者斯托雷平學院」（фашистская Академия имени П.А.Столыпина）。1935 年，在組織力量方面呈上升趨勢的全俄法西斯黨召開了第三次代表大會。會議通過了羅扎耶夫斯基提出的「法西斯主義者三年計劃」，妄想在三年內實現推翻蘇聯政權的目的。為了響應該計劃，全俄法西斯黨的刊物開展了廣泛的宣傳鼓動，提出了「通過研究蘇聯，瞭解敵方知識。通過知識，走向勝利」（Через изучение СССР к знаниюврага. Через знание – к победе）的口號。對此，俄羅斯學者奧科羅科夫專門統計了哈爾濱俄國法西斯黨的刊物在 1935 年和 1936 年刊登的一些文章題目：「1935 年：《1935 年的蘇聯工業》（Советская промышленность в 1935 г.）、《蘇聯的價格和工資》（Цены и заработнаяплата в СССР）、《斯達漢諾夫主義》（Стахановщина）、《在國家政治保衛局的統治下》（Подпятой ОГПУ）、《每天有一千人死於修建莫斯科—伏爾加河的運河》

〔註 26〕*Родзаевский К.В.* Иуда на ущербе. – Шахай, 1941, С. 50.

（На постройке канала Москва – Волга гибнет тысяча людей ежедневно）等。
1936 年：《社會主義的交通運輸》（Социалистический транспорт）、《蘇聯的石油工業》（Нефтяная промышленность СССР）、《農民和蘇維埃政權》（Крестьянство и советская власть）、《蘇聯的對外貿易》（Внешняя торговля СССР）、《新的蘇維埃憲法》（Новая советская конституция）、《共青團的新大綱和綱領》（Новая программа и устав ВЛКСМ）等。」〔註27〕而羅扎耶夫斯基在此期間不僅在報刊上發表文章，還專門出版了《批判蘇維埃國家》（Критика советского государства，上海，1935～1937.）、《反對聯共（布）》（Против ВКП (б) – ВФП!，哈爾濱，1936.）、《怎麼辦？法西斯主義者三年計劃——反對共產主義的五年計劃》等著作。

一、法西斯俄國的國家制度

羅扎耶夫斯基認為，俄國法西斯主義與俄國歷史有著深刻的聯繫，並不是一種新的、後革命的思想流派，這種思想中的許多現象都可以在俄國的各個歷史時期看到。為此，羅扎耶夫斯基在 1938 年專門撰寫了一篇題為《俄國法西斯主義的俄羅斯性》（Русскость российского фашизма）的文章，提出「應取代當前為俄羅斯而戰的研究而優先考慮：必須深入俄國歷史以證明法西斯主義根本不是模仿西方，不是二十世紀的外來現象，而是俄羅斯固有的傳統，它全部或部分地表現在俄羅斯民族的歷史道路的所有階段。」〔註28〕其中最充分地體現法西斯主義意識形態的是在沙皇阿列克謝一世（Алексей Михайлович Романов，執政 1645～1676 年）時代。羅扎耶夫斯基甚至認為，當時俄國的國家制度就是法西斯主義提倡的職團制國家，整個俄國被按照職級而組織在一起就是一種社團聯合，縉紳會議是這些社團聯合的集會，相當於法西斯主義下的職團制國家政府。〔註29〕

按照羅扎耶夫斯基的說法，20 世紀職團制的雛形可以追溯到俄國首相斯托雷平（П.А.Столыпин）改革。當然，這並不是羅扎耶夫斯基的首創和一個人的想法。1928 年，俄國法西斯主義者戈里亞奇金（Ф.Т.Горячкин）在《第一位俄羅斯法西斯主義者彼得·阿爾卡季耶維奇·斯托雷平》（Первый русский

〔註27〕*Окороков Л.В.* Фашизм и русская эмиграция (1920～1945 гг.). – М.: «РУСАКИ», 2001, С. 132.
〔註28〕Нация, № 6, 1938.
〔註29〕*Родзаевский К.В.* Азбука фашизма. – Харбин, 1934, С. 23.

фашист Пётр Аркадьевич Столыпин》一文中就寫道：

> 法西斯主義要消滅經濟革命！
>
> 法西斯主義是一種建立在新的經濟改革原則之上的新的政權體制：而這種改革是彼得‧阿爾卡季耶維奇‧斯托雷平第一個設計的，也是他第一個實踐的，用以永遠消滅經濟革命……
>
> 斯托雷平方案是俄羅斯東正教法西斯主義的方案，也是基督教經濟政策的方案，即這樣的經濟可以使上帝的恩賜在地上的人們之間以及在大教堂之間進行最公平的分配，共同聚集神的財富。這也意味著，這種狹隘民族主義的經濟本身將關心主要是勞動者和負擔重者的物質保障，因為它應基於基督教的原則。〔註30〕

羅扎耶夫斯基大談要繼續斯托雷平改革，因為在他看來，斯托雷平改革的目的就是要在俄國農村建立一個廣大的土地私有者階層，這與未來法西斯俄國管理農民和農村的目標，即形成一個廣泛的農村資產階級相一致。雖然羅扎耶夫斯基並未像斯托雷平一樣認為，小私有制是國家穩定的基礎，但他也認為「個人利益在經濟的良性發展中發揮著巨大作用，」〔註31〕所以提出保護和發展私有財產，因此，俄國法西斯主義分子將斯托雷平視為先驅，並稱其為「第一位俄羅斯法西斯主義者」。羅扎耶夫斯基甚至認為，「只有在經歷了『俄國』革命的可怕經歷之後，勞動才成為意大利、德國和其他新生國家的民族基礎。墨索里尼提出了民族勞動與民族資本結合的不朽學說。」〔註32〕1934年，全俄法西斯黨為了在蘇聯領土上建立「法西斯主義的基地」，專門培訓了一批由領導人挑選的值得信賴的人（大概有30至40人），並為此專門創建了一所特殊學校，而學校的正式名稱就是斯托雷平學院（位於哈爾濱斜紋大街〔註33〕155號），教授在蘇聯領土上進行情報和宣傳活動的方法。該學校畢業後，全俄法西斯黨的特工在哈爾濱練習在移民中進行法西斯主義宣傳，然後被派往蘇聯。除特工外，全俄法西斯黨的領導幹部，婦女法西斯運動的成員，青年和兒童組織成員都在學校接受了培訓。〔註34〕

〔註30〕 *Горячкин Ф.Т.* Первый русский фашист Пет Аркадьевич Столыпин. Хрбин, 1928. C. 4~5.

〔註31〕 *Родзаевский К.В.* Азбука фашизма. – Харбин, 1934, C. 36.

〔註32〕 *Родзаевский К.В.* Современная иудизация мира или еврейский вопрос в XX столетии. // *Родзаевский К.* Завещание русского фашиста. – M., 2001, C. 175.

〔註33〕 今哈爾濱市道里區經緯街。

〔註34〕 Российская эмиграция в Маньчжурии: военно-политическая деятельность

　　羅扎耶夫斯基清楚，除了法西斯主義以外，在俄國僑民中還存在著許許多多的政治思潮和政治派別，尤其是存在著許多由曾親自參加過反布爾什維克國內戰爭的舊俄軍官所組建的各種政治團體，他們在出現時間、人數和影響力上都遠超俄國法西斯黨，因此，羅扎耶夫斯基必須要與這些舊的僑民政治派別進行鬥爭。「波克羅夫斯基、魯緬采夫、羅扎耶夫斯基經常批判老一代俄僑，說他們『把俄羅斯引向了革命』，也是他們『造成了白衛運動的毀滅』。」〔註35〕對於那場發生在 1917 年革命後的反對蘇維埃政權的「白衛運動」，羅扎耶夫斯基將其失敗歸結於：第一，白衛運動的參加者們僅僅是以對共產主義政權的仇恨聯合在一起的，他們完全沒有預先設定未來的俄羅斯國家的政治架構，更主要的是社會架構；第二，他們沒有進行廣泛的宣傳從而吸引廣大的俄羅斯民眾，而布爾什維克的主要鬥爭手段恰恰就是宣傳，共產主義的宣傳使白俄在精神上瓦解；第三，他們沒有回答他們會給俄國各階層帶來什麼，因而俄羅斯人民不擁護他們，反而投靠了布爾什維克。所以，最終羅扎耶夫斯基得出結論，認為「白衛運動的教訓證明了沒有預先計劃的危害性，證明了想要反對一種思想並打倒它，就應該有一種與之相對抗的思想，想要反對一種宣傳並削弱它，就應該有另一種更加強大和切實的宣傳。」〔註36〕對於這些人在逃往中國後建立的許多僑民政治組織，羅扎耶夫斯基甚至認為「在我們眼前有不同國家的俄僑的數百個倡議，但失敗了，因為只要有人提出一個適宜的計劃並開始實施它，就會有其他人實施完全類似的計劃，這些計劃通常非常受人尊敬且非常善意，甚至都不懷疑他們被控制了。」〔註37〕對於這種情況，羅扎耶夫斯基認為是有人在故意破壞，並稱之為「平行主義」（параллелизм），他還舉例說，當全俄法西斯黨準備聯合中國東北的所有俄僑時，就出現了君主制聯合會，在德國、英國、西班牙、羅馬尼亞和美國都有與該國法西斯主義競爭的其他組織。〔註38〕

　　　　(1920～1945): сб. Документов./[Сост. и авт. предисл. Е. Н. Чернолуцкая]. – Южно-Сахалинск, 1994, C. 51.

〔註35〕Л.戈韋爾多夫斯卡婭著，張宗海譯：《俄羅斯僑民在中國的社會政治活動和文化活動（1917～1931）》，日本僑報出版社，2003，第 98 頁。

〔註36〕*Родзаевский К.В.* Азбука фашизма. – Харбин, 1934, C. 21.

〔註37〕*Родзаевский К.В.* Современная иудизация мира или еврейский вопрос в XX столетии. // *Родзаевский К.* Завещание русского фашиста. – М., 2001, C. 326.

〔註38〕*Родзаевский К.В.* Современная иудизация мира или еврейский вопрос в XX столетии. // *Родзаевский К.* Завещание русского фашиста. – М., 2001, C. 325

　　羅扎耶夫斯基以他的方式撰寫了 1917 年以後的俄國歷史（蘇聯歷史）。他寫到：

　　　　1917 年 10 月以後，統一的俄羅斯帝國迅速被劃分為獨立的蘇維埃共和國，最初有 4 個共和國，然後是 7 個，再然後是 11 個，最後是 16 個，猶太布爾什維克還將「加盟共和國」內部裁剪出 20 多個「自治共和國」，以及大約 10 個各種「自治區」，引發了從未有過的分離主義和敵對主義。因此，共產國際實際上肢解了俄國，對俄國人民的民族國家統一造成了空前的打擊。它將俄羅斯民族劃分為俄羅斯人（大俄羅斯人），烏克蘭人和白俄羅斯人，為每個民族建立了「單獨的」國家——俄羅斯蘇維埃聯邦社會主義共和國、烏克蘭蘇維埃社會主義共和國和白俄羅斯蘇維埃社會主義共和國，而把俄羅斯民族與俄羅斯的其他民族進行合併，東歐、北亞和中亞各個民族的歷史結晶——俄羅斯民族被蘇維埃聯邦的假象所取代，在聯邦中的小民族有單獨的語言、激烈的沙文主義和對俄羅斯人的仇恨。〔註39〕

　　羅扎耶夫斯基提出，在蘇聯已經沒有了「俄羅斯民族」，有的只是「俄羅斯（蘇聯）人」，並且正在被人為地塑造成「蘇維埃民族」。雖然目前在蘇聯還存有民族，但是蘇聯只是暫時地允許存有民族感情，絕不允許存在民族意識，民族意識已經被蘇維埃意識所取代。他寫到：

　　　　在過去的二十五年中，在蘇聯與民族的鬥爭一直以各種形式進行：通過否認民族和代之以人民；通過消滅民族主義——對同民族的人的愛，代之以替代品如愛國主義——對土地的愛；通過消滅民族的內涵——它的精神原則、過去的根源和意識；通過消滅民族意志精英和創造無法忍受的生活條件；通過將俄國文化（宗教的、民族的、君主制的、創造性的）代之以「蘇維埃文化」——形式上的民族（僅是形式上），內容上的社會主義（文化上的內容就是一切！）。允許將俄羅斯民族過去的文化價值觀與外國文化的最好成就相比較，只是為了暫時的自我滿足：蘇聯沒有新的俄羅斯文化創作的土壤。〔註40〕

～328.

〔註39〕 *Родзаевский К.В.* Современная иудизация мира или еврейский вопрос в XX столетии. // *Родзаевский К.* Завещание русского фашиста. – М., 2001, С. 273.

〔註40〕 *Родзаевский К.В.* Современная иудизация мира или еврейский вопрос в XX столетии. // *Родзаевский К.* Завещание русского фашиста. – М., 2001, С. 274.

就這樣，羅扎耶夫斯基在否認蘇聯的民族政策的同時，為將自己臆想的法西斯俄國打扮成擁護並捍衛俄羅斯民族的堡壘埋下了伏筆。

1. 法西斯俄國的組織形式

羅扎耶夫斯基對俄國的歷史進行了劃分，分別稱之為「第一俄國」「第二俄國」和「第三俄國」。按時間順序，「第一俄國」是指俄國十月革命之前的俄國，「第三俄國」是未來的法西斯俄國，而「第一俄國」和「第三俄國」之間的是「第二俄國」。由於十月革命的發生，「第二俄國」與革命前的俄國有區別。羅扎耶夫斯基承認十月革命是一個劃分俄羅斯歷史的重要事件，但他並不承認蘇聯就是「第二俄國」。

1935 年，羅扎耶夫斯基為批判蘇聯的蘇維埃制度而撰寫了《批判蘇維埃國家》一書的第一部分《蘇聯的機構與管理》（Устройство и управление СССР），並在上海出版。其他部分卻遲遲沒有出版。利用搜集到的蘇聯文獻資料和從逃離蘇聯的人那裡所聽說到的消息，羅扎耶夫斯基拼湊了關於蘇聯制度的知識。他寫到：

> 在蘇聯有一個蘇聯體制。委員會是由人民選出的（「最完美的民主形式」）。但是共產黨指揮所有的選舉——他提出候選人，通常是唯一的候選人，他也把人們帶到投票箱。甚至在蘇聯不投票贊成候選人也屬於犯罪。〔註41〕

蘇聯憲法也被他稱為是確保蘇聯共產黨獨裁地位的工具。

關於蘇聯的組織形式，羅扎耶夫斯基認為是以上述的選舉方式

> 產生了蘇維埃：以蘇聯最高蘇維埃為首的村的，城市的，州的，邊疆區的，共和國蘇維埃，以同樣的方式選舉「蘇維埃政府」——人民委員會。在其中央指示下，每個蘇維埃都由設有組織部、政治部和書記處的共產黨同級機關管理。總書記斯大林不能被取代。〔註42〕

羅扎耶夫斯基認為，蘇聯的人民委員會對國民生活的監控無所不在，且是一種強制管制，從而保證各共和國朝著猶太人的方向發展。他寫到：

> 人民委員會是管理蘇聯政府各個部門的部長委員會。但是，除管理權外，該「委員會」還基於蘇聯憲法第 38 條也享有立法權。此

〔註41〕*Родзаевский К.В.* Современная иудизация мира или еврейский вопрос в XX столетии. // *Родзаевский К.* Завещание русского фашиста. – М., 2001, С. 274.

〔註42〕*Родзаевский К.В.* Современная иудизация мира или еврейский вопрос в XX столетии. // *Родзаевский К.* Завещание русского фашиста. – М., 2001, С. 274.

外，它不僅審查各共和國的各個人民委員部的法令和決議，還審查共和國的中央執行委員會的法令和決議；如果任何法令與俄羅斯的幕後統治者的意志相牴觸，它可以不接受該法令！選舉的中央執委會和共和國顯然非常依賴這個「俄羅斯人的」蘇聯的猶太政府！人民委員委員會「小心翼翼地」照管所有共和國的政府，將其活動朝著世界猶太人的方向發展！僅這一項事實就完全破壞了整個「蘇維埃制度」。〔註43〕

最後，羅扎耶夫斯基將蘇聯定義為「禁止被稱為民族的人民的聯盟，是民族的監獄，它將民族肢解為不存在的民族，再由它們組成一個新的人為的國家。」〔註44〕他還將蘇維埃政權的歷史劃分成四個階段：恐怖的軍事共產主義時期，外表自由主義的新經濟政策時期，斯大林的「一國的社會主義」時期和當前的新意識形態政策時期（即意識形態領域的新的新經濟政策，意識形態的「退後一步是為了之後的向前兩步」）。〔註45〕

在羅扎耶夫斯基勾畫的俄國歷史進程中，將會出現一個「繼承俄羅斯歷史傳統和精神文化的第三俄國」，這個「第三俄國」在推翻了社會主義制度後，拒絕回到資本主義制度，也拒絕君主制，而是將會以「法西斯俄國」的形象出現在世界歷史當中，具體來講，這個「第三俄國」將是一個「俄羅斯民族勞動國家」（ российское национально-трудовое государство/национально-трудовая Россия）。

羅扎耶夫斯基認為，這個「俄羅斯民族勞動國家」的國家制度應該是「職團制」，「法西斯主義的職團制度與民族革命進程中改革的職業聯盟相結合，將為法西斯主義的俄羅斯提供一個新的民族-勞動制度。」〔註46〕「在這一制度下，所有居民和當時的民族都應該組成民族聯盟（在意大利是辛迪加）和職團制，通過這樣的組織他們參與國家的政治（國家的管理機關）、經濟和文化生活。」〔註47〕因為職團制的優點在於，它可以保障超階級的國家政權不

〔註43〕 *Родзаевский К.В.* Критика советского государства. Часть 1Устройство и управление СССР. – Шанхай, 1935, С. 42.

〔註44〕 *Родзаевский К.* Завещание русского фашиста. – М., 2001, С. 275.

〔註45〕 *Родзаевский К.В.* Современная иудизация мира или еврейский вопрос в XX столетии. // *Родзаевский К.* Завещание русского фашиста. – М., 2001, С. 275, 276.

〔註46〕 Программа Всероссийской Фашистской партии, утверждено 3 съездом Российских Фашистов, 1935.7.3. Харбин.

〔註47〕 *Родзаевский К.В.* Азбука фашизма. – Харбин, 1934, С. 28.

依賴於經濟和個人的影響與性質，它可以將國家政權變為共同的民族利益和俄羅斯民族整體利益的真正捍衛者。所以，俄僑法西斯分子提出了「為了俄羅斯更俄羅斯」（Россия для России）的口號用以吸引所謂的俄僑愛國者，揚言蘇聯的共產主義政權在其民族構成上是反俄羅斯的政權。與共產主義不同，俄國法西斯者力求在俄國土地上創建俄羅斯民族國家，一個真正的俄羅斯政權，這一政權關心俄羅斯民族的利益，並憑藉俄羅斯民族組成俄羅斯政權。而能夠確保俄羅斯人管理俄羅斯、確保俄羅斯為俄羅斯人服務的制度，只能是「職團制」，因為「在這一制度下參與國家治理的只有職團聯合會的成員，也就是俄羅斯民族的成員。」〔註48〕

實際上，早在1926年，羅扎耶夫斯基與他人共同創建的「俄羅斯法西斯工人民族辛迪加同盟」就是一個民族辛迪加組織，一個包括了大學生、印刷商、河工和其他一些人的職業聯合會。

在國家的組織形式和管理形式方面，羅扎耶夫斯基糅合了法西斯主義意大利和社會主義蘇聯的組織和管理形式，即意大利法西斯主義的職團制和蘇聯式的工會與委員會。對於這一點，羅扎耶夫斯基本人也並不諱言。他在1934年出版的《法西斯主義ABC》中明確寫到，「俄國法西斯主義者認為，在民族革命時期應該盡可能避免破壞現有的一切，為避免無政府狀態而將現在的機構用於新的目標，讓它們成為未來職團制的基礎框架」，「俄國法西斯主義者將現有的共產主義工會和民族革命過程中（首先要驅逐其中的猶太人和共產黨人）形成的委員會作為未來民族聯盟和委員會的基礎。」〔註49〕1935年，全俄法西斯黨的黨綱也提出，要改組蘇聯現有的職業組織，「通過無記名投票的自由選舉，共產主義工會應轉變為俄羅斯法西斯民族聯盟。」〔註50〕由此，羅扎耶夫斯基認為，在法西斯俄國，職團制將通過民族聯盟、職團和民族委員會得到體現，而三者當中均無猶太人，因為「法西斯主義創造了一個新的制度，在這個制度中，民族不僅團結起來，而且還按照聯盟和職團制組織起來。而一旦它被團結和組織起來，它內部就不可能存在其他國際民族。」〔註

〔註48〕 *Родзаевский К.В.* Азбука фашизма. – Харбин, 1934, C. 29.

〔註49〕 *Родзаевский К.В.* Азбука фашизма. – Харбин, 1934, C. 29.

〔註50〕 Программа Всероссийской Фашистской партии, утверждено 3 съездом Российских Фашистов, – Харбин, 1935.7.3.

〔註51〕 *Родзаевский К.В.* Современная иудизация мира или еврейский вопрос в XX столетии. // *Родзаевский К.* Завещание русского фашиста. – М., 2001, C. 314.

51〕可見，在羅扎耶夫斯基構建的職團制的法西斯俄國，實現這一制度的具體組織和管理形式就是民族聯盟、民族職團和民族委員會。對於這三者，羅扎耶夫斯基分別賦予了專門的職能，規定了相互之間的層級關係。

「民族聯盟（национальный союз）是建立在共同的職業利益基礎上的民族成員的聯合。」〔註52〕民族聯盟根據職業特徵而創建，依據生產而進一步聯合。羅扎耶夫斯基舉例說，某一工廠的每一個工人或服務人員首先組成相應生產部門的職業基層組織，比如鉗工組成金屬工業工人聯盟，煤炭工人組成煤炭工人聯盟，服務人員組成服務人員聯盟，工程師組成工程師聯盟等，這些工人聯盟和上述生產部門的服務人員聯盟合成相應生產領域的民族職團的基層組織。可見，羅扎耶夫斯基所說的「民族聯盟」實質上就是不包括共產黨人和猶太人的「工會」，而「企業主聯盟」這一將企業主視為一種職業的聯盟在蘇聯工會中是不存的。他還規定，「民族聯盟」應該覆蓋全部人口，這樣就可以保證法西斯俄羅斯將是一個代表所有人的統一的全俄聯盟。「民族聯盟」的職能包括代表和捍衛成員的利益，對成員進行教育，為成員提供全面的道德的和物質的援助，進行仲裁和選派代表進入「民族委員會」。

「民族職團」（национальная корпорация）是指，某一國民經濟領域處於利益對立的「民族聯盟」（比如工人與企業主）所組成的聯合會，所以稱「民族職團」為「民族聯盟職團」更為貼切。在法西斯俄國的每個生產部門都設有「民族職團」的基層組織，「民族職團」會遍布城市、州、邊疆區和全國。因為是由利益對立的「民族聯盟」所組成，所以「民族職團」的最主要職能就是，調和民族職團中不同民族聯盟間的矛盾，調和機構只能是由與此相關的聯盟代表組成的專門的調解委員會。如果某一爭端不能被低級別的職團解決（例如，城市或州的某一生產領域的工人與企業主組成的職團），那麼這個爭端就要轉交到更高的職團聯合會，直到全俄級別的某一生產領域的職團。〔註53〕此外，「民族職團」的職能還包括「千方百計地組織自己的生產領域，並為此目的而頒布針對所有工人的規章制度。」〔註54〕

與「民族聯盟」相同，「民族委員會」（национальный совет）也是傚仿和借鑒了蘇聯的委員會制度，並且要求清除其中的猶太人和共產黨人。按羅扎

〔註52〕 *Родзаевский К.В.* Азбука фашизма. – Харбин, 1934, C. 29.

〔註53〕 *Родзаевский К.В.* Азбука фашизма. – Харбин, 1934, C. 31.

〔註54〕 *Родзаевский К.В.* Азбука фашизма. – Харбин, 1934, C. 31.

耶夫斯基設想，每一個聯盟都要根據其人數和聯盟的地位派出一定數量的代表組成「民族委員會」，而這種代表是以無記名投票的方式由聯盟進行選舉。按地域特徵，俄國的鄉村和城市都會設有「民族委員會」，因此，「民族委員會」代表的是按職業組織起來的全部居民。在此基礎上，「全俄民族委員會」也是由各「民族聯盟」選派代表組成，從而成為俄羅斯民族勞動國家的最高機關和立法機關，而政府則是由「全俄民族委員會」批准成立。

俄僑法西斯分子將自由選舉組成的委員會作為法西斯俄國的重要組成部分，而這一委員會是建立在將全體俄國民眾組成為職業和生產的民族聯盟的基礎之上。基於羅扎耶夫斯基的這種觀點，全俄法西斯黨中央執行委員會表示要按照職業特徵努力聯合不同僑民，並於 1934 年在哈爾濱建立了民族聯合會的同盟，其中有軍人聯合會、印刷工人聯合會、奧倫堡人聯合會、工人聯合會、俄國工商業聯合會和鐵路工人聯合會。〔註 55〕

這樣，「利益衝突的類似聯盟（例如，某一國民經濟部門的工人和雇主）被聯合在以利益集團的代表為首的民族社團中。職團創建於生產領域（生產中各個聯盟的基層組織），城市、州、邊疆區和全俄羅斯範圍內」，「民族聯盟的代表應組成農村和城市自治政府機構，民族委員會是行政機關和國民經濟的基層機構，代表俄羅斯這個偉大國家的各方利益」，「委員會應以聯盟為基礎。」〔註 56〕而以此方式組建的「法西斯俄羅斯將是一個被組織在一個民族聯盟中的自由勞動者的社團——統一的民族聯盟的全俄聯盟。」〔註 57〕

綜上，在羅扎耶夫斯基臆想的未來的法西斯俄國，在構成方式上，「民族聯盟」是根據職業特徵而創建，依據生產而進行的聯合，即它存在於法西斯俄國國民經濟的各個領域；在利益上處於對立關係的「民族聯盟」聯合為「民族職團」，「民族職團」遍布俄國的鄉村和城市。最終，不同企業、同一職業的工人組織成「民族聯盟」；同一企業、不同職業的工人組織成「民族職團」。「民族聯盟」派代表組成「民族委員會」，所以「民族委員會」代表的也是按職業組織起來的全體俄國居民，遍布俄國鄉村和城市。在職能上，「民族聯盟」是「民族職團」的基層組織，「民族職團」的任務是調和成員間的利益衝突。

〔註 55〕ГАХК. Ф.1128. Оп. 1. Д. 101. Л. 68.; *Аблова Н.Е.* КВЖД и российская эмаграция в Китае. – М.: НП ИД «Русская панорама», 2004, С. 330.

〔註 56〕Программа Всероссийской Фашистской партии, утверждено 3 съездом Российских Фашистов. – Харбин, 1935.7.3.

〔註 57〕Программа Всероссийской Фашистской партии, утверждено 3 съездом Российских Фашистов. – Харбин, 1935.7.3.

「民族聯盟」選舉產生「民族委員會」，最高級別的「民族委員會」是「全俄民族委員會」，它是法西斯俄國的最高權力和立法機關。所有居民都通過民族聯盟和職團參與國家的政治、經濟和文化生活。（如圖2）

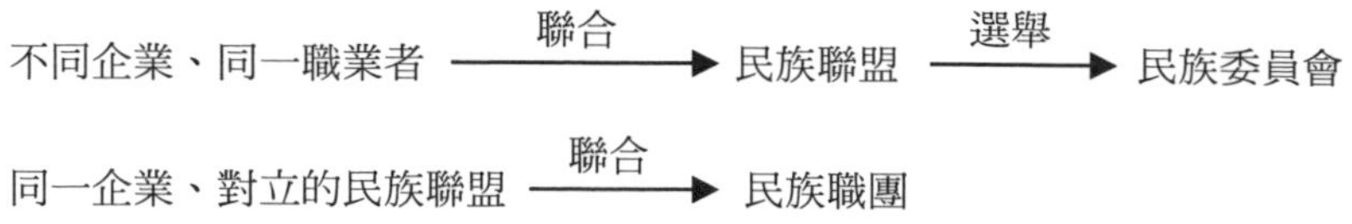

不同企業、同一職業者　——聯合——→　民族聯盟　——選舉——→　民族委員會

同一企業、對立的民族聯盟　——聯合——→　民族職團

圖2　法西斯俄國的組織形式簡圖

2. 俄國法西斯黨的獨裁地位

在羅扎耶夫斯基看來，政黨與其他政治組織最大的區別在於，政黨總是要追求參與國家權力，從而實現自己的目的，而俄國法西斯黨「絕不是普通的政黨，因為它追求的不僅僅是建立一定的政治（國家）制度，而且還追求從根本上重構全部生活，它具有新的社會制度和新的生活內容——個人生活和社會生活。」〔註58〕它的政治任務就是保證俄羅斯民族的穩定與統一，使法西斯俄國的所有國家機器要為俄羅斯民族服務，所有階級都是緊密團結的俄羅斯民族大家庭的一員，確保民族利益高於一切。法西斯俄國「要求每個公民履行自己作為民族一分子所承擔的義務，因為只有履行這些義務他才能有希望得到某種權利。首先是義務，然後才是權利」。俄僑法西斯分子將俄國法西斯黨美化成「將以忘我精神為民族國家服務作為自己目標的人們的聯合體」，是俄羅斯的「最佳選擇和先鋒隊」，而其他政黨只不過是一些「將政治活動作為自己職業的政治家的聯合體。」〔註59〕因為羅扎耶夫斯基一直強調，在實行多黨派的民主制國家，政黨代表的不是真正的人民，而只是無形的人民，也就是那些在政黨背後的各種金融資本團體，所以在法西斯俄國，人民利益的最高代表機構是「民族委員會」，它所代表的是「做某一工作的民族個體（工人、知識分子、農民、企業主、軍隊、神職人員）。」〔註60〕所以，未來的法西斯俄國無需存在多個黨派，只需存在一個主導地位的民族國家黨——俄國法西斯黨，由此，俄羅斯的國家意志和俄羅斯民族的利益才能不被分裂地得到完整體現。而這種主導地位體現在，「國家的、社會的、經濟的和

〔註58〕*Родзаевский К.В.* Азбука фашизма. – Харбин, 1934, С. 7.

〔註59〕*Родзаевский К.В.* Азбука фашизма. – Харбин, 1934, С. 7～8.

〔註60〕*Родзаевский К.В.* Азбука фашизма. – Харбин, 1934, С. 32.

文化的所有最重要的領導崗位都應該由俄國法西斯主義者和具有俄羅斯民族思想的人佔據，黨的組織應該遍布在所有的國家組織中——全俄法西斯黨應該派代表進入所有的國家職團機構中：民族聯盟、民族委員會和民族職團。」〔註61〕而這實際上就是羅扎耶夫斯基在為俄國法西斯黨的獨裁統治埋下理論基礎。

值得一提的是，羅扎耶夫斯基將法西斯的「專政」看作是從布爾什維克政權向縉紳會議（земский собор）〔註62〕過渡的必須的統治形式。在羅扎耶夫斯基看來，當反蘇革命成功、蘇聯政權被推翻後，俄僑法西斯主義分子首先要在俄國的土地上建立一個法西斯專政的政府。然後由其召開全俄縉紳會議，囊括了居住在俄羅斯的各民族代表的縉紳會議。對於法西斯專政這一概念，瘋狂指責蘇維埃專政的羅扎耶夫斯基此時又表示，專政一詞並無可怕之處，因為在現實生活中根本沒有大多數的統治，都是少數派統治，他認為少數派的專政「對民族來說是最好的，如果這種少數派是所有階級中的民族精英，而不是由特權階級或是一群吵鬧的為各種國內外勢力服務的政治家」，民族的專政比政黨的專政更優秀是因為，民族專政是以所有民族和所有階級為基礎的，也因為它是「反映民族和精英所代表的所有階級的意志與志向。」〔註63〕羅扎耶夫斯基還宣稱，他本人並不希冀得到民族領袖或是獨裁者的地位，他只是要「為大眾帶去一個能夠使俄羅斯從深淵中崛起的真實的思想之光。」〔註64〕

關於法西斯俄國的司法機關，羅扎耶夫斯基將其稱為「民族法庭」（национальный суд）。除了賦予它以新的名稱外，羅扎耶夫斯基並沒有給出更多的「新意」，只是提出只有「民族法庭」才能下達剝奪公民自由的法令；法官也必須是絕對獨立的，只能是因為違反專門法規而被民族法庭下令撤換；法律案件都採取公開審理的方式。

〔註61〕 *Родзаевский К.В.* Азбука фашизма. – Харбин, 1934, C. 32.

〔註62〕 縉紳會議是 16～17 世紀俄國等級代表機構。建立於俄國沙皇伊凡四世時期。是由沙皇召開的，包括領主貴族、高級僧侶和政治高官組成的聯席會議，用以決定國家大事。羅扎耶夫斯基認為，在俄國歷史上最充分地體現了法西斯主義意識形態的時期是沙皇阿列克謝·米哈伊洛維奇時期，當時的俄國國家制度就是職團制的原型。因為所有的俄國都被按照職級（階級）組織起來，所以，體現人民意志的縉紳會議是職團制國家的政府機構，也是未來法西斯俄國的最高統治機構。

〔註63〕 *Родзаевский К.В.* Русский путь. – Харбин, 1939, C. 62.

〔註64〕 *Родзаевский К.В.* Русский путь. – Харбин, 1939, C. 61.

二、法西斯俄國的國家政策和國民境遇

就在俄國法西斯黨從一個鬆散的法西斯主義組織發展成較為統一的俄國法西斯黨，開始拼湊自己的法西斯主義思想的同時，蘇聯結束了國內戰爭，並開始恢復國民經濟和進行社會主義建設。1925 年，聯共（布）第十四次代表大會召開，宣布要把蘇聯建設成為現代化工業強國，確立了蘇聯社會主義工業化的方針，隨後在 1928 年開始實行第一個五年計劃，並以比原計劃提前 9 個月的速度完成。1927 年，聯共（布）第十五次代表大會正式確立了農業集體化方針。1929 年，蘇聯開始了轟轟烈烈的農業全盤集體化運動。到 1936 年，蘇聯宣布完成了由傳統工業和農業向社會主義的過渡，蘇聯建成了社會主義。20 年間，蘇聯人民以極大的熱情和努力捍衛了蘇維埃政權，完成了社會主義改造，但這一切對於遠居境外的俄國僑民來說，只能通過報刊雜誌的報導或是所謂的蘇聯逃亡者的口中獲知。所以，羅扎耶夫斯基及俄國法西斯黨人開始在俄國僑民中塑造蘇聯形象。

羅扎耶夫斯基認為，蘇聯的五年計劃是具有軍事性質的，它一方面通過耗盡俄國的國家能源和削弱俄國人民，一方面通過發展軍事工業，達到鞏固蘇聯共產黨專政的目的。蘇聯在農業上的全盤集體化是在假借消滅富農階級的名義，實際是要將農民作為一個階級而消滅，從而人為地製造饑荒，「消除那些將俄國變成受國際猶太殖民的新巴勒斯坦的道路上的『多餘的人』。」〔註65〕

在 1936 年第一期的《民族》雜誌上，羅扎耶夫斯基寫到，「蘇聯是一個猶太法西斯國家」，又在第二期上進一步寫到，「對農民的迫害是眾所周知地被稱為集體化，斯達漢諾夫化是一場針對工人階級的激烈運動，從居民需求的角度看，巨大的建設是毫無意義的，強調重工業損害輕工業（蘇聯計劃不計其數的荒謬和魯莽之事的源泉）這將得出一種可怕的邏輯推論，當我們瞭解到蘇聯經濟（從國家的主人的角度出發）不是為人民的需求而服務，而是為了進一步進攻世界而增強猶太人的權力……」〔註66〕

在確定了什麼人才有資格成為法西斯俄國的國民之後，羅扎耶夫斯基確定了法西斯俄國的國民和國家的關係，並依此提出國家政策和國民待遇問題。「俄羅斯民族勞動國家」（российское национально-трудовое государство /

〔註65〕 *Родзаевский К.В.* Азбука фашизма. – Харбин, 1934, С. 18.

〔註66〕 Нация, 1936, № 1, № 2.; *Алексей Широпаев.* Голос русской правды. // *Родзаевский К.* Завещание русского фашиста. – М., 2001, С. 492〜493.

национально-трудовая Россия），俄文詞序體現了羅扎耶夫斯基對法西斯俄國的國家與國民關係的基本界定，即首先是俄國的，其次是民族—勞動的，然後才是實詞國家。俄羅斯民族聯合起來形成的堅強堡壘構成了俄羅斯民族勞動國家，所以俄羅斯民族勞動國家要聯合俄羅斯民族，領導他們為共同的俄羅斯民族的利益進行有組織的服務。俄羅斯民族用勞動創造了民族的精神價值和物質價值，民族文化和民族財富，所以俄羅斯民族勞動國家要協調成員的勞動，使勞動成為俄羅斯民族成員的神聖職責。

羅扎耶夫斯基提出，在這樣的國家與國民的關係中，國家應該保障每個成員的利益，要保障每個俄國公民的民族自由和勞動自由，當然也包括信仰自由和思想自由。「民族自由體現在有權參與國家的政治生活。通過民族委員會參與政治活動和社會生活，這既是責任也是權利。勞動自由體現在有權自由勞動，以勞動創造自己的幸福生活。」〔註 67〕因為只有自由勞動才能創造出有價值的成果，這樣的自由勞動使得民族勞動國家不存在剝削和壓迫。而自由勞動也是每個公民展現自己企業家才能和天分的途徑，由此而創造和積累的財富不具有投機性和高利貸性質，不會危害民族經濟，所以它可以作為私有財產而被每個俄國公民掌握。

因此，每個成員都要為國家（民族）的最高利益服務。每個俄羅斯民族勞動國家的公民都應該積極參加民族生活的所有領域，即政治、經濟和文化等各個領域，並在這些領域內做出自己的貢獻，「每個公民履行民族義務的程度，將決定他對於民族的價值和他在俄羅斯民族國家的權利。」〔註 68〕羅扎耶夫斯基認為，在法西斯俄國，「無論是個人還是國家，都不會剝削人，沒有資本家，也沒有共產主義者。」〔註 69〕

1. 法西斯俄國的國家政策

十月革命後，為應對複雜的國際環境和困難的國內經濟，蘇維埃俄國曾在一段時間內實行「軍事共產主義」（военный коммунизм）政策，後又代之以「新經濟政策」（новая экономическая политика），使蘇聯經濟得到恢復。但羅扎耶夫斯基卻認為，蘇聯的新經濟政策證明了俄羅斯人被毀滅而猶太人

〔註 67〕*Родзаевский К.В.* Русский путь. – Харбин, 1939, С. 27.

〔註 68〕*Родзаевский К.В.* Азбука фашизма. – Харбин, 1934, С. 27.

〔註 69〕*Онегина С.* Письмо К.В. Родзаевского И.В.Сталину. // Отечественная история, 1992, № 3, С. 94.

富裕了，猶太人與「共產主義的官員一起，出現了一個新的資產階級——猶太耐普曼階級。」〔註70〕的確，隨著蘇聯經濟的恢復，「新經濟政策」確實導致在蘇聯出現了一批以倒賣而牟利的私營企業主或是商人，他們被稱為「耐普曼」（нэпман），從構成上講，它包括了私營企業主，各種非勞動的食利階層，以及被十月革命剝奪了財產和權利的舊資產階級殘餘分子，〔註71〕但這些人絕非全部都是猶太人。雖然在俄僑中，也出現了因「新經濟政策」而改變對蘇維埃政權態度的「路標轉換派」，但他們反而認為這是蘇維埃政權「變色」的開始，而非羅扎耶夫斯基所認為的蘇維埃政權被猶太人掌控的開始。在抨擊了蘇聯的國家政策後，羅扎耶夫斯基不斷地宣揚其所謂的法西斯俄國的國家政策。

關於經濟政策。羅扎耶夫斯基提出了法西斯俄國經濟政策的三點原則，一是經濟要為俄羅斯民族的利益服務，所以「在共產主義制度垮臺後，俄國法西斯主義者認為必須要關注輕工業和日用品的生產，因為首先要滿足俄國人民最基本、最迫切的需求。」〔註72〕二是經濟要完全獨立自主，不依附於任何國際資本。三是國家經濟要建立在各階層人民平均分配財富的基礎之上。

由於允許在法西斯俄國人們可以通過勞動積累財富，所以法西斯者承認私有財產，但只能是「有限的」私有財產，因為無限的追逐利益將會導致，「獲得利益勝過一切，民族和國家的利益退居二線，讓位於某些金融資本集團的私利，」〔註73〕「為了不讓大量的他人財產只集中在個別人手中，俄國法西斯主義者完全拒絕借助投機和在法西斯主義看來是非勞所得的方法積累財富。」〔註74〕因此，為了限制個人利益的無限擴大，法西斯俄國要干預經濟生活，也就是國家要「調節、控制和規劃」經濟。

首先，國家規劃經濟體現在法西斯俄國的經濟是計劃經濟，但它只是規定共同的目標，指明共同的道路，並非蘇聯的計劃經濟。

其次，國家調節和控制經濟是通過專門的國家機構和職團實現，即前文

〔註70〕 *Родзаевский К.В.* Современная иудизация мира или еврейский вопрос в XX столетии. // *Родзаевский К.* Завещание русского фашиста. – М., 2001, С. 196.

〔註71〕 參見聞一：《對「耐普曼」的再認識》，社會科學，1984 年第 8 期；吳恩遠：《論耐普曼的組成、性質及作用》，世界歷史，1987 年第 4 期；《蘇聯史論》，人民出版社，2007，第 62～79 頁。

〔註72〕 *Родзаевский К.В.* Азбука фашизма. – Харбин, 1934, С. 35.

〔註73〕 *Родзаевский К.В.* Азбука фашизма. – Харбин, 1934, С. 36.

〔註74〕 *Родзаевский К.В.* Азбука фашизма. – Харбин, 1934, С. 35.

所述的職團應調和本領域內各利益方的衝突，此外職團還要監督本部門的生產，甚至可以頒布本領域內的各種規章制度。羅扎耶夫斯基幻想著，因為法西斯國家承認了私有財產的存在，並且盡量為企業主提供各種發揮自己才幹的機會，所以企業主就應該並且能夠為民族經濟造福。羅扎耶夫斯基一方面提出，法西斯俄國拒絕一切投機行為和不勞而獲，但另一方面，他又提出法西斯俄國仍將存在股份公司、信託公司和辛迪加等，所以實質上，羅扎耶夫斯基不過是要在經濟領域清除猶太人。

在工業領域，羅扎耶夫斯基提出將一部分機器製造業，輕工業，林業，食品和調味品工業，河流，海上運輸和汽車運輸逐漸轉交給具有俄羅斯國籍的私營企業主或職團，而採礦業（煤炭，石油，泥煤，礦石，黃金，鉑金等），冶金業——黑色的和彩色的，部分重型機器製造，基礎化工，軍工，航空，鐵路運輸，大型電站和無線電話等行業則完全掌控在國家手中。〔註75〕

關於國家貿易。羅扎耶夫斯基將法西斯俄國的貿易分為國內貿易和國際貿易，認為國內貿易應由私人掌握而不是國家，因為只有私人掌握國內貿易，才能確保生活必需品可以連續供應，並且滿足所有人的生活所需。而國際貿易則應該掌握在國家手中，因為只有這樣才能防止國際資本對俄國國內經濟的影響和控制。與之相配合，法西斯俄國的貨幣也應該與國外貨幣市場隔絕，俄國的貨幣不得進入其他國家，並在國內有不可動搖的不變價值；禁止出口黃金；某些重要的產品或必需品要定以固定價格；糧食，石油，煤炭，金屬，亞麻等對外貿易的專營權都掌握在國家手中。

關於國民教育。羅扎耶夫斯基提出，未來俄羅斯民族政權的教育啟蒙任務是培訓對民族有益的公民。所有的學校教育機構和學校都分為三類：初等，中等和高等。初等教育應該對所有人都是免費和義務的。在中等和高等教育中，學費只針對有錢人。有能力但貧窮的人必須獲得獎學金。未來俄羅斯的學校將有兩項任務：第一，提供必要的普通教育和專業教育；第二，教育和培養自己畢業生的民族精神。在法西斯國家，學校應該首先培育民族精英，他們應該成為俄羅斯民族堅毅精神的榜樣。因為法西斯俄國不允許存在任何形式的出身和財富特權，所以對於窮人和有才能的俄羅斯公民，國家將為他們提供接受中等和高等教育的充分機會，比如在學習期間為他們提供一定的

〔註75〕Программа Всероссийской Фашистской партии, утверждено 3 съездом Российских Фашистов, – Харбин, 1935.7.3.

獎金。為了宣傳這一思想，俄國法西斯黨提出了「道路向能者與天才敞開」（Дорога способностям и талатам）的口號。甚至還特別規定「只有俄羅斯國家的公民才可以接受高等教育，只有在有空缺的情況下，只有得到特殊許可，外國人才可以接受高等教育。」〔註76〕

2. 法西斯俄國的國民境遇

在羅扎耶夫斯基的心目中，俄國法西斯黨的最終政治目標是要推翻蘇維埃政權，建立新的俄羅斯。除了寄希望於外力作用，他還把這一希望寄託在了蘇聯廣大人民的覺醒與起義之上，而為了最終達到這一目的，他認為俄國法西斯黨的工作就是要在蘇聯內部積攢相當充分的「能量」。在他看來，喚醒這些「能量」一是要靠在蘇聯內部開展實際的工作，二是要依靠僑民當中的積極分子，所以必須要喚起僑民拯救俄羅斯擺脫蘇維埃政權奴役的激情。出於此目的，在對外宣傳中，羅扎耶夫斯基將蘇聯國民描寫成為受到國家奴役和剝削的形象，認為他們毫無自由而言。蘇聯人的形象變成了在蘇聯工業化中遭受殘酷剝削的工人，集體化中淪為蘇維埃專制制度的奴隸的農民，以及沒有政治權利的知識分子。而且在他看來，這些人也是最終起義推翻蘇聯政權的主要力量。

羅扎耶夫斯基在自己的一系列作品中寫到：在蘇聯，工人依附於工廠，沒有離開工廠的權利，因為進行各种競賽和突擊運動，俄國工人 7 小時工作日變成了 10 小時甚至是 11 小時。工人表面上拿著高工資，而實際上這些工資只能讓他們過上極其窮苦的生活，因為商店里根本不能提供他們所需的東西，他們只能買一些自己完全不需要的東西。農民依附於集體農莊和國營農場，所有的土地和農具都被看作是集體農莊的集體財產，同時農民的所有農產品都被國家以糧食稅、糧食收購等方式奪走。羅扎耶夫斯基還聲稱在 1934 年左右「約有 1000 萬農民」〔註77〕在饑荒中喪生。

1945 年，當羅扎耶夫斯基回答蘇聯有關部門的審問時，他說，「我絕對相信，大多數俄羅斯人民是反對蘇維埃政權的，而蘇維埃政權完全是靠契卡—國家政治保衛局—內務部的恐怖活動來維持的，相信在國家內部（在軍隊中，在共產黨內部，在內務部中，在人民中）正在發生血腥內鬥，存在著數量眾

〔註76〕Программа Всероссийской Фашистской партии, утверждено 3 съездом Российских Фашистов, – Харбин, 1935.7.3.

〔註77〕*Родзаевский К.В.* Азбука фашизма. – Харбин, 1934, С. 40.

多的小型組織，存在著它們的恐怖主義活動和當局的鎮壓。這一鬥爭無法從組織上團結起來，但是有可能通過意識形態團結起來。分散行動將毫無益處，但是，如果提前設定一個統一行動的期限，並向蘇聯民眾廣泛通報這一期限，那麼任務就可以完成，俄羅斯將『得救』。」「我認為，工作方法應該是越境在蘇聯境內散發宣傳『三年計劃』的傳單。遍佈各地的，秘密的，彼此之間、與我們之間都不聯繫的持反對派立場的，革命的，民族革命的和法西斯主義的基層組織，將於 1938 年 5 月 1 日同時在各地行動。」〔註 78〕

正是基於對蘇聯和蘇聯人的此種解讀，在羅扎耶夫斯基及俄國法西斯黨的宣傳中，蘇聯並不是俄國的繼承者，更不是俄羅斯民族利益的捍衛者。它的所有政策和行為不過是世界猶太人假借社會主義的名義，削弱和奴役俄國和俄羅斯人的工具。蘇聯已經成為猶太人統治世界的橋頭堡。所以，在蘇聯已經有「越來越多的敵對政權的因素開始出現」，「對共產主義政權、對猶太人的仇恨幾乎籠罩在所有俄國人的心頭」，而俄僑法西斯主義者的任務就是，「給俄國人民一個統一的意識形態，統一的綱領和統一的策略，並在此基礎上建立組織和統一所有受奴役的俄國的積極力量的行動。」〔註 79〕在羅扎耶夫斯基看來，俄國法西斯主義的意識形態是一套確定了俄國法西斯主義的基本思想和最終目標的理論。俄國法西斯主義的綱領就是要為法西斯主義者勾畫出實現法西斯主義建國目標的具體計畫，如未來俄國的國家體制、俄國國民經濟組織、俄國人民獨立的社會團體的地位等。而俄國法西斯主義的策略是為了更好更快地完成俄國法西斯主義所面臨的任務而挑選出來的一系列行動方式（方法）。〔註 80〕

羅扎耶夫斯基許諾，未來的法西斯俄國將會給所有階級都帶來最好的幸福生活。

對於工人階級。「俄國法西斯主義將俄國工人從共產主義的剝削中解放出來，它力求創建條件以確保工人不受資本主義剝削。」〔註 81〕在法西斯俄國，工人將是他所工作的企業的所有者，由此，工人階級也將成為私有者。作為企業的所有者，工人階級自然可以參與企業的利潤分配和企業管理。為了讓這兩

〔註 78〕 *Родзаевский К.В.* Отчет о моей 20-летней антисоветской деятельности. // Кентавр, 1993, № 3, С. 110.

〔註 79〕 *Родзаевский К.В.* Азбука фашизма. – Харбин, 1934, С. 19.

〔註 80〕 *Родзаевский К.В.* Азбука фашизма. – Харбин, 1934, С. 20.

〔註 81〕 *Родзаевский К.В.* Азбука фашизма. – Харбин, 1934, С. 39.

點許諾看起來更真實，羅扎耶夫斯基首先提出，要在法西斯俄國的所有企業都設立專門的工人資本，從而讓工人能夠參與企業利潤分配。但對於什麼是工人資本和它如何構成，羅扎耶夫斯基卻給不出具體定義，只是說「工人通過累積工資利息創建私營企業資本中的工人部分，從而參與企業的利潤分配。」〔註82〕他給出了讓工人參與企業管理的辦法，即在每個生產中都建立有工人代表參加的實業委員會，從而實現工人對企業的監督。在羅扎耶夫斯基看來，成為了企業所有者的工人與企業主的地位是同等的，而且在民族聯盟的制度下，工人通過相應的按職業劃分的民族聯盟既可以與企業主民族聯盟進行談判，訂立集體合同，又可以派代表進入民族職團，甚至進入國家權力機關。

對於農民階級。俄僑法西斯主義分子喊出了取消農業集體化的口號，提出要摧毀所有的集體農場和國有農場，「所有土地完全地、世襲地、不可破壞地、不可侵害地歸俄國農民所有，」〔註83〕主張恢復「村社」制度，每個農民都能夠得到一塊份地，份地的大小取決於土壤、氣候、經濟類型和土地的可用性等，只需繳納給國家少量的農業稅，不允許個人大量收購農民土地，以防止形成地主階級，而土地的大小由國家確定。同樣，按照職業類型，農民可以組成自己相應的民族聯盟，通過農民的民族聯盟，農民可以捍衛自己的利益，締結銷售農產品的規章，獲取所需的農具等，當然，他們同樣可以通過農民民族聯盟參加國家的政治生活。總之，羅扎耶夫斯基為俄國農民描繪了一張無比美好的藍圖，但除了提出以村社代替集體農莊和實現土地私有外，他想不出更多的農業政策。

羅扎耶夫斯基將知識分子視作一個特殊的人群，是具備各種職業技能的專家，自由職業的代表，如教師、醫生、記者、神職人員等。總體上，他認為俄國的知識分子屬於工人階級，但由於他們是各種職業內的專家，所以未來的法西斯俄國將在工人和農民中尋找最有才幹和活力的人，組成新的知識分子群體，而他們也將是第三俄國的精英，將組成本職業的特殊的民族聯盟。

以此方式，在「美好的」法西斯俄國中，俄羅斯的各個民族和階層都被許以「美好」的「新」生活，但這絕不會包括猶太人。因為「法西斯主義對猶太教造成了沉重打擊。這不僅是因為它通過『民主』擺脫了猶太人的統治，而且

〔註82〕Программа Всероссийской Фашистской партии, утверждено 3 съездом Российских Фашистов. – Харбин, 1935.7.3.
〔註83〕*Родзаевский К.В.* Азбука фашизма. –Харбин, 1934, С. 40.

制止了猶太人通過『共產主義』奪取意大利的企圖。但是，主要還是因為他創造了一個新的生活制度，在這一制度下猶太人什麼也做不了。」〔註84〕作為未來法西斯俄國的組織和管理形式之一的民族聯盟並不接納猶太人，所以猶太人既不能從事貿易，也不能參政，更不能進入政府，這三種羅扎耶夫斯基認為是猶太人影響世界的主要方式在法西斯俄國都無法進行。在羅扎耶夫斯基看來，「隱藏在共產主義之下的猶太人和共濟會是俄國災難的起因。」〔註85〕

羅扎耶夫斯基將自己所構想的未來世界稱之為「新秩序」（новый порядок），一種「建立在宗教、民族和社會正義基礎之上」的新的秩序，而未來的法西斯俄國則被他視作「舊世界的新秩序上最必要的和必然的一環，是新歐洲和新亞洲之間的橋樑」。總之，「新的俄羅斯是沒有猶太教和共濟會的俄羅斯，俄羅斯是宗教的，俄羅斯是民族的，俄羅斯是勞動的，俄羅斯是有著東正教的信仰和社會正義——俄羅斯真理和神聖羅斯的國家，我們的人民在其穿越十字架之路的各個階段一直為之努力。」〔註86〕

為了保衛所謂的新俄國，俄國法西斯黨規定「在戰爭期間，全體人民必須保護民族勞動國家的疆界，因此學習軍事將被視為每位俄羅斯公民的主要職責。」〔註87〕這就使法西斯俄國有了全民軍事化的意味。

事實證明，羅扎耶夫斯基的反蘇計劃不僅僅只停留於口頭上，也不只是一種宣傳術語，他確實將反蘇計劃付諸於實際行動。他曾計劃向蘇聯空投人員用以在西伯利亞起事。為此，羅扎耶夫斯基曾向德國人請求資金支持，但德國的間諜頭目德林格（俄文 Дерингер）則要求在證實了羅扎耶夫斯基向蘇聯本土派遣了人員之後，才給予其資金支持。羅扎耶夫斯基還為參與起事的22個人創辦了為期3個月的訓練班，並親自領導此事。〔註88〕如前文所述，

〔註84〕*Родзаевский К.В.* Современная иудизация мира или еврейский вопрос в XX столетии. // *Родзаевский К.* Завещание русского фашиста. – М., 2001, С. 313.

〔註85〕ГАХК. Ф. 1128. Оп. 1. Д. 101. Л. 72.; *Н.Е. Аблова.* КВЖД и российская эмаграция в Китае. – М.: НПИД «Русская панорама», 2004, С. 333.

〔註86〕*Родзаевский К.В.* Современная иудизация мира или еврейский вопрос в XX столетии. // *Родзаевский К.* Завещание русского фашиста. – М., 2001, С. 394.

〔註87〕Программа Всероссийской Фашистской партии, утверждено 3 съездом Российских Фашистов. – Харбин, 1935.7.3.

〔註88〕№ 412. Указание начальника УНКГБ по Приморскому краю об активизации работы по выявлению, предупреждению и ликвидации контрреволюционного повстанческого движения в крае (17 июля 1941 г.). // Органы гасударственной безопасности СССР в Великой Отечественной войне, сборник документов, Том второй, Книга 1, « Начало (22 июня～31 августа 1941 года)». – М., 2000, С. 338.

羅扎耶夫斯基與日本在情報方面的合作則更多。

但是，這個羅扎耶夫斯基以「新」字定義的法西斯俄國仍然沿用了許多舊俄形式。如全俄法西斯黨使用俄國的白藍紅三色旗作為俄羅斯民族國家和未來新俄羅斯的國旗。其涵義在於，白色代表國家正義，藍色代表民族國家，而紅色則代表著作為一個民族的俄羅斯人所流淌出來的鮮血。

全俄法西斯黨還將舊俄國的國歌《天祐沙皇》（Боже，царя храни）作為自己的新國歌：

> 天祐沙皇！
> 強大而崇高，
> 你的統治帶來光榮，我們的光榮！
> 你的統治令敵人懼怕，
> 統治正教。
> 天祐沙皇！〔註89〕

另外，他們還擁有自己的黨歌《起來！兄弟們，與我們一起！》（Поднимайтесь, братья, с нами），該黨黨歌以普列奧布拉任斯基進行曲（Пребраженский марш）為曲調重新填詞而成，其詞作者是著名俄僑詩人科洛索娃。歌中唱到：

> 起來，兄弟們，與我們一起
> 俄羅斯的旗幟在飄蕩，
> 跨過高山，越過谷底，
> 俄羅斯真理在飛揚。
>
> 信仰上帝者與我們同在，
> 俄羅斯大地與我們同在，
> 我們自己開闢道路
> 奔向古老的克里姆林宮的城牆。
>
> 用力捶打吧，我們的俄羅斯之錘
> 就像神之雷鳴，
> 墜落吧，斯大林的人民委員會

〔註89〕Положение о Национальном Флаге и Гимне, утверждено Верховным Советом В.Ф.П. – Харбин, 1936.10.25, № 73.

就像枯木凋零。

起來，兄弟們，與我們一起

俄羅斯的旗幟在飄蕩，

跨過高山，越過谷底，

俄羅斯真理在飛揚。〔註90〕

對蘇聯制度的批判和對法西斯俄國的構想是羅扎耶夫斯基法西斯主義思想中的重要組成部分。可以說，從 1925 年羅扎耶夫斯基選擇離開蘇聯前往哈爾濱的那一天起，他就懷著對蘇維埃政權強烈的不滿和不忿。所以，他可以在到達哈爾濱後就立即投入到了反蘇的各種活動當中，又在活動中形成了自己的反蘇、反共和反猶意識，並且在接觸到了法西斯主義理論和結識了一群「志同道合者」後，將這些意識形成了俄國法西斯主義並將其付諸於實踐，甚至為此而「奮鬥」了二十年。如他所說，他將「自己 20 年的生命，從 18 歲到 38 歲，消耗在了創建一種新的、結合了宗教、民族和勞動思想的俄羅斯的意識形態，並為這些思想進行了頑強鬥爭──反對共產主義，反對蘇聯。」〔註91〕

以羅扎耶夫斯基為首的俄國法西斯黨認為，國家權力應該是超民族、超階級和不受任何個人影響的，體現的是民族意志，依靠社會上的所有階級，而不只是某一階級，所以國家權力具有超階級性，國家權力的目的是通過「國家」領導民族的組織工作。因此，俄僑法西斯分子自然要建立一個體現法西斯主義思想和意志的法西斯俄國，所有的個人和階級都要為民族服務。既然「法西斯國家是民族國家的外在表現，它與民族的關係牢不可破」，那麼法西斯俄國自然是俄羅斯民族國家。而在這個國家，所有的成員都要為民族的福祉而服務，那麼法西斯俄國也應該是勞動國家。於是，羅扎耶夫斯基將這兩個方面結合，提出「法西斯國家是民族勞動國家」，所以法西斯俄國也應該是民族勞動的俄羅斯。〔註92〕作為法西斯國家的具體表現，意大利、德國和日本成為他讚揚的對象。他拒絕回到資本主義，又反對社會主義，因而為俄國虛構了一個新的法西斯俄國，一個第三俄國。為了這個「新」俄國，他抨擊蘇維埃制度是猶太人操縱俄國的制度，蘇維埃政府是奴役俄國人民的工具，提

〔註90〕*Родзаевский К.В.* Азбука фашизма. – Харбин, 1934, С. 52.

〔註91〕Командующему оккупационными войсками красной армии СССР в Маньчжурии маршалу А.М. Василевскому. // Родина, 1992, № 11～12, С. 14.

〔註92〕*Родзаевский К.В.* Азбука фашизма. – Харбин, 1934, С. 7.

出以意大利的職團制為國家的根本制度，通過民族聯盟、民族職團和民族委員會管理法西斯俄國。法西斯主義下的俄國居民，被羅扎耶夫斯基許諾以各種「美好」的自由和生活。然而，雖然羅扎耶夫斯基從國家制度到管理方式，再到國民生活都一一設想了方案，但這些方案不過是他拙劣地模仿自己的敵人和偶像，封閉一隅又寄人籬下，羅扎耶夫斯基不可能對複雜的政治問題作出正確的判斷和解釋。

羅扎耶夫斯基幻想所有的俄國僑民（大部分的蘇聯人）都像他一樣理解和信奉東正教，一樣仇恨蘇維埃政權，一樣定義俄羅斯民族和憎惡猶太人；幻想其他國家和勢力出於「法西斯主義的情誼」而願意幫助他們推翻蘇維埃政權、擁立一個強大的俄羅斯。但當所有的法西斯主義都在歷史洪流中碎為齏粉，這一小撮俄僑法西斯分子也最終結束了自己荒唐的小丑表演。

結　語

　　第一次世界大戰和戰後歐洲各國的政治、經濟形勢催生了各種主義和思潮，人們開始更加追求所謂的理想社會模式。此時，法西斯主義以蠱惑人心的口號吸引了大量信徒。而經歷了戰爭與革命的俄國僑民是這些法西斯主義信徒中一個十分特殊的群體，他們在重建俄羅斯民族國家的名義下，在僑居地建立了數個俄僑法西斯主義組織。恰在此時，自願流亡的羅扎耶夫斯基將法西斯主義視為實現自己政治目標的有效手段，不僅創建了其所謂的俄國的法西斯主義，還將這一思想付諸實踐，組建了法西斯主義的政黨「俄國法西斯黨」，並將其發展為當時俄僑中規模最大的法西斯主義組織，隨後進行了一系列以建立法西斯主義統治的新俄國為目標的活動。俄國法西斯黨以哈爾濱為中心，以青年俄僑為主體，活動範圍幾乎遍及了俄僑居住的所有地區。

　　哈爾濱是 20 世紀二三十年代俄國僑民在遠東地區的重要聚居地，特別是在 1922 年蘇俄內戰結束後，大批白俄湧入哈爾濱。混亂的社會形勢和動盪的政局為法西斯主義思想在哈爾濱俄僑中的滋生與蔓延提供了適宜的土壤。一些青年俄僑在目睹了父輩白衛運動的失敗後，「開始尋求一種可以更充分地解釋當前世界局勢並反對布爾什維克主義的意識形態。」[註 1] 各種右翼激進思想充斥在遠東俄僑當中，他們高喊著反蘇反共的口號卻給不出具體的行動方案。在感歎身似浮萍的命運同時，俄國僑民發現，同樣僑居他鄉的俄籍猶太人卻很快適應了異國環境。在複雜的外部環境和俄僑心理的共同作用下，俄

〔註 1〕 *Евгений Андреевич Рубанов.* Фашистское и националистическое движение в среде русской эмиграции в Маньчжурии в 1930～1940-е гг. // Россия и АТР, 2014, № 3, С. 117.

國法西斯主義思想開始萌芽。

1925 年,「俄國法西斯主義組織」在哈爾濱法政大學建立。同年,因感到自己受到不公正待遇的羅扎耶夫斯基從蘇聯逃到了哈爾濱,並在 1926 年加入了「俄國法西斯主義組織」。此後,羅扎耶夫斯基通過各種手段逐漸成為哈爾濱俄僑法西斯主義運動的領導者,並與其他俄僑法西斯分子一起建立了法西斯主義政黨「俄國法西斯黨」。在羅扎耶夫斯基的領導下,「俄國法西斯黨」不斷發展壯大,不但在組織規模和活動範圍方面超過了其他俄僑政治組織,而且還形成了自己獨特的俄國法西斯主義意識形態。

與其他法西斯主義分子一樣,羅扎耶夫斯基視墨索里尼的法西斯主義和德國的民族社會主義為榜樣並大加傚仿,但在某些觀點上又有所不同。

羅扎耶夫斯基堅決反對自由主義,也反對社會主義。他認為,只有法西斯主義才是最佳選擇,他也由此得出了與墨索里尼一樣的結論,即如果說 19 世紀是自由主義的、「個人」的世紀,那麼 20 世紀就是法西斯主義的、「集體」的世紀。〔註 2〕在這樣的認識下,羅扎耶夫斯基認為,「法西斯主義」是一種意識形態、一種行動綱領和一種革命策略。與其他法西斯分子相比,羅扎耶夫斯基更強調法西斯主義的民族性和宗教性。

有別於希特勒的「種族主義」,羅扎耶夫斯基將「民族」定義為「精神的共同體」,並不強調優良種族的相似性、共同的語言和領土等因素。他認為,「民族」是一切的前提,「民族國家」是一個「民族」穩固和強大的重要保障,「個人」要服從「民族」,所以,「民族」是目的,「個人」和「國家」是工具。他承認「勞動」創造價值,但卻認為價值是指「精神價值」與「物質價值」,而且二者同樣重要,甚至在一個民族的發展中,「精神價值」要比物質價值更重要。由此,羅扎耶夫斯基重新定義了俄羅斯民族、國家、勞動和精英等概念,並將俄羅斯東正教置於與國家同等重要的位置,認為國家應與教會結成牢固的聯盟,從而保證俄羅斯民族的利益。

在保護俄羅斯民族的「民族利益」的口號掩蓋下,羅扎耶夫斯基認為,猶太人是所有民族共同的敵人,因為他們沒有自己的祖國,只是寄生在其他民族機體上的「國際民族」,靠剝削其他民族生活。資本主義、社會主義、共產主義都是猶太人的發明,共產黨、共產國際都是猶太人創建的,資本主義

〔註 2〕參見 *Родзаевский К.В.* Иуда на ущербе. – Шахай, 1941.和 *Бенито Муссолини.* Доктрина фашизма. перевод В.Н.Новикова, La Renaissance, – Paris, 1938.

的政黨也被猶太人所控制。在羅扎耶夫斯基的眼中，世界歷史是猶太人動態擴張的歷史，世界正在被一個龐大的「猶太國際國家」所控制，只有法西斯主義的意大利、德國和日本才能抵抗猶太人的破壞。而猶太人種下的最壞的禍根就是馬克思主義和蘇維埃國家，所以，他將蘇維埃政權定義為猶太復國主義和猶太資本的國際代理人。可見，在羅扎耶夫斯基極力抨擊和指責共產主義的言論背後是反猶主義，而作為一個極端的反猶主義分子，羅扎耶夫斯基強烈的、不可調和的反猶意識和實際行動，使他有別於其他俄僑法西斯分子。而在反共主義中表現出來的拒絕階級鬥爭、以民族代替階級的思想，使羅扎耶夫斯基的俄國法西斯主義與意大利法西斯主義有著極大的相似之處。

羅扎耶夫斯基宣稱，只有俄國僑民才是俄羅斯民族精神的繼承者，是俄羅斯民族傳統文化的捍衛者，而俄國法西斯黨是由俄僑中的精英分子組成，是俄羅斯民族的唯一代表，所以，俄國法西斯主義只能產生於俄僑當中，也只有俄國法西斯黨才是真正的「俄國法西斯主義者」。為了證明俄國法西斯主義的合理性，羅扎耶夫斯基提出，俄國僑民中的俄國法西斯主義並非無源之水，而是根植在俄羅斯的傳統文化中。他將俄國歷史上的沙皇彼得一世、文學巨匠普希金、改革總理斯托雷平都描繪成了早期俄國法西斯主義者；將未來的法西斯俄國的最高統治機構命名為「縉紳會議」；他甚至將自己虛構的法西斯俄國稱作「第三俄國」，用以呼應流淌在俄羅斯人心中「第三羅馬」思想，試圖勾起俄僑心中的俄羅斯「救世」情結。

在羅扎耶夫斯基虛構的法西斯俄國中，國家制度是意大利法西斯的職團制。在糅合了意大利的職團制和蘇聯式的工會（委員會）以後，羅扎耶夫斯基提出，法西斯俄國的組織形式和管理方式是「民族聯盟」「民族職團」和「民族委員會」。而俄國法西斯黨將是法西斯俄國唯一的政黨。他許諾，法西斯俄國將保障每一位成員的利益，帶給所有階級最好的幸福生活，是一個沒有猶太教和共濟會的俄羅斯，是宗教的、民族的、勞動的俄羅斯。

由此可見，羅扎耶夫斯基在俄國法西斯主義中，明顯模仿了意大利法西斯主義和德國民族社會主義，混入了東正教思想和俄羅斯傳統歷史文化，他甚至還吸收了自己抨擊的政治思想中的某些要素。也正因如此，羅扎耶夫斯基將「上帝、民族、勞動」作為俄國法西斯黨的政治和宣傳口號。

但是，作為一個多種思想的混合物，羅扎耶夫斯基的俄國法西斯主義在許多方面是十分混亂。他對自由主義的批評是基於將自由主義與民主在詞彙

上的簡單疊加；他反對社會主義的階級鬥爭學說，但他設計的法西斯俄國的組織形式之——「民族職團」就是由「利益對立」（不同階級）的「民族聯盟」構成。羅扎耶夫斯基認為，未來的法西斯俄國的國家制度——「職團制」是一種類似於意大利法西斯的制度，但他卻給不出明確的含義。他將「無產階級專政」稱為「無產階級的壓迫」，但在解釋法西斯俄國中的俄國法西斯黨專政時，卻又宣稱「專政」並無可怕之處。

如前所述，在各種因素的共同作用下，法西斯主義思潮從歐洲大陸迅速蔓延至全世界，並且滲透到了當時的俄國僑民群體當中。然而，對於那些離開了祖國，暫棲於世界各地的俄國僑民來說，異國他鄉的生活極其艱難，而在遠東的俄僑要比歐洲同胞的情況更糟。《俄羅斯之聲》曾報導說：「一夥逃亡軍官在哈爾濱開辦了玩具廠、模型廠、教科書和圖表印刷所，他們首先要向身處異國陷入困境的絕望的俄羅斯人提供工作和住所。」〔註3〕每天為填飽肚子而奔波的俄國僑民根本無暇顧及曾經的政治理想。更何況，此時的俄國法西斯黨為了維持所謂的反蘇活動和籌集經費，不僅劫掠猶太人和中國人，就連稍微富裕些的俄僑也不放過。他們搶劫、綁架、暗殺、開辦賭場等無所不為，以至於俄僑見到走在街上的俄國法西斯黨黨徒就會繞道而行。而 1931 年以後俄國法西斯黨投靠日本的政策和 1941 年為德國入侵蘇聯的歡呼行為更是引起了俄國僑民的普遍反感和強烈反對。

20 世紀二三十年代，蘇聯在國家建設方面所展現出來的巨大成就，改變了許多曾經強烈反蘇的俄僑的政治立場，一些持法西斯主義思想的俄僑甚至選擇了回歸蘇聯。特別是在蘇德戰爭的事實面前，更多的俄國僑民在愛國主義的感召下，選擇支持蘇維埃政府，反對法西斯主義。

羅扎耶夫斯基高喊民族主義的口號，但他卻拋棄了俄羅斯民族傳統的民族精神，幻想通過法西斯主義的信仰凝聚俄國僑民，乃至凝聚「革命」成功後的俄羅斯民族。他取用了以反猶太主義為核心的種族理論，儘管它摒棄了以「血統」決定「種族」的思想，但仍宣揚俄羅斯民族無比優秀。他認為世界的歷史是民族鬥爭（種族鬥爭）的歷史，宣揚民族利益優先，但卻為了實現自己的政治目的而不惜背叛祖國，成為祖國敵人的走狗。

就在羅扎耶夫斯基決定返回蘇聯前的一周，20 年的理想在他寫給斯大林

〔註3〕Л.戈韋爾多夫斯卡婭著，張宗海譯：《俄羅斯僑民在中國的社會政治活動和文化活動（1917～1931）》，日本僑報出版社，2003，第 41 頁。

和蘇軍駐東北元帥瓦西列夫斯基的兩封信中得出了另外一種結論。

　　在信中，羅扎耶夫斯基稱自己已經「從偽法西斯主義向民族共產主義和斯大林主義的思想進化，」〔註4〕他認為自己想要建立的民族國家和民族性的政黨已經在蘇聯出現。「隨著新興的年輕的俄國知識分子的增加，蘇聯的委員會已經變得越來越民族性，因此蘇維埃社會主義共和國聯盟實質上就是『俄羅斯民族的神話般的國家』」，而這一切都與「指揮天才斯大林，與斯大林黨的組織力，與俄羅斯紅軍的強大緊密相聯」。羅扎耶夫斯基曾經極力抨擊蘇維埃制度是猶太人統治和奴役俄國的制度，是猶太人在統治俄國，在此時，他也得出了相反的結論，認為「猶太人在蘇聯的影響早已減弱」，提出「將猶太人從封閉的猶太教義的環境中剝離出來後，蘇維埃的教育已經將猶太人變成了蘇維埃人民大家庭中的和平者，猶太無產階級更接近於全世界有組織的無產階級的利益，而不是猶太銀行家。」〔註5〕而自己之前「並沒有注意到，在現在叫做蘇聯的俄國，聯共（布）已經具有了民族政黨的職能，隨著新的年輕一代的俄國知識分子的增加，蘇聯的委員會已經越來越具有民族性，因此蘇維埃社會主義共和國聯盟實質上就是俄羅斯民族的神話般的國家。」〔註6〕

　　因此，儘管羅扎耶夫斯基和其他俄僑法西斯分子一起創建了具有俄國特點的法西斯主義思想，不僅在俄僑中宣傳法西斯主義，還將這一思想付諸行動，進行了20年有組織、有綱領、有計劃的反蘇活動，甚至不惜投靠日偽當局，妄圖借助外力實現自己的目的，但他們終因其思想的反人類性質和與歷史的背道而馳最終走向滅亡。

〔註4〕Командующему оккупационными войсками красной армии СССР в Маньчжурии маршалу А.М. Василевскому. // Родина, 1992, № 11～12, С. 14.

〔註5〕*Онегина С.* Письмо К.В. Родзаевского И.В.Сталину. // Отечественная история, 1992, №3, С. 95.

〔註6〕*Онегина С.* Письмо К.В. Родзаевского И.В.Сталину. // Отечественная история, 1992, № 3, С. 94～95.

附錄一

圖3　俄國法西斯黨迎接旺夏茨基（哈爾濱，1934 年）〔註1〕

圖4　羅扎耶夫斯基在俄國法西斯主義者同盟總部（哈爾濱，1940 年）〔註2〕

〔註1〕參見 *Родзаевский К.* Завещание русского фашиста. – М., 2001.; John J.Stephan.
The Russian Fascists – Tragedy and Farce in Exile, 1925～1945. – London:
Hamish Hamilton, 1978. 450 p.
〔註2〕參見 *Родзаевский К.* Завещание русского фашиста. – М.. 2001.; John J.Stephan.

圖 5　俄國法西斯黨的機關報《我們的道路》(Наш путь, 1936, № 144.)

圖 6　俄國法西斯黨黨刊《民族》(Нация, 1936, № 5.)

The Russian Fascists – Tragedy and Farce in Exile, 1925～1945. – London: Hamish Hamilton, 1978. 450 p.

附錄二

1. 外文人名譯名對照表

A

阿博羅西莫夫（Абросимов М.В.）

阿爾伯特・沙保（Albert Chambon）

阿爾謝尼耶夫（Арсеньев К.В.）

阿爾謝尼耶夫（Арсеньев Ю.С.）

阿法納西耶夫（Афанасьев А.А）

阿格斯菲爾（Агасфер/Ahasverus）

阿科皮揚（Акопян К.）

阿拉季耶夫（Аладьев Н.П.）

阿列克謝耶夫（Алексеев К.）

阿列克謝一世（Алексей
Михайлович Романов）

阿韋爾基耶夫（Аверкиев А.А.）

埃恩（Эрн Б.Н.）

安德森（Андерсен, Ларисса
Николаевна）

安藤利吉（安藤利吉）

奧霍京（Охотин, Лев Павлович）

奧霍京娜（Охотина, Евлалия
Григорьевна）

奧切列京（Очеретин К.В.）

奧西波夫（Осипов，全名不詳）

B

巴賓（Бабин，全名不詳）

巴爾卡紹夫（Баркашов, Александр
Петрович）

巴克舍耶夫（Бакшеев, Алексей
Проклович）

巴雷科夫（Балыков В.П.）

拜達拉科夫（Байдалаков, Виктор
Михайлович）

保盧奇（Паулучи，全名不詳）

鮑里斯・蘇沃林（Борис Суворин）

斯托雷平（Столыпин, Пётр
Аркадьевич）

彼得羅夫（Петров Н.И.）

別爾烏辛（Первухин, Михаил
Константинович）

別卡列維奇（Бекаревич Н.П.）

別列列申（Перелешин, Валерий

Леонидович）

J

基巴爾金（Кибардин В.В.）

基斯利岑（Кислицын, Владимир Александрович）

季霍博拉佐夫（Тихобразов А.А.）

濟科夫（Зыков，全名不詳）

加夫里洛夫（Гаврилов，全名不詳）

捷德利（Тедли Б.П.）

金斯（Гинс, Георгий Константинович）

K

卡多奇尼科夫（Кадочников Б.П.）

卡爾米洛夫（Кармилов А.А.）

卡爾瑙霍夫（Карнаух И.Г.）

卡利亞明（Калямин М.В.）

卡洛斯·里貝拉（俄文 Карлос Рибера）

卡澤姆-貝克(Казем-Бек, Александр Львович）

康斯坦丁諾夫（Константинов, Олег Викторович）

科貝爾金（Кобылкин А.В.）

科夫甘（Ковган П.О.）。

科拉布廖夫（Кораблёв Е.В.）

科列斯尼科夫（Колесников，全名不詳）

科洛索夫（Колосов Е.В.）

科洛索娃（Колосова, Марианна Ивановна）

科斯堅科（Костенко，全名不詳）

科西明（Косьмин, Владимир Дмитриевич）

科茲洛夫斯基（Козловский Г.А.）

克季托羅夫（Ктиторов，全名不詳）

克羅梅利（Кромель Г.Г.）

孔德列夫（Кондырев К.П.）

庫爾布斯基（Курбский И.И.）

庫茲涅佐夫（Кузнецов С.В.）

L

拉茨加利耶夫（Лацгальев，全名不詳）

拉斐爾·杜約斯（俄文 Рафаэль Дуйос）

拉琴諾夫（Лачинов В.Д.）

拉祖莫夫（Разумов В.П.）

萊文佐夫（Левенцов Б.А.）

雷奇科夫（Рычков　）

利夫沙科夫（Лившаков, Илья）

利瓦紹夫（Левашев，全名不詳）

利文（Ливен，全名不詳）

梁贊諾夫斯基（Рязановский В.А.）

列什科夫（Рещиков，全名不詳）

盧梭（Jean-Jacques Rousseau）

魯緬采夫（Румянцев Б.С.）

羅季奧諾夫（Родионов Д.）

羅曼諾夫（Романов，全名不詳）

羅日傑斯特溫斯基（Рождественский И.П.）

羅扎耶夫斯基（Родзаевский, Владимир Иванович）

羅扎耶夫斯基（Родзаевский,

Константин Владимирович）

羅扎耶夫斯卡婭（Родзаевская, Надежда Михайловна）

M

馬丁諾夫（Мартынов Н.）

馬爾科夫（Марков，全名不詳）

馬爾圖謝維奇（Мартусевич，全名不詳）

馬斯拉科夫（Маслаков М.П.）

馬特科夫斯基（Матковский, Михаил Алексеевич）

梅迪（Меди Н.П.）

梅爾庫洛夫（Меркулов Н.Д.）

梅利尼科夫（Мельников Б.Н.）

米阿爾科夫斯基（Миалковский，全名不詳）

米哈伊洛夫（Михайлов А.С.）

米哈伊洛夫（Михайлов, Иван Адриалович）

米羅柳波夫（Миролюбов Н.М.）

米申科（Мищенко И.Г.）

米特羅波利斯基（Митропольский, Арсений Иванович）

莫斯里（Oswald Ernald Mosley）

穆辛-普希金（Мусин-Пушкин，全名不詳）

N

尼古拉大公（Николай Николаевич Романов）

尼基福羅夫（Никифоров Н.И.）

涅斯梅洛夫（Несмелов, Арсений

Иванович）

諾薩奇-諾斯科夫（Носач-Носков В.В.）

P

帕特里克耶夫（Патрикеев, Иван Тимофеевич）

佩爾豪-斯維亞托扎羅夫（Пельхау-Святозаров А.П.）

佩爾米諾夫（Перминов Ю.А.）

佩琴金（Печенкин Г.К.）

佩什科夫（Пешков，全名不詳）

佩特林（Петлин Н.Н.）

普列奧布拉任斯基（Преображенский Е.А.）

普希金（Пушкин А.С.）

Q

淺野誠（淺野誠）

切爾內紹夫（Чрнышев К.）

切爾尼亞夫斯基（Чернявский А.В.）

切普林（Чепурин Н.）

秋草俊（秋草俊）

S

薩爾基相茨（Саркисьянц З.Н.）

薩哈羅夫（Сахаров И.）

薩拉耶夫（Сараев К.）

沙普金（Шаптин В.В.）

舍列霍夫（Шелехов В.П.）

舍普諾夫（Шепунов, Борис Николаевич）

什馬科夫（Шмаков, Алексей

以塞亞‧伯林（Isaiah Berlin）

尤利斯基（Юльский, Борис Михайлович）

尤利烏斯‧施特萊歇爾（Julius Streicher）

約瑟‧加斯普（Каспе И.А.）

Z

扎別洛（Забелло，全名不詳）

扎伊采夫（Зайцев, П.И.）

中村（Константин Иванович Накамура，日文姓名不詳）

2. 專有名詞譯名對照表

B

白十字架兄弟會（Братство Белого Креста）

貝塔（Betar）

波克羅夫斯基小組（Группа Покровского）

D

大學生小組（Студенческая группа）

第一法西斯救國軍（Первый Фашистский отряд Спасения Родины）

E

俄國法西斯黨（Российская Фашистская Партия-РФП）

俄國法西斯主義者同盟（Российский Фашистский Союз-РФС）

俄國法西斯主義者武裝部（Российский отдел ополчения фашистов-РООФ）

俄國法西斯主義組織（Российская Фашистская Организация-РФО）

俄國婦女法西斯運動（Российское женское фашистское движение-РЖФД）

俄國軍事同盟（Российский общевоинский союз）

俄國民族陣線遠東分部（Дальневосточный отдел Российского национального фронта）

俄國民族主義者全民黨（或「俄國民族黨」）（Российская Всенародная Партия Националистов-РВПН, Росснаци）

俄羅斯大學生協會（Русское Студенческое Общество-РСО）

俄羅斯法西斯主義運動（Русское фашистское движение-РФД）

俄羅斯法西斯主義者民族主義組織（Национальная Организация Русских Фашистов-НОРФ）

俄羅斯法西斯主義者同盟（Союз русских фашистов）

俄羅斯婦女同盟（Союз русских женщин）

俄羅斯工人、農民、哥薩克法西斯主

義者反對派（或稱「俄羅斯法西斯主義者」）（Рабоче-крестьянская казачья оппозиция русских фашистов-РККО, (Русские фашисты-РФ)）

俄羅斯工人法西斯辛迪加聯盟（Союз русских рабочих фашистских синдикатов）

俄國解放國民運動（Российское освободительное народное движение-РОНД）

俄羅斯解放運動（Русское освободительное движение-РОД）

俄羅斯俱樂部（Русский клуб）

俄羅斯民族社會主義運動（Российское национальное и социальное движение-РНСД）

俄羅斯民族統一黨（Русское национальное единство-РНЕ）

俄羅斯民族主義者中心組織（Центральная организация русских националистов-ЦОРН）

俄羅斯民族社會主義講習班（Русский национал-социалистический семинар）

俄羅斯前衛團（Русский Авангард）

俄羅斯全軍聯盟（Русский общевоинский союз-РОВС）

俄羅斯少女同盟（Союз русских девушек）

俄羅斯真理兄弟會（Братство

Русской Правда-БРП）

俄羅斯之鷹義勇隊（Дружина русских сокол）

F

法西斯青年同盟（Союз фашистской молодёжи-СФМ）

法西斯兒童同盟（Союз фашистских крошек-СФК）

法西斯主義者-辛迪加同盟（Фашистско-синдикалистский союз）

法西斯主義者斯托雷平學院（фашистская Академия имени П.А.Столыпина）

法西斯主義者武裝部俄國支部（Российский отдел ополчения фашистов-РООФ）

G

哥薩克同盟（Союз казачьих станиц）

H

哈爾濱法政大學（Юридический факультет в г. Харбине）

哈爾濱分子（Харбинцы）

哈爾濱高等經濟法律學校（Высшие Экономико-Юритические Курсы）

哈爾濱國立高等師範學院（Государственный высший педагогический институт в Харбине）

哈爾濱行動（харбинская операция）

哈爾濱軍事帝制同盟（Военно-монархический союз）

哈爾濱猶太宗教公會（Харбинская еврейская духовная община-ХЕДО）

哈曼（זמן，俄文「Аман」）

黑環（Черное кольцо）

黑色法西斯主義者（Черные фашисты）

黃色同盟（Желтый Союз）

火槍手同盟（Союз мушкетеров）

J

教師特別小組（Особая Группа Педагогов）

縉紳會議（Земский собор）

軍事共產主義（Военный коммунизм）

L

勞動農民黨（Трудовая крестьянская партия）

聯共（布）（Всесоюзная коммунистическая партия (большевиков)-ВКП (б)）

路標轉換派（Сменавеховство）

M

滿洲國俄國僑民事務局（Бюро по делам российских эмигрантов в Маньчжурской Империи-БРЭМ）

滿洲國俄國僑民事務總局（Главное бюро по делам российских эмигрантов в Маньчжурской Империи-ГБРЭМ）

彌賽亞（мессианизм）

秘密工人學校（Школа секретных работников）

民族革命行動陣線（Фронт национал-революционного действия-ФНРД）

民族勞動俄羅斯同盟（Союз национально-трудовой России-СНТС）。

耐普曼（нэпман）

Q

青年俄羅斯（Молодая Россия, младороссы）

青年俄羅斯同盟（Союз «Молодая Россия»）

青年基督教同盟（Христианский союз молодых людей-ХСМЛ）

青年近衛軍（Молодая гвардия）

丘拉耶夫卡（Чураевка）

全俄法西斯黨（Всероссийская Фашистская Партия-ВФП）

全俄法西斯主義者的民族革命勞動和工農黨（Всероссийская национал-революционная трудовая и рабоче-крестьянская партия фашистов-ВНРП）

全俄法西斯主義者民族革命黨（Всероссийская национал-

революционная партия фашистов-
ВНРП）

全俄法西斯主義組織
（Всероссийская Фашистская
Организация-ВФО）

S

少年男子法西斯一前衛團同盟
（Союз юных фашисток-
авангардистов-СЮФ）

少年女子法西斯一前衛團同盟
（Союз юных фашисток-
авангардисток-СЮФ）

十字軍勳章（Орден крестоносцев）

蘇聯人民委員會國家政治保衛局
（Объединённое государственное
политическое управление при
Совете Народных Комиссаров
СССР-ОГПУСНК СССР）

T

特轄制（Опричнина）

X

新經濟政策（новая экономическая
политика）

新一代民族勞動者同盟
（Национально-Трудовой Союз
Нового Поколения-НТСНП）

Y

亞美尼亞人同盟（Союз Армян）

英國法西斯主義者同盟（The British
Union of Fascists）

遠東俄羅斯法西斯小組
（Дальневосточная русская
фашистская группа）。

遠東俄羅斯工人法西斯主義者民族
辛迪加同盟（Союз Национальных
Синдикатов русских рабочих
фашистов Дальнего Востока-СНС）

3. 報刊名稱

E

《俄羅斯前衛團》（Русский
авангард）

《俄羅斯報》（Русская газета）

《俄羅斯鐵路職工》（Русский
железнодорожник）

《俄羅斯言論》（Русское слово）

F

《復興報》（Возрождение）

H

《哈爾濱時報》（Харбинское время）

《號召》（Призыв）

J

《記者聲援俄羅斯俱樂部》
（Журналисты на помощь Русскому
клубу）

《加傑蓋爾》（Гадалел）

《經濟生活》（Экономическая

жизнь）

《軍事評論》（Военные заметки）

L

《羅斯》（Русь）

M

《民族》（Нация）

Q

《前衛》（Авангард）

《僑民之聲》（Голос эмигрантов）

《青春之聲》（Голос юношества）

S

《沙皇被弒十五週年祭：全俄哀悼公報》（Пятнадцатая годовщина цареубийства: Вестник общерусской скорби）

《上海柴拉報》（Шанхайская заря）

《太平洋之星》（Тихоокеанская звезда）

T

《特轄軍》（Опричник）

W

《為了祖國》（За Родину）

《未來的俄羅斯》（Грядущая Россия）

《我們的報紙》（Наша газета）

《我們的道路》（Наш Путь）

《我們的鬥爭》（Наша борьба）

《我們的接班人》（Наша смена）

《我們的旗幟》（Наш стяг）

《我們的責任》（Наш долг）

X

《消息報》（Известия）

Y

《亞洲的復興》（Возрождение Азии）

《亞洲之光》（Луч Азии）

《鷹》（Сокол）

《猶太生活》（Еврейская жизнь）

《遠東時間》（Дальневосточное Время）

Z

《真理報》（Правда）

參考文獻

一、羅扎耶夫斯基個人作品

1. *Родзаевский К.В.* Азбука фашизма. – Харбин, 1934, 110 с.

2. *Родзаевский К.В.* В Россию. // Что делать? Наша Фашистская Трёхлетка – против коммунистических пятилеток. – Харбин, 1935 г.

3. *Родзаевский К.В.* Завещание русского фашиста. – М., 2001, 512 с.

4. *Родзаевский К.В.* Иуда на ущербе. – Шахай, 1941, 54 с.

5. *Родзаевский К.В.* Командующему оккупационными войсками красной армии СССР в Маньчжурии маршалу А.М. Василевскому // Родина, 1992, № 11~12, С. 14~15.

6. *Родзаевский К.В.* Критика советского государства. – Шанхай, 1935, 72 с.

7. *Родзаевский К.В.* Отчет о моей 20-летней антисоветской деятельноси // Кентавр, 1993, № 3, С. 95~114.

8. *Родзаевский К.В.* Против ВКП (б) – В.Ф.П.! 1936, 49 с.

9. *Родзаевский К.В.* Пушкин // Наш путь. – Харбин, 1937. 11 февраля, № 37 (1145).

10. *Родзаевский К.В.* Русский путь. – Харбин, 1939, 93 с.

11. *Родзаевский К.В.* Русскость российского фашизма // Нация, № 6, 10 июля 1938 г.

12. *Родзаевский К.В.* Современная иудизация мира или еврейский вопросв ХХ

столетии // *Родзаевский К.В.* Завещание русского фашиста. – М., 2001, С. 17~394.

二、檔案文獻

1. «Совершенно секретно»: Лубянка – Сталину о положении в стране (1922 ~1934 гг.): Сб. док. в 10 т. Т. 10. (1932~1934 гг.) / Отв. Ред. А.Н.Сахаров, В.С.Христофоров. – в 3-х частях. – Ч. 2. – М.: ИРИ РАН, 2017, 712 с.

2. *Арсеньев Ю.С.* О фашизме. // К Молодой России: Сборник младороссов. Париж, 1928, С. 130~141.

3. *Горячкин Ф.Т.* Первый русский фашист Пет Аркадьевич Столыпин. – Хрбин, 1928, 104 с.

4. Документы внешней политики СССР. Т. 13. (1 января – 31 декабря 1930 г.) – М.: Издательство политической литературы, 1967.

5. Документы внешней политики СССР. Т. 18. (1 января – 31 декабря 1935 г.) – М.: Издательство политической литературы, 1973.

6. *Крузенштерн-Петерец Ю.В.* Открытое письмо Наталии Ильиной. // Русская мысль, № 1120, Париж, 12.10.1957.

7. Лубянка. Сталин и Главное управление госбезопасности НКВД. Архив Сталина. Документы высших органов партийной и государственной власти. 1937~1938. // Под ред. акад. А.Н.Яковлева; сост. В.Н.Хаустов, В.П.Намов, Н.С.Плотникова. – М.: МФД, 2004, 736 с.

8. *Муссолини Б.* Доктрина фашизма. – Париж: Изд. Возрождение, 1938.

9. Органы гасударственной безопасности СССР в Великой Отечественной войне, сборник документов, Том второй, Книга 1, «Начало (22 июня~31 августа 1941 года)», – М., 2000, 717 с.

10. Органы государственной безопасности СССР в Великой Отечественной войне: сборник документов. Т. 1. Накануне. Кн. 1 (ноябрь 1938 г.–декабрь 1940 г.). – М.: Книга и бизнес, 1995, 465 с.

11. Письма к младороссам // К Молодой России: Сборник младороссов. – Париж, 1928. С. 58~66.

12. *Струве П.Б.* Дневник политика // Возрождение, 1925, № 206, 25 Дек.

13. *Филипс П.* Фашистское движение. – Париж, 1923, пер. с англ.譯者未知。

14. 上海市檔案館（敵偽政治檔案案卷 Q131～4～1989）。

15. 東省特別區警察管理處編纂：《東省特別區警察管理處取締蘇俄赤黨童子軍案件彙編》，哈爾濱平民工廠總廠，1929。

16. 俄羅斯哈巴羅夫斯克國家檔案館（ГАХК, Ф. 1128. Оп. 1. Д.101.; Ф. 830. Оп. 2. Д. 32. Л. 19.; Ф. 893, Оп. 1, д. 1, л. 42.; Ф. 893. Д. 1. Л. 39～44.）。

17. 俄羅斯聯邦中央檔案館（ЦА ФСБ РФ, Постановления 4-го съезда Российского фашистского союза; Архивно-угольвное дело К.В. Родзаевского. л. 262; Следственное дело Н ～ 18765 в отношении Семенова Г.М., Родзаевского К.В. и др. Т. 22, л. д. 442～462.）。

18. 俄羅斯聯邦國家檔案館（ГАРФ, Ф.5826, Оп.1, д. 143, л. 93～97; Ф. 5974. Оп. 1. Д. 75. Л. 1002; 8, 10, 11～12.; Ф. Р-6599. Ильин И.С. Оп.1. Д. 10. Л. 189.）。

19. 俄羅斯聯邦總統檔案館（АП РФ, Ф. 3. Оп. 58. Д. 254. Л. 223～228. Копия. Машинопись）。

20. 哈爾濱市地方志編纂委員會：《哈爾濱市志》（大事記、人口），哈爾濱人民出版社，1999。

21. 成紹宗譯：《墨索里尼·戰時日記》，光明書局，1933。

22. 王鐵崖主編：《中外舊約章彙編》第三冊，生活·讀書·新知三聯書店，1962。

23. 遼左散人著，張頤青、楊鐮整理：《濱江塵囂錄》，中國青年出版社，2012。

24. 希特勒：《我的奮鬥》（中譯本），西藏自治區文藝出版社，1994。

25. 希特勒著，王誠譯：《我的奮鬥》（上、下卷合訂完整本），南洋出版社，2016。

三、著作

（一）俄文部分

1. *Аблова Н.Е.* КВЖД и российская эмаграция в Китае. – М.: НП ИД «Русская панорама», 2004, 432 с.

2. *Андрей Ивинов.* Харбинские мотыльки, – Таллин: Авенариус, 2013.

3. *Афанасьев А.* Полынь в чужих краях. – М., 1987, 320 с.

4. *Базанов П.Н.* Издательская деятельность политических организаций русской эмиграции (1917 ～ 1988). – СПБ.: Санкт-Петербурский государственный университет культуры и искусств, 2004, 432 с.

5. *Балакшин П.П.* Финал в Китае: возникновение, развитие и исчезновение белой эмиграции на Дальнем Востоке: в 2 т. – М., 2013.

6. *Волков С.В.* Русская эмиграция в борьбе с большевизмом. – М.: ЗАО Центрполиграф, 2005, 479 с.

7. *Гончаренко О.Г.* Русский Харбин. – М.: Вече, 2009, 256 с.

8. *Джон Стефан.* Русские фашисты: Трагедия и фарс в эмиграции. 1925～1945./Авториз. пер. с англ. Л.Ю.Мотылева; Предисл. Л.П.Делюсина; Худож. В.Виноградов. – М.: СП «Слово», 1992, 441 с.

9. *Иванов В.Ф.* Русская интеллигенция и масонство. От Петра Первого до наших дней. – М., 1997, 544 с.

10. *Мельхов Г.В.* Белый Харбин: Середина 20-х. – М.: Русский путь, 2003, 440 с.

11. *Мельхов Г.В.* Российская Эмиграция в международных отношениях на Дальнем Востоке 1925～1932. – Москва: Викмо-М: Русский путь, 2007, 317 с.

12. Незамеченное поколение./В.С. Варшавский; под ред. Л. М.Суриса – М.-Берлин: Директ-Медиа, 2016, 383 с.

13. Неотвратимое возмездие: По материалам судебных процессов над изменниками Родинны, фашистскими палачами и агентами империалистических разведок./Сост.: М.Е.Карышев. – М.: Воениздат, 1987, 360 с.

14. *Окороков А.В.* Фашизм и русская эмиграция (1920～1945 гг.). – М.: «РУСАКИ», 2001, 593 с.

15. Политическая история русской эмиграции (1920 ～ 1940 гг.)./[С.В.Константинов и др.]; Под ред. А.Ф.Киселева. – М.: ВЛАДОС, 1999, 774 с.

16. Российская эмиграция в Маньчжурии: военно-политическая деятельность (1920～1945): сб. Документов/[Сост. и авт. предисл. Е.Н.Чернолуцкая]. – Южно-Сахалинск, 1994, 152 с.

17. Русская эмиграция и фашизм: Статья и воспоминания./Отв. Редактор и составитель В.Ю.Жуков; Науч. Редактор В.Ю.Черняев. – СПб.: СПбГАСУ, 2011, 264 с.

18. Русские в Китае. Исторический обзор./Под общ. ред. и предисл. А.А.Хисамутдинова – Москва: б. и.; Шанхай: Изд. Координационного совета соотечественников в Китае и Русского клуба в Шанхае, 2010, 572 с.

19. *Смирнов А.А.* Казачьи атаманы. – СПб.: Издательский Дом «Нева»; М. «ОЛМА-ПРЕСС», 2002, 544 с.

20. Стратегия антибольшевицкой эмиграции: Избр. ст., 1934～1997/В. Д. Поремский; [Вступ. ст. Б.Пушкарева]. – М.: Посев, 1998, 286 с.

21. *Таскина Е.П.* Русский Харбин. – М.: МГУ, 1998, 272 с.

22. *Уолтер Лакер.* Черная сотня. Происхождение русского фашизма. – М.: Текст, 1994, 432 с.

（二）英文部分

23. John J. Stephan. *The Russian Fascists – Tragedy and Farce in Exile*, 1925～1945. – London: Hamish Hamilton, 1978, 450 p.

24. Percival Phillips. *The Red Dragon and the Black Shirts; How Italy Found Her Soul; The True Story of the Fascisti Movement.* – London: Carmelite house, 1922, 72 p.

25. Walter Laqueur. *Black Hundreds: The Rise of the Extreme Right in Russia.* – New York: HarperCollins, Cop. 1993, 317 p.

（三）日文部分

26. 長谷川公昭. 世界ファシスト列伝，中央公論新社・中公新書ラクレ，2004。

（四）中文部分

27. Вл.索洛維約夫等著，賈澤林、李樹柏譯：《俄羅斯思想》，浙江人民出版社，2000。

28. Л.戈韋爾多夫斯卡婭著，張宗海譯：《俄羅斯僑民在中國的社會政治活動和文化活動（1917～1931)》，日本僑報出版社，2003。

29. 伯林著，馮克利譯：《反潮流：觀念史論文集》，譯林出版社，2002。

30. 陳祥超：《墨索里尼與意大利法西斯》，中國華僑出版社，2004。

31. 崔新京、李堅、張志坤：《日本法西斯思想探源》，社會科學文獻出版社，2006。

32. 丹尼斯·麥克·史密斯著，王三水譯：《20 世紀軍政巨人百傳·戰爭元兇——墨索里尼傳》，時代文藝出版社，2003。

33. 杜美：《歐洲法西斯史》，學林出版社，2000。

34. 范士白著，趙京華整理：《日本的間諜》，中國青年出版社，2012。

35. 何新編著：《統治世界：神秘共濟會揭秘》，中國書籍出版社，2011。

36. 李萌：《缺失的一環：在華俄國僑民文學》，北京大學出版社，2007。

37. 李述笑編著：《哈爾濱歷史編年（1763～1949)》，黑龍江人民出版社，2013。

38. 李興耕等：《風雨浮萍——俄國僑民在中國（1917～1945)》，中央編譯出版社，1997。

39. 馬克·尼古拉斯著，袁柏順譯：《法西斯主義》，吉林人民出版社，2007。

40. 瑪拉·穆斯塔芬著，李堯、郇忠譯：《哈爾濱檔案》，中華書局，2008。

41. 米哈伊·瓦伊達著，孫建茵譯：《作為群眾運動的法西斯主義》，黑龍江大學出版社，2015。

42. 曲偉編著：《哈爾濱猶太人圖史》，黑龍江人民出版社，2015。

43. 石方、劉爽等：《哈爾濱俄僑史》，黑龍江人民出版社，2003。

44. 鐵戈：《荒漠之岩：反猶主義與陰謀論解析》，世界圖書出版公司北京公司，2013。

45. 汪之成：《近代上海俄國僑民生活》，上海辭書出版社，2008。

46. 汪之成：《上海俄僑史》，三聯書店上海分店，1993。

47. 維克多·尼古拉耶維奇·烏索夫著，張曉東譯：《中國末代皇帝溥儀（1906～1967)》，群眾出版社，2018。

48. 沃爾夫岡·維佩曼著，宋鍾璜、張載揚譯：《歐洲法西斯主義比較（1922～1982 年)》，東方出版社，1992。

49. 沃爾特・拉克爾著，張峰譯：《法西斯主義——過去、現在、未來》，北京出版社，2000。

50. 烏索夫著，賴銘傳譯：《20 世紀三十年代蘇聯情報機關在中國》，解放軍出版社，2013。

51. 烏索夫著，賴銘傳譯：《蘇聯情報機關在中國：20 世紀二十年代》，解放軍出版社，2007。

52. 西奧多（特迪）・考夫曼著，劉全順譯：《我心中的哈爾濱猶太人》，黑龍江人民出版社，2007。

53. 西原征夫著，趙晨譯：《哈爾濱特務機關——日本關東軍情報部簡史》，群眾出版社，1986。

54. 亞伯拉罕・約瑟弗維奇・考夫曼原著，李述笑編譯：《我在哈爾濱的歲月——亞伯拉罕・約瑟弗維奇・考夫曼回憶錄》，哈爾濱出版社，2019。

55. 約翰・斯蒂芬著，劉萬鈞等編譯：《滿洲黑手黨——俄國納粹黑幕紀實》，黑龍江人民出版社，1989。

56. 張建華：《政治激進主義與近代俄國政治》，上海三聯書店，2010。

57. 張建華：《激蕩百年的俄羅斯——20 世紀俄國史讀本》，人民出版社，2010。

58. 張建華：《俄國史》，人民出版社，2014。

四、論文

（一）俄文部分

1. *Абдажей Н.Н.* "Харбинская операция" НКВД в 1937～1938 гг. // Гуманитарные науки в Сибири, 2008, № 2, С. 80～85.

2. *Аблова Н.Е.* Деятельность белоэмигрантских организаций в Китае во время обострения советско-китайских отношений (1929～1931 гг.). // Проблемы Дальнего Востока, 2005, № 2, С. 143～153.

3. *Аблова Н.Е.* Российская фашистская партия в Маньчжурии (1920～1940) // Россия XXI, 2004, № 2, С. 126～145.

4. *Аблова Н.Е.* Российская фашистская партия в Маньчжурии. // Белорусский журнал международного права и международных отношений, 1999,

№ 2, С. 58～61.

5. *Автономов Н.П.* Юридический факультет. // Русский Харбин./сост., предисл. И коммент. Е.П.Таскиной. – 2-е изд., испр. и доп. – М.: Изд-во МГУ: Наука, 2005, С. 50～54.

6. *Алексей Широпаев.* Голос русской правды. // Родзаевский К. Завещание русского фашиста. – М., 2001, С. 489～498.

7. *Аурилене Е.Е., Бучко Н.П.* Политическая идеология русской эмиграции в Маньчжурии: проблема возрождения России. // Проблемы Дальнего Востока, 2017, № 2, С. 97～103.

8. *Гладких А.А.* Русский фашизм в Маньчжурии. // Вестник ДВО РАН, 2008, № 5, С. 112～121.

9. *Гусев К.* Костантин Владимирович Родзаевский (11.08.1907～30.08.1946). // Родзаевский К. Завещание русского фашиста. – М., 2001, С. 13～16.

10. *Евгений Андреевич Рубанов.* Фашистское и националистическое движение в среде русской эмиграции в Маньчжурии в 1930～1940-е гг. // Россия и АТР, 2014, № 3, С. 115～125.

11. *Егоров Н., Цыбин А.* Белоэмигрантские организации на Дальнем выстоке в 20-х – начале 30-х гг. XX в и деятельность советских спецслужб // Проблемы Дальнего Востока, 2008, № 5, С. 77～88.

12. *Ершов В.Ф.* Российское военно-политическое зарубежье в 1920～45 гг. (организация, идеология, экстремизм). 博士學位論文，2000。

13. *Жун Цзе.* Пушкин в сердцах русских харбинцев. // Русский Харбин, запечатленный в слове. Вып. 6. К 70-летию профессора В.В.Агеносова: Сборник научных работ/под ред. А.А.Забияко, Г.В.Эфендиевой; пер. на кит. Ли Иннань; пер. на англ. О.Е.Пышняк. – Благовещенск: Амурский гос. ун-т, 2012, С. 195～202.

14. *Залесская О.В., Орнацкая Т.А.* Юристический факультет в Харбине и его вклад в развитие русско-китайского приграничья (1920～1937 годы). // Новый исторический вестник, 2016, № 2, С. 113～131.

15. *Каргапольцев, Дмитрий Сергеевич.* Русское студенческое общество в

Харбине в 1920-х ~ 1935 гг. // История как ценность и ценностное отношение к истории: XIV всероссийские историко-педагогические чтения/Гл. ред. Г.Е.Корнилов. – Екатеринбург: УрГПУ, 2010, Часть 1, С. 104 ~109.

16. *Лазарева С.* «Союз русских женщин» со свастикой. // Проблемы Дальнего Востока, 1994, № 3, С. 151~154.

17. *Левинская И.* Русские фашисты на Дальнем Востоке и в США. Историко-социологические очерки. Часть 1: Россия и русское зарубежье/Под ред. Р.Ганелина и др. – СПБ, 1992, С. 151~171.

18. *Ли Мэн.* Харбинская «Чураевка». // Русский Харбин, запечатленный в слове. Вып. 6. К 70-летию профессора В.В.Агеносова: Сборник научных работ/под ред. А.А.Забияко, Г.В.Эфендиевой – Благовещенск: Амурский гос. ун-т, 2012, С. 167~181.

19. *Мельников Ю.* Русские фашисты Маньчжурии (К.В.Родзаевский: прагедия личности). // Проблемы Дального Востока, 1991, № 3, С. 156~161.

20. *Мельников Ю.* Русские фашисты Маньчжурии. // Проблемы Дальнего Востока, 1991, № 2, С. 109~121.

21. *Михалев Николай Михайлович.* Фашистская идеология в печати русского зарубежья. // Медиаскоп, 2009, № 3, С. 8~23.

22. *Наталия Ильина.* Привидение, которое возвращается... // Огонек, 1988, № 42, С. 9~13.

23. *Натсак Доржуевна Органа.* Сменовеховство и «русский фашизм» как идейно-политические феномены: По материалам русской эмиграции в Харбине в 20~30 гг. XX в. 博士學位論文，2000。

24. *Наумов С. В.* Наш старейший читатель (К 95-летию В.Е.Гольцова). // Донские казаки в борьбе с большевиками, 2011, № 6, С. 51~60.

25. *Недбаевский В.М.* Духовные и организационные проявления фашизма в среде российской эмиграции в Германии. // Новый исторический вестник, 2000, № 2, С. 31~44.

26. *Нина Васильевна Шульгина.* Политическая обстановка в среде восточной ветви русской эмиграции: исторический аспект. // Россия и АТР, 2013, №

1, С. 43～59.

27. *Онегина С.В.* Крах расчетов и иллюзий («внутрисоюзная» работа Всероссийской фашистской партии в Маньчжурии). // Кентавр, 1995, № 5, С. 45～59.

28. *Онегина С.В.* Письмо К.В. Родзаевского И.В.Сталину. // Отечественная история, 1992, № 3, С. 92～100.

29. *Онегина С.В.* Пореволюционные политические движения российской эмиграции в 20～30-е гг.: (К истории идеологии). // Отечественная история, 1998, № 4, С. 87～99.

30. *Онегина С.В.* Российский фашистский союз в Маньчжурии и его зарубежные связи. // Вопросы истории, 1997, № 6, С. 150～160.

31. *Онегина С.В.* Русские фашисты. // Родина, 1992, № 11～12, С. 10～15.

32. *Онегина С.В.* Русский фашизм в 30-е годы. // Кентавр, 1993, № 5, 105～120.

33. *Смирнов С.В.* Российская эмигрантская молодежь и высшее образование в условиях Северной Маньчжурии 1920-х гг. // Историко-педагогические чтения, 2003, № 7, С. 401～405.

34. *Смирнов С.В.* Японская политика в Маньчжурии и русские эмигрантские организации (1932～1945). // Уральское востоковедение: международный альманах, 2007, № 2, С. 59～64.

35. Тайная служба третьего отдела: из истории бюро по делам российских эмигрантов в Маньчжурской империи // Культурно-историческое наследие России и стран Азиатско-Тихоокеанского региона/редкол.: А.А.Андреев [и др.] – Хабаровск: РИО ДВЮИ МВД России, 2018, С. 315～320.

36. *Тарасов Б.Ю.* Проблема патриотизма в представлениях и настроениях российских эмигрантов в 1920～1930-х гг. 博士學位論文，2000。

37. *Умланд А.* Концептуальные и контекстуальные проблемы интерпретации современного русского ультранационализма. // Вопросы философия, 2006, № 12, С. 64～81.

38. *Хисамутдинов А. А.* Русское высшее образование в Китае. // Вопросы

образования, 2015, № 4, C. 274～291.

39. *Цыбин А.Ю.* «Фашизм развивается и внедряется в умы русских беженцев»: политическая деятельность белой эмиграции в Маньчжурии в сводках ОГПУ. 1928. // Исторический архив, 2006, № 5, C. 61～79.

（二）英文部分

40. Erwin Oberlander. *The All-Russian Fascist Party.* // Journal of Contemporary History, pp. 158～173.

（三）日文部分

41. 中嶋毅. ロシア黨とハルビンの反ユダヤ主義 1931～1937，ユダヤ・イスラエル研究，2015（29）。

（四）中文部分

42. 陳祥超:《意大利與 20 世紀的法西斯主義》,世界歷史,2001 年第 1 期。

43. 孫凌齊:《俄羅斯的法西斯黨》,世界歷史,1994 年第 4 期。

44. 軍:《八紘一宇》,外國問題研究,1987 年第 2 期。

45. 趙博:《20 世紀上半葉在中國東北為日本效力的白俄僑民——以謝苗諾夫和羅扎耶夫斯基為例》,西伯利亞研究,2016 年第 4 期。

46. 張慧君摘編:《俄國報刊發表有關「俄國法西斯黨」的資料和文章》,國外理論動態,1994 年第 8 期。

47. 孫凌齊摘編:《俄羅斯法西斯黨的婦女組織——「俄羅斯婦女聯盟」》,國外理論動態,1994 年第 28 期。

48. 陳言:《范士白:讓日本人恨入骨髓的「日本間諜」》,光明日報,2015-7～17,12 版）。

五、報刊、詞書、網絡文獻

1. 《現代漢語詞典》（第 7 版）,商務印書館,2016。

2. 《遠東報》,1911 年。

3. *Богомолов В.С.* Момент истины (В августе сорок четвертого...). – М.: БУНКЕР-военторг, 2013, 702 с.

4. *Вольфганг Акунов.* Образ Святого равноапостольного князя Владимира в символике одной из организаций русского зарубежья.

http://www.imha.ru/1144529097-obraz-svyatogo-ravnoapostolnogo-knyazya-vladimira-v-simvolike-odnoj-iz-organizacij-russkogo-zarubezhya.html#.Xdd6b7puKhc[2020-10-25]

5. *Егорова Т.В.* Словарь иностранных слов современного русского языка. – М.: Аделант, 2014, 800 с.

6. *Лео Зисман.* KoBura Film., [2020-10-25].

7. Нация, 1932, 1936,1938, 1939.

8. Наш путь, 1936, 1937, 1938.

9. По результатам прокурорской проверки книга «Завещание русского фашиста» К.В. Родзаевского, проданная в одном из Красноярских магазинов, признана экстремистской. http://www.krasproc.ru/news/krsk/6018. [2020-10-26]

10. Словарь русского языка: В 4-х т./РАН, Ин-т лингвистич. Исследований; Под ред. А. П. Евгеньевой. – 4-е изд., стер. – М.: Рус. яз.; Полиграфресурсы, 1999.

11. Харбин – Папа., Polydor, 1935.

12. *Чернов Т.Н.* В те дни на Востоке. // Журнал «Байкал», № 3~6, 1981 г.

13. Шанхайская Заря, 1934, 1943.

14. Этимологический словарь русского языка https://vasmer.slovaronline.com/

15. *Эфиров С.* Завещание русского фашиста. http://www.sem40.ru/index.php?newsid=191109. [2020-10-25]

16. 漢典，https://www.zdic.net/hans/%E8%81%94%E7%9B%9F[2020-10-24]